從地圖上的時間看歷史

從地理大發現到數位時代
500 年的百幅地圖
如何改變我們對世界的看法

Time in Maps:
From The Age Of Discovery To Our Digital Era

凱倫・維根 ｜ 卡洛琳・維特爾 編
Kären Wigen ｜ Caroline Winterer

鼎玉鉉 譯

獻給伊莉莎白·費雪巴哈及
約翰·慕斯坦

目錄

第一部分 亞太平洋
047

東亞是個適合展開近世早期世界歷史地圖調查的地方，因為還未有其他地方的歷史與地圖學能如此大幅發展。到了十六世紀，中國、韓國與日本的知識分子都已經沉浸在歷史文獻和地理圖像中好幾個世紀了；文官們都被認為具有一定地圖知識，而且判讀地圖及繪製地圖也是其公務中常有的事。此外，地圖更是許多呈現地點的流動技術之一，而製圖師也會在風景畫及抽象圖上，自行運用其視覺用語。當時身帶地圖到來的歐洲人並沒有重設東亞的日曆，卻大開當地理解世界的全新眼界，並迫使東亞知識分子在時間和空間上重新定位自己。其結果便是讓整個亞太平洋的歷史地圖學大放異彩。

第二部分 大西洋世界
089

第二部分的名稱——大西洋世界——本身就是一個時空概念。這在二戰後時代開始受到追捧，當時在厭倦戰爭的國家中，北約培育了一個更大的大西洋願景。從那時起，學術界的歷史學家便使用這個詞，來重新描述從1492年到1800年間三個世紀，當時歐洲、非洲和美洲被編織成一個更大的單位，儘管這單位是分裂且破碎的；突然間，大西洋周圍的數百萬人開啟了新世界

的大門。無論是從東邊，還是西邊面海者，都透過創造、破壞及整合的過程相遇。

**第三部分
美國**
159

在1776年以前的時代，殖民主義及帝國主義的地圖種類繁多，而現在則出現了一種新類型：美國地圖。今日，我們倒是對這類型的地圖習以為常，試問還有誰沒有使用過這樣的地圖呢？本部分提醒我們，美國地圖並不是一個明顯的計畫；相反，它出現於歷史上某個特殊時刻。正如本部分中蘇珊・舒特的文章所顯示，在充滿敵意的國際外交背景下，這些地圖在頁面上投射出一個歡樂的願景，即新生共和國的擴張必然會向橫跨大陸的未來前進。她表示，美國民族主義的強大計畫一直是高度製圖性的，因為經常是以空間術語來進行想像，如弗雷特里克・傑克遜・特納1893年著名的《邊界論》將國家的故事連結至其在時間及空間上的成長。特納的《邊界論》反過來揭開一個更大的事實：美國地圖中的時間元素時常是展望未來——有待解決、征服、吸收、吞噬或消除的空間。

序

艾比・史密斯・拉姆希
Abby Smith Rumsey

我們都知道自己置身何處——二十一世紀即將結束的第二個十年。哲學家或許會說，時間是一種心理建構，但我們的身體更清楚：時間是我們所居住的地方。我們是如何知道自己在哪裡的呢？就跟哺乳動物和鳥類一樣，我們會透過大腦海馬迴處理資訊，即大腦中具海馬形狀的小小器官，將我們的感知投射到由「位置細胞」所組成的精巧網格上；至於時間，則是身體自帶內建時鐘，對外部刺激提示，如光線、溫度、氣味等作出相對反應。從這些時間和空間座標，我們想像出一座世界心理模型，並透過這座模型來駕馭我們的環境。

這也難怪所有的文化，都會創造出標記時間和空間的方式；人類藉由訴說自己的來歷，來了解自己是誰，以及歸屬何處。至於人類對時間空間的想像力，會在不同時期產生莫大差異，也就不足為奇了。在〈空間中的時間：地圖上所呈現的時間感〉會議上，論文專題橫跨了阿茲特克後期、日本近代早期及二十世紀的美國旅遊地圖，而相關交流所取得的豐碩成果——本書中所展示內容——

也透露出在讀懂地圖文獻中的蛛絲馬跡之際，我們還有更多對於過去所需了解之處。

歷史學家根據現有書寫系統文化所產生的文獻證據來書寫過去，而這些文獻都是仰賴資料庫和圖書館才得以保存及取得；遺憾的是，這只是從有人類意識以來一小部分的記錄。直到最近，地圖開始出現被邊緣化的現象，因為這種專業都是以文本而非視覺分析來訓練專家。歷史學家常用的圖書館和資料庫很少會採用項目層次編目來簡化地圖存取作業，至於把每張地圖記錄成冊就更不用說了。

數位技術改變了一切。幾十年前，地理資訊系統（GIS）的發展，便預著製圖的新製作方式，更養大了我們的胃口；現在，透過配有大量詮釋資料的高解析度圖像，以及提供投影放大、空間對位、疊圖、時間軸、動畫及其他等功能不斷擴充的工具組合，我們就能進入前所未有的線上地圖資源。模擬地圖和地球儀已重新恢復其主要歷史文獻的地位，而歷史學家也正在學習如何用他們自己的方式閱讀及詮釋，而非當作只是複刻或

說明性質的物件，以及某些理論化的主題。如同其他文獻格式，地圖也會運用特定的呈現工具——縮放比例、色彩字體、符號圖示、全域與插頁等——把一切都放在一個框架內，以顯露出諸多被隱藏的真面目。地圖學家把三維立體空間折疊成二頁的「平面地圖」，或是把三維立體空間縮小成「模型球體」，這些都是種高明的認知技巧，使過多的資訊變得清晰易讀。

GIS採用新的方式呈現資料，如圖層資料和動態繪圖。但歷史學家在此指出，GIS所衍生的動畫時間軸會隨著時間變化改變以強調線性式敘事，並總是停留在「之前與之後」的框架內；印刷地圖則必然是「靜態」，並使我們的注意力得以在框架中所有內容上停留、擴大、漫遊，為一種截然不同的認知方式。這些文章認為，這種地圖是思想的媒介，是新認知模式的產物。

會議參與者都很訝異，地圖能如此有力的傳遞出思想，這種看似非物質的東西竟能在整個景觀中留下足痕；思想披上隱喻的外衣，如同揭開知識的面紗、枝節繁多的時間之樹、奔流來往的河流、象徵時間穿越的腳印等。這些所凸顯的概念，便是我們對時間和空間的體驗，其實都是建立在實質方面，即身體及其感知的基礎上。

這些文章學者直接探討了歷史地圖的目的，他們特別點出針對罪惡與救贖的聖經年表及走向啟蒙或命定的民俗傳說二者的當代謬誤。學者問道，地圖能及不能「呈現」什麼、如何呈現（而不是「描繪」一詞），以及其失敗之處。優良地圖製作者都知道，縮放比例及抽象概念要是馬馬虎虎，就會因為個人喜好（可能是顏色太亮或字型太粗）強調創新和技巧，而不能準確呈現內容或距離、地形與鄰近之間的關係。順便一提，關於失敗地圖的檢視也是會議的亮點之一，講者對於平常看不見的地圖時間及空間機制，提出了相當敏銳的見解。

地圖建立了我們感知關聯性的脈絡，其促使我們推論出因果關係，即使這種推論是出於無意、具誤導性，或者是「當時」對大眾的意義與「現在」對我們的意義完全不同。不過，資料視覺化地圖，例如知名地圖

學家查爾斯・約瑟夫・米納德1869年的空間流動地圖，即〈1812-1813年俄國戰役中法國軍隊傷亡數量地圖〉，便是為了將影響與原因聯繫起來所設計的地圖。透過標示特定日曆時間和當地實際氣溫，米納德如實呈現，被俄國冬季嚴寒影響所產生難以想像的傷亡結果。地圖並沒有顯示出在冬季進行戰役的原因，其言語誘導性和視覺清晰度，都令我們開始去思考那種恐怖，並自行作出結論。因此，這也使那些難以想像的事情變得更加不言而喻。

會議上所討論的地圖數量甚多，而易以數位方式存取這些地圖的事實，也證明了地圖文獻在產生新歷史知識方面的非凡影響。這本文章合集所提出一系列的新問題，現在都可以透過結合模擬與數位製圖技術的方式來解決。

大量的地圖文獻創造出理解時間和空間如何移動、傳播、消失或被覆寫的脈絡，接著再為了新用途而重現。這些地圖是證明製圖傳統如何隨著時間透過接觸與延續而改良的證據，最重要的是，其清楚說明了誰決定要繪製什麼，誰要看地圖，誰使用及如何使用地圖。

這本書能讓人感受到，那些未發現與未探索事物不可抗拒的誘惑力。看到這些歷史學家帶著我們走到已知的邊緣，帶領我們進入那個已知止步、未知開啟的空間，便令人激動不已。在會議期間，我多次感覺到大家彷彿置身於一座美妙、書香四溢的圖書館，看起來古老又莊嚴肅穆，但事實上，只要有人伸手去拿架上的書，就會彈開一扇秘門，出現一條帶領我們越走越遠、越走越深入文獻的通道。

我們再次進入大發現時代：在十九世紀，我們發現了深度時間；在二十世紀，我們發現了深度空間。我們對於自己是誰、從哪裡來的認識，都產生了深刻變化。就跟以往資訊超載的時代一樣，地圖繪製再次成為知識表達技術的最前線。1980年代，大衛・拉姆希運用不斷擴充的技術工具開始創立實體及數位地圖典藏，其擴大了我們的知識，也激起大家對地圖及其繪製天才的敬畏與尊重。基於信賴圖書館對這些珍藏品的長期重視，以及對其管理取用的長期承諾，他把實體及數位收藏品都捐贈至史丹福大學圖書館；他們共同建立了大衛拉姆希地圖中心，既促進了地圖繪製的知識發展，也分享了與地圖共度時光所帶來的強大樂趣。而擁有歷史地圖典藏的圖書館——美國國會圖書館、大英圖書館、約翰・卡特・布朗圖書館、奧雪地圖圖書館和萊文塔爾地圖中心等——也承諾一個不斷擴大地圖資源的宇宙。

透過這些文章，我們得以窺探許多探索道路的開端，以及大量類似會議及書籍的主題。前方道路或許還沒有規劃好，但這個領域對所有人而言都是開放的，因為這些地圖能在網上免費取得，並以大量詮釋資料妥善描繪。能造成限制的只有我們自己的好奇心。

謝 辭

本書文章緣自2017年11月在史丹福大學大衛拉姆希地圖中心所舉辦的一次會議。我們首先要向大衛・拉姆希和艾比・拉姆希表示最衷心的感謝。在2016年新的拉姆希地圖中心開放之際，當時這些長期為網上資源的非凡地圖收藏，現在以實體形式提供給世界各地研究員為參考。拉姆希地圖中心良好的環境，為會議提供了一個令人振奮的聚會場所，最終更吸引包括學者及大眾在內的百餘名與會者。我們非常感謝拉姆希夫婦在會議期間，以及會後對這項計畫的鼓勵和學識貢獻，同時也感謝他們對本書出版的慷慨解囊，使地圖得以在此以彩色形式再現。

有兩個人在啟動這項計畫過程中扮演了特別重要的角色。Mary Laur，即我們在芝加哥大學出版社的出色編輯，是這個計畫最早期及最有力的支持者。她全程出席為期兩天的會議，並就如何將會議論文轉化為重要、開創性的出版文章，提供了明智務實的建議。還要熱烈感謝布朗大學的約翰・卡特・布朗圖書館館長Neil Safier教授，他千里迢迢專程趕來參加會議，並在會後總結時段中為與會者提供了深刻的反饋意見。

許多史丹福大學的單位集中資源和人員，促使會議和成果得以實現。感謝大衛拉姆希地圖中心負責人與G. Salim Mohammed館長，以及地圖技術專家Deardra Fuzzell和中央服務主任Timothy J. Cruzada為會議大方開放地圖中心。我們也感謝史丹福大學布朗納地球科學圖書館和地圖館藏負責人Julie Swe-etkind-Singer，感謝她對會議的參與及其知識貢獻。感謝史丹福大學圖書館館長Michael A. Keller，其對館內舉辦本次學術交流活動的支持。感謝史丹福大學人文中心的工作人員，在會議策劃及行政工作期間中提供寶貴的協助。特別感謝副主任Andrea Davies、助理主任Susan Sebbar和活動統籌Devin Devine。感謝歷史系Maria Van Buiten相當專業的會議財務管理。還有兩位精力充沛的歷史系博士生，以近乎超人的能力為本次會議及本書的無數細節進行相關統籌，在此向Charlotte Thun-Ho-henstein和Charlotte Hull致意：謝謝你們！

最後，我們感謝史丹福大學歷史系，感謝其以許多大大小小的方式支持教師的研

究。這是一個最具學院精神的部門，充滿了許多具有學識好奇心、合作精神和活力的學者。我們特別感謝該系對一年一度的「傑出女性歷史教師午餐會」的支持，本書編輯群在會中首次萌生為地圖上的時間感召開會議的計畫。在此年度午餐會諸多快樂成果中，我們現在可以加上這本書。

本書最終要獻給所有圖書館員，這些為新世代帶來過去寶藏的偉大靈魂。我們特別將這本書獻給史丹福大學圖書館的伊莉莎白・費雪巴哈及約翰・慕斯坦，以表示衷心感謝和欽佩。幾十年來，他們總是以富有感染力的無限熱情，向史丹福大學的師生分享古今圖書與文獻的奧妙。本書中的文章和精美地圖，便是他們鼓勵學術與教學的紀念碑。

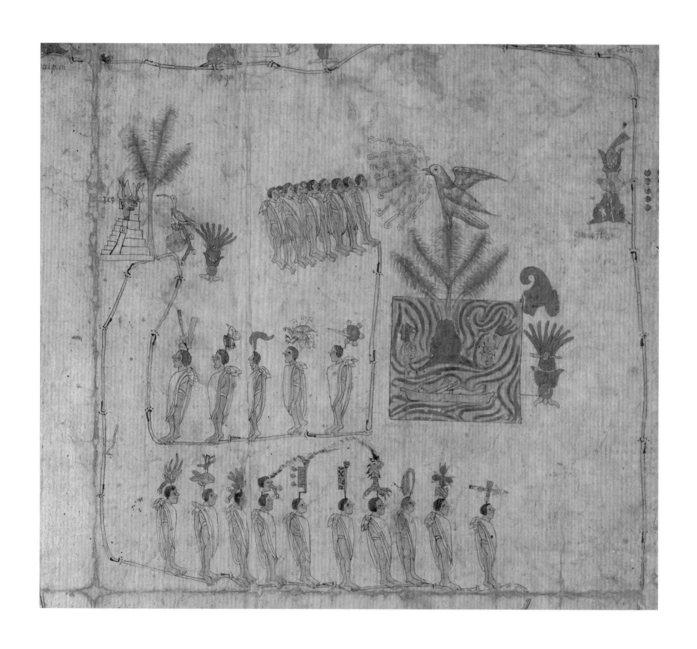

圖1.1 右方開始的細小腳步描繪了阿茲特克人從家鄉阿茲特蘭到皇城特諾奇蒂特蘭的漫長旅程。無名作者，〈錫古恩薩地圖〉細部，十六世紀末至十七世紀初。顏料‧阿瑪特紙，54.5 x 77.5公分。國家人類學圖書館，墨西哥，35-14。公眾領域藝術品，墨西哥國家人類學研究所授權複製。

引言

卡洛琳・維特爾及凱倫・維根
Caroline Winterer and Kären Wigen

地圖訴說著時間

大約在五百年前，中美洲一位抄寫員在綠色樹皮紙上畫下一連串黑色的小腳印（圖I.1）。這些腳步在碧綠潟湖旁及佈滿仙人掌的山丘上遊走，追尋著阿茲特克人多年來從家鄉阿茲特蘭到墨西哥谷地的道路，他們在那裡建立起強大帝國的所在地——特諾奇蒂特蘭（Tenochtitlan）。

阿茲特克人不相信空間是個事先存在的實體，而且早就以某種方式存在並供他們走過；相反，他們認為空間必須通過時間來實現。所有這些腳步，經過幾十年的行走，建立起阿茲特克人相信由神靈力量為他們所安排居住和統治的空間。在散落翠綠田野上的絢麗色彩和形狀中，阿茲特克人表達出空間和時間是一種統一、相互建構而成的概念。今日，阿茲特克地圖顯得平鋪直敘、默默無聞。但在那時代當下，在滿眼沉浸於符號的言語中，地圖為阿茲特克人的世界注入生命，賦予其實質形象，並使其定位在人類的歷史時間及諸神的宇宙時間中。[1]本書探討在空間中為我們定位的地圖，它們如何也在時間中安排我們。本書所檢視的地圖來自亞洲、美洲和歐洲，為我們指出過去、現在和未來，人類時間和宇宙時間。雖然這些地圖中有很多是繪製於幾百年前，但還是提醒我們今天所仍然能感受到的東西：時間與空間不同，時間簡直超級令人難以捉摸。我們知道它的存在，但仍需要物質形體來讓它對我們的感官變得真實。

實際上，我們只能從空間的角度來體驗時間：時鐘指針滴滴答答向前走，日曆頁面緩緩翻動，單簧管推動著在空氣中的聲波，孩子長大成人；即使是最古老的社會也發展出標記時間流逝的物品，從巨石到日晷[2]。地圖便是不同文化背景下的人類，用來為時間流逝賦予明顯物理狀態的物品之一。

本書集結了〈空間中的時間：地圖上所呈現的時間感〉的會議論文，這場會議於

2017年11月在史丹佛大學大衛拉姆希地圖中心舉行。我們兩位——本書編輯——都是歷史學家；維根是日本近世早期史的專家，維特爾則是研究二十世紀前的北美。在這仍深陷於文本的領域，我們兩人都是高度視覺化的歷史學家。如同越來越多的人文主義者，我們非常著迷於地圖、圖表、圖畫，甚至是建築及花園構成真相的樣子，它們往往看起來真實無比，以至於這種不言而喻的存在會造成我們批判能力的失靈。某天的午餐閒聊，我們發現手上正在調查的地圖，其時間與空間的概念似乎也是如此。儘管文獻存在於太平洋兩岸並相隔萬里，我們面對的卻是類似的方法論問題：在我們專業認知裡的空間媒介中，對時間訊息進行解碼。我們在想，一定有更多的人和我們的想法一樣。而我們是對的。

利用拉姆希中心文獻庫中豐富的地圖收藏，我們召集一批頂尖的歷史學家、地理學家、藝術史學家和地圖策展人，他們的專業領域包括亞洲、美洲以及歐洲。我們向與會者保證，他們不需要擔心什麼是或不是地圖，因為我們其中某些人研究的是日曆、風景畫和語法圖表，而這些都不是傳統意義上的地圖；相反，我們鼓勵大家把地圖看作是認知的載具，為空間和時間相關文本、圖像及人造品等更大世界中交流溝通的一部分。我們不僅接納且歡迎各流派之間的概念滑移，我們所想要——同時也是想得到的——是一個能呈現世界各地人們驚人想像力的會議，他們轉向地圖的空間抽象性，來面對各種時間性問題。在此，這些文章便是這次會議的成果。

我們主要研究過去五百年的地圖，原因很簡單，大約在1450年之後，地圖開始在數量、種類、分布上迅速增加。從最早的人類社會開始，地圖便已經存在；有的製圖師會說，從未有人類社會不具真正的地圖，就連人的手指都能成為海灣與半島的臨時地圖。[3]在文字發明以前，人們便發現自己受地圖所吸引，對於地圖的空間抽象性，人類似乎都能以不可思議的速度掌握在腦海中。

大約在1450年之後的時代，出現了前所未有的地圖盛況。[4]科學革命、傳統地圖繪製技術的適用、印刷術、蓬勃發展的貿易路線等，這些所有甚至更多因素都促成地圖學在全球的擴張。[5]現在，地圖從非凡的東西——即統治者及其他菁英的珍藏——變成普通的物品，成為旅行者、士兵、商人、探險家及公務員的部分紙張生態。書中的地圖特意取材自1450年後眾多地方，即中國、日本、韓國、西班牙殖民前的中美洲、歐洲和美國。

這些全都表明，地圖一直是對時間性問題進行想像性探索的靈活工具，這些問題範圍包括從歷史上的（我們去了哪裡？）到現存的（我們要去哪裡？），以及介於兩者間所有問題。

同樣重要的是，這次會議亦涉及一場重大辯論，關於傳統實體地圖在數位地圖時代的價值。地理資訊系統（Geographic Information System，簡稱GIS）已經成為一項調查過去的強大新工具，因為這會是一個以空間而非以文字方式呈現大量資料的方法。在空間上呈現歷史資料的能力徹底改革了歷史學家的研究方法。大家都知道，空間資料無處不在的潛伏於歷史記載中：此人在此地出生、這場仗在此地開打，而地圖早已是歷史學家最常用的說明工具，用來顯示其敘事展開的方向。但是，太多地理資訊會令作者和讀者窒息；相反，GIS的視覺媒介能使歷史學家區別並清楚呈現複雜的地理格局。

空間史新領域會把地理空間優先當作繪製變化圖的敘事框架。空間史特別善於發掘那些隱身在壯觀事件敘事背後的微妙過程，其過程規模甚大，並往往在推動或經歷這些過程的人的意識之外展開。（有一位哲學家將這些現象中最大一種稱為「超級物體」，即像宇宙一般的現存實體，或是如氣候變遷的發展中趨勢，它在時間和空間上的分布如此之大，以至於沒有人能掌握其整體性。）[7] 為了揭開某項過程，例如森林砍伐、城市化或土地掠奪等，歷史學家必須整合大量及廣泛資料來源（即大數據），即使是最善於說故事的人也會很快被其淹沒。[8]數位地圖在地理空間中會以靜態圖像或動畫序列的形式生動呈現，使觀眾得以即時觀看，這也會使該大量過程從歷史學家敘事背景移到中心。

這些強大工具更使某些學者大膽表示，傳統地圖無法妥善處理時間。他們認為，紙本地圖是靜態的，而移動則是動態的；傳統地圖顯示的是一種快照而非過程。例如，麥克・古柴德認為，GIS是捕捉「類似流動現象」更好的方法，就如同軍隊移動的複雜過程，由於結合了地理、時間和其他資訊，便「很難以地圖方式呈現」。古柴德認為，一個設計良好的資料庫對於歷史現象「不同角度的擷取、研究和視覺化」會很有幫助。[9]

這種論點有兩個隱含假設。第一，是有關視覺化的真相價值，特別是動畫快照的視覺化。雖然其看起來與空間相關，但這些視覺化基本上也與時間相關，主要有兩方面：歷史性（動畫代表了過去所發生的變化）和持續性（我們當下所經驗、超過一分鐘的即時動畫）。換句話說，具歷史過程的動畫運

用我們對持續性時間的體驗來對歷史時間進行論證。[10]這是一個新概念：歷史敘事通常會採取散文的形式，對讀者來說，時間的持續性比我們觀看一段短動畫的過程還要長，也更分散；但圖像，尤其是動態圖像，對我們具有極大的影響力。既然有些GIS學者聲稱，這些圖像比紙本地圖更能代表時間，那麼我們就更應該問問，這種說法在哪些方面可能是真的。

哲學家約翰・杜威的見解在此助益良多。在《藝術即經驗》中，杜威把「經驗」和「某種經驗」區分開來。其中第一種「經驗」，在我們與環境互動時不斷發生；它往往是不完整、不確定且不可記憶的。相反，當所經歷的現象讓我們感到滿足，我們就會有「某種經驗」，例如解開一項數學公式、讀完一本好書，或是為一件藝術作品所感動。在杜威看來，「某種經驗」是滿足且自我封閉的，是一種從日常生活的流動背景中所襯托出來確切、界限分明的統一體。[11]

杜威的觀察可以應用到空間歷史的動畫中。從一般的僅有「經驗」中脫離，GIS所實現歷史資料的快照動畫，很容易上升到「某種經驗」的水準：它們是自我封閉的，在敘事上是令人滿意的，以強大、線性的清晰度解釋大量的資料。在一分鐘以內，我們就能看到王國

和森林在幾千年時間中的成長與萎縮。

不過，我們還是必須謹慎以待。首先，這種動畫所代表的過程不一定像我們現在所見證的那樣受歷史行為者所了解：這個過程很可能只是「經驗」，是整體事件背景的一部分，甚至可能完全沒有被當時的歷史行為者所注意。因此，這正是我們這些當代歷史學家提高手上資料的賭注，將它們在感官意義上從「經驗」提升到「某種經驗」。當然，我們永遠不可能完全進入過去，但也沒有任何一位歷史學家會認為，我們應該忽略它們，只因為歷史行為者沒注意到過去的過程。也就是說，我們應該睜大眼睛，留意其扭曲性，以面對我們的現代方法論和流派。

大多數快照動畫的第二個特點，便是其以線性時間進行移動。你可以播放或倒轉視覺化畫面，但無論是哪種方式，其框架都會是笛卡爾或牛頓時間，即是在歐洲科學革命期間所發展起來的線性、連續、普遍和無止境的時間概念，並且在現在已經傳播到世界各地，取代其他或與其共存的時間概念。[12]牛頓線性時間在空間歷史中可以說是無處不在，這可能會限制時間的視覺化，也限制我們的想像力，進而限制我們探索幾千年來建構人類經驗的許多時間性。

藝術史學家凱斯・墨克希和古典主義學

者丹尼斯・費尼都曾表示，即使在西歐，歷史時間也不具普遍性，而是具異時性、多價性和不連續性。[13] GIS的歷史過程視覺化很可能會把事件的線性順序強加在牛頓時間尚不存在或還沒成為主流的時間階段或地點上。[14]

線性時間的無所不在，在GIS中應該不足為奇。電腦深植於牛頓世界觀中；其內部運作複製了電腦創造者的假設。如同十九世紀的新鐵路將旅行者帶入固有的鐵道，成為某位歷史學家所說「時間和空間的工業化」的一部分，GIS動畫也將我們對時間性的體驗限制在其媒介條件之中。[15]

相反，地圖倒很開放，能具有多種時空，就如本書文章所顯示。幾世紀以來，地圖製作者在許多媒介上工作，包括樹皮、布、石頭、皮膚、沙子、羊皮紙及紙張。因應而生的實體檔案正好是一套開展於時間和空間中的經驗，這些數位陣列所提供的經驗具有本質上的不同，但每種媒介都對其使用者附上不同的時間條件。十五世紀的印刷革命使小型紙本地圖成為可能，這是個壓縮和便利的奇蹟，其圖形影像能使移動中的人迅速吸收，使得它當下可以作為方向性的輔助工具。然而，即使是這些輕便地圖也必須處理實質問題——實體在真實（持續）時間中參與的過程。當地圖的表現形式變得複雜，

所參與的實體也會變得更加複雜。例如，地圖集就有其本身的困難。就算把多張地圖裝訂在一本書中，地圖集仍然只能一次閱讀一張地圖。同時，體積龐大的地圖——畫在牆上或安裝在牆上與立屏上的地圖——都會帶來一系列不同的實際挑戰，或許其大致輪廓能使人一目瞭然，但若是想要加速想像力之旅，進入遙遠時間和空間的話，這些地圖需要近距離的持續研究。

文藝復興時期義大利按比例繪製的地圖就是一個很好的例子。這些宏偉的圖像被繪製成壁畫，範圍可能覆蓋整個房間，而圖像會設計成用來體驗某種全面性視覺計畫的一部分，通常包括歷史和宗教場景。漫步在裝飾過的走廊上，或慢慢在房間裡走動，觀看者會逐漸把區域地圖整合進一個跨越過去、現在與未來的政治、軍事與精神行動之宏偉敘事中。[16]我們認為，這些參與模式每一種都促進了時間及空間想像力，與其說數位動畫會取代實體地圖，不如應該說它促使我們思考這個前數位時代產物的獨特時間性。

五大主張

因此，本書目的並不是要推廣紙本地圖，捨棄GIS；令人高興的是，我們現在生活在一個兩者皆有的世界裡。理解技術變革的

最佳方式不是進步或衰退，而是一系列的權衡。我們在此運用的方式，便是把數位地圖的出現，解釋成邀請我們以新眼光來探索舊地圖。為此，我們為該時代提出了一個地圖時間性的分析方法，一個實體地圖及虛擬地圖並存的時代。鑑此，本書提出五大主張。

1.自覺性歷史地圖的產出是全球近世早期的標誌。

埋首於後哥倫布時期美洲及江戶時代日本的檔案之後，這是編輯在一開始所想到的巧合，歷史地圖學已經在差不多的時間裡於地球兩端興起。在歐洲大西洋及亞太平洋地區中，十六至十八世紀期間的地圖製作者，以創造獨特區域性劇本的方式來表現歷史事件及過程。如何解釋這種巧合，便成了一項發人深思的問題：是什麼促使生活在美洲殖民地及日本群島的人們，會在相同世紀中經常在地圖上使用這種古板方式，以作為呈現過去的媒介？

值得注意的是，近世早期的人們並沒有發明歷史地圖學。在中國，宋代文人至少在哥倫布之前的五千年，就已經將古代地名刻在石碑「地圖」上。[17]後來，當美國和亞洲的知識分子發現自己不得不繪製歷史地圖時，他們的夢想與恐懼、發現與災難都不盡相同。然而，全球化時代的到來顯然鼓勵了世界各地的人們從事更多、更興盛的歷史地圖繪製。這種透過比較取樣探索全球的衝動欲望——在殖民邊緣也同樣在權力殿堂——從一開始就形成了這套收藏。

2.「靜態」地圖以驚人的多變方式容納時間。

數百年來，地圖製作者對時間的處理比我們多數人所注意到的更細緻、更複雜。本文開頭所介紹的特諾奇蒂特蘭建城的彩色記錄（圖I.1）是許多現存圖像之一，也是證明美洲在被發現以前，當地所發展起來的一種巧妙說法，以便在地圖上傳達時間。地圖製作者創造了一種視覺語言，用腳印標示主要遷徙的路線，而特定地名（或地名圖）附近的圓點則象徵著遷徙路上在某地停留的時間長度。[18]

1980年代，所謂的時間地理學家開發了一種截然不同的視覺語言，他們在傳統地圖上增加了一條垂直的時間軸，以顯示原地不動的時期，以及在某一特定景象中的移動事件。如艾倫·普瑞德的文章裡所述，一位波士頓商人早上離家，在波士頓商業中心度過了六小時，然後在下午再次回家。[19]在這兩個實驗之間，就能發現在二維媒介中表現時空過程的各種技術與手段。

3. 多元性依然存在。

解釋這些技巧的可信方法是構建一種強調全球趨同的說法。畢竟，無論我們這個時代的歷史地圖集在哪裡製作，都因為有很多共同的視覺技巧，而具有很強的同族相似性。今天，多數地圖集都顯示一系列熟悉的圖示（日期、箭頭、等高線，以及從戰役到建築的標準化符號）；相反，大約五百年前開始，地圖文獻便包含各種雜亂無章的作法，這種多元性在航海時代因地區文化之間不穩定和不平衡的對話而豐富。直到十八世紀，在不同大陸的都市環境下所繪製的地圖，仍然具有明顯差異，就如同解讀近世早期世界任何一個特定區域的歷史地圖時，都需要與當地語言及歷史進行大量的接觸一般。

當我們意識到多樣性的持續存在時，從1450年迄今的趨同說法根本無法完整解釋清楚。正如近年來非標準地圖的大量複製、紀念及展示所顯示的那樣（無論是從文獻檔案中擷取，還是在反地圖主流下所新創造者），世界各地的社群都會持續以其獨特的方式在地圖上記錄時間。[20]

4. 所有地圖都在訴說時間。

如果說前三種主張都是歷史性說法，那麼現在這種說法就屬於認識論的範疇。要說清楚的是，並不是所有的地圖都是為了凸顯時間上的變化，教學式歷史地圖是構成全球地圖庫數百萬張地圖中，相對較小的子集。但是，去探索地圖製作者如何刻意記錄時間的流逝，其最終都是要面對一個更為基本的事實：時間會在所有空間圖像上留下痕跡。在開始盤點具有歷史意識的地圖製作者所設計的目的性技術之後，我們逐漸發現，每位地圖製作者（及每位地圖讀者）都必須以某種方式與時間打交道。

正如威廉・藍金在他為本書撰寫的文章中所說，所有地圖都帶有時間的印記，即使是那些淡化日期或提出永恆觀點的地圖。有些地圖沉醉於時間的流逝，而另一些地圖則似乎凌駕於時間之上，但這些所有實務發展（及其所仰賴的技巧）都顯示時間具有我們經常接近、以作為主要空間媒介的中心地位。這種見解反倒又提出一個方法論問題：為了真正理解地圖如何將時間定位於空間中，我們需要考慮完整的地圖庫。

5. 地圖文獻改變了地圖訴說時間的方式。

已歸檔的地圖最終所敘述的，可能不是其最初設計要傳達的故事。在某些程度上，這是個超越其最初目的的簡單功能。就像短暫的快照或標題能透過歸檔和編目作業轉

變成歷史文件一樣，地圖也是如此。透過收集、整理和保存，即使是某位司機在州際公路沿線服務站所免費領取的地圖，也會以新方式來「訴說時間」。就像其他檔案媒體一樣，與其說這些地圖的功能是生活在當下的工具，不如說是重建過去的線索；不過，它們幫我們重建的過去難免會不完整。一份文獻檔案所排除的內容，總多於其所包含的；即使是最豐富的收藏，在為某一群體的經驗提供空間的同時，也必然會遺漏其他群體。正是在某個特定地圖檔案被規格化之際，即呈現整個群體的經驗，那些空白才變得有害，有效移除並覆蓋它所遺漏的時空想像。

這種移除發生在整個近世早期世界中：帝國征服者會在某處將對手和受害者從殖民地圖中抹去；但類似的事在十九世紀和二十世紀，都會以更普遍的方式在國家旗幟下發生。民族國家作為理想主權形式的興起，促使政府在全球範圍內編纂國家地圖集、檔案館和圖書館，這些反過來成為群體記憶的儲存庫，以及自我辯護敘事的來源。雖然這些發展已是歷史學家們所熟知的事，但這對於我們應該如何理解地圖，尤其是我們目前所分析「地圖如何訴說時間」的計畫，都還沒有充分探討過。就如下面的幾篇文章所表示，正是在創立國家檔案館的時刻，原本為

其他目的所製作的地圖，便會被重新用作建立國家的歷史文件。事實上，只有透過連接地圖上的點，許多珍貴的民族敘事才有可能浮現出來。

在這些及更多方面，正如此處文章所堅定表示，傳統地圖學仍然是一種敘述時間的重要來源。紙本地圖或許在實體上是靜態的，在學識上卻是動態的，只是這點尚未得到充分理解。正好是GIS的實體動態視覺化，以及其偶爾會激起的偉大訴求，才提高我們對時間彈性的注意，然而時間彈性在早期地圖中已證明。正如我們希望這些文章所顯示，GIS中的動態視覺化所帶來的限制，使我們能以全新的眼光回到早期的地圖上，尋找我們以前可能忽略的時間訊息與意義。從長遠來看，從長遠來看，這些替代時間性甚至能幫GIS學者創造更多方式，以捕捉時間在過去所經歷的一切。本書匯集的九篇文章正好是提供基本座標的入門工具箱，可以用來繪製迄今還沒有涉及的知識領域。

最後，我們在此為想關切某地理區域或時期的讀者，提供了一張通往本書文章的路線圖。

引言之後第一篇文章是威廉‧藍金的理論文章，探討非動畫（「靜態」）地圖究竟是如何把時間納入其設計的，作者以地圖

實務專家的身份來處理這個問題。藍金成為科技史學家之前，他曾是一位數位地圖製作師。根據經驗，他認為，當代製圖師承襲了兩種不同的習慣用語以表示時間，反映不同時間概念的視覺代碼。多數地圖都是根據相機原理來操作的，在特定時間點上描繪出特定的景象（不管這個時間點是由短或長曝光來定義，也不管所產生的圖像是一種單一肖像，還是縮時系列的排列）。然而，有些地圖更像是我們的記憶，把景象表現成顯著事件的累積產物：一系列重疊的圖層，每層都留下印記，或部分掩蓋住以往事件的沉積物。藍金的文章從廣泛文獻中，分析了美國和歐洲地圖學中著名地標及近期地圖（包括他自己所設計的一些地圖），以補充這項研究類別。

本書其他部分則提供相關文獻樣本，在近世早期和現代的地圖學大爆炸期間，探討一些地圖時間性的模式。本書整體結構是地理性的；章節順序從日本中國到歐洲美洲。

第一部分將讀者帶入東亞的地圖文化，這裡可能是世界上最古老的連續地圖傳統發源地。凱倫・維根率先用一篇文章介紹歷史地圖學：我們通常認為歷史地圖學最早出現在近世早期的歐洲，但實際上在大致相同時期的亞洲卻有其獨立的歷史。

正當歐洲的相關人事物影響了亞洲歷史地圖學的發展，如利瑪竇等耶穌會士所扮演角色的重要性，維根亦展示了亞洲特有的企圖、恐懼及希望如何塑造當地歷史地圖學的實務現象。

她專門研究日本的現象，並展示近世早期日本人如何開始使用時間地圖來重建過去的懷舊景象；但到了1860年代，在現代化及西方勢力入侵的壓力下，日本人轉而在快速變化的現在運用地圖學來定位自己。日本彷彿從快速不可控的變化中掙脫出來，轉而運用地圖來重新定位自己的時間和空間。

藝術史學家理查・佩格接下來會從泛東亞的角度，擴大利瑪竇世界地圖的地理範圍。利瑪竇的作品最初出版於十七世紀初（耶穌會傳教士與明朝宮廷早期相遇的產物），他的形象在中國大陸經歷了漫長而又奇特的生涯：隨著時間的推移，從西方科學的象徵，變成了與區域宮廷以及被日本人稱為「南蠻」的陌生入侵者之間首次相遇的象徵。即使耶穌會士從該地區撤出很久之後，利瑪竇地圖都還停留在那裡。事實上，在接下來兩百年內，該地圖會反覆出現，就像每當有外國船隻出現在東亞海域時，它就會出現。十八世紀末及十九世紀歐洲人（以及其美國對手）重返北京、首爾及江戶等地，更是彰

顯出利瑪竇的復興。因此，這是一個地圖時間訊息會隨著時間發生根本性變化的例子。

利瑪竇地圖設計於1600年，旨在展示天主教對地球與宇宙的最新理解，但到了十九世紀，利瑪竇地圖在東亞已經變成一種具有細微不同訊息的載體。假設利瑪竇地圖並不完全是懷舊物品，而是一種文化衝突的提醒，在幾世紀中不斷迴響，並在高度帝國主義時代得到令人震驚的喝采。

在這些有關亞太平洋的文章之後，**第二部分將轉向地球另一端，研究三種截然不同的時間地圖，每種都是近世早期大西洋世界不同文化背景的產物。**第二部分的每一章都延伸了「地圖」的含義，將我們帶入某個或另一個地圖星系的外部軌道中。二者共同形成了一項重要的提醒：我們今天傳統上所說的「地圖」，出現自一系列多元及創意的視覺實驗。

這部分以藝術史學家芭芭拉·蒙蒂仔細解讀西班牙殖民前的中美洲圖畫譜系為開場，這些高度風格化的圖像記錄了諸如特諾奇蒂特蘭等強大城市的建立。在解讀這些阿茲特克圖像的圖象學上，蒙蒂發現一種混合流派，它結合了空間、時間和圖像元素，敘述了一段血腥的遷徙與征服歷史。阿茲特克地圖製作者用傳統方式來表示地點上的持續

時間及景象中的活動（景像中的定居點也同樣以傳統字形來表示），將特諾奇蒂特蘭的創立者置於宇宙和人類的時間中，也把攻占墨西哥谷視為神聖命運的實現。

維若妮卡·德拉·朵拉的文章跨越大西洋來到近世早期歐洲，探討為什麼圖像學的面紗會在十七及十八世紀的全球探險時代吸引歐洲人。探險時代為歐洲人帶來了許多新的奇蹟，但也考驗了他們對陌生民族和地方了解的極限。談到從威尼斯到阿姆斯特丹各地所印製的地圖及地圖集裡的精緻裝飾邊框及地圖，德拉·朵拉發現，這些邊框及地圖中充滿了奧妙之處，若不是仔細垂掛在地圖上，就是有意從地圖上剝離出來。德拉·朵拉將這些奧妙之處與其他時間符號放在一起——從沙漏到長老（時間之父）、長著翅膀的小天使等——揭開了近世早期製圖師所設計的豐富視覺詞彙，以傳達地圖學在同一時間內既展現又隱藏地球真相的概念。

最後，歷史學家丹尼爾·羅森堡分析了近世早期地圖中一個經常被忽視的夥伴：語法圖。語法圖是一個對口語及發明語言努力進行探索的時代成果，它的產生伴隨著科學革命的動力而進行組織及分類。羅森堡認真對待介詞（前、後、下等字）的地圖繪製意義，他把語法學家的圖示視為時空關係最抽

象的表達，準確展示了介詞是如何被安排在索引主語周圍的虛擬空間中。然後，羅森堡將這種視覺化設定在歐洲近世早期印刷文化這種更大背景之下，想表達我們現在所知道的地理地圖，只是諸多時空圖像領域中的一種類型。印刷地圖的第一個偉大時代，同時也是百科全書的時代，數字、圖表和地圖在此相互碰撞，形成了生動的視覺混合體。

第三部分將我們帶入從革命時代到二十世紀的美國。按照鬆散的時間順序，文章在此展示出，在致力於合法化年輕帝國主義國家不斷擴大的土地主張，所產出的幾乎令人窒息的製圖文化，同時其他的時空探索也跟著出現了。卡洛琳‧維特爾在本部分開始便分析了第一批試圖將十九世紀驚人的新深層時間概念視覺化的地圖，它們用十億年的地球年齡取代了《聖經》中所規定的傳統六千年紀年法。這些地圖聲稱，「新世界」事實上可能比歐洲的「舊世界」更古老，這些地圖與時間認識論的搏鬥，似乎延伸到世俗的永恆。她還承接了本書中另一個重要主題：這些深度時間的地圖是如何出現在一個高度異質的視覺文化之中，如風景畫及大腦圖，而不是一個大家都認為是「地圖」的封閉圖像世界。

從深度時間出發，我們再轉到國家時間，也就是蘇珊‧舒特這一章的主題。舒特調查了廣泛的教科書及歷史地圖集，對十九世紀歷代美國歷史學家繪製新生共和國歷史的主要模式進行全景式的概述。她更為引人注目的發現之一，便是1850年代及1860年代在人口普查資料地圖繪製方面的創新，這在很大程度上是由這幾十年進入美國政府服務的德國技術移民浪潮所開創，使專業歷史學家能發展出關於美國歷史動態的全新論文，特別是關於移動「邊界」的存在。她表示，若沒有人口普查地圖，就不可能想像出佛雷特里克‧傑克遜‧特納等歷史學家是如何發展他們最著名（及具爭議）的想法。

最後以延伸思考戰爭地圖的雙重時空性作為本書結尾。詹姆斯‧阿克曼翻閱了大量美國旅遊書籍及野外指南文獻，這些書籍和指南的目標是讓遊客參觀1812年戰爭、南北戰爭和第一次世界大戰等國家重大衝突的遺址，而他在探討這些內容的設計者如何因應敘述衝突（講述故事）的雙重要求上，也同時帶領遊客參觀紀念遺址（創造或喚起個人或國家記憶）。在設計上，將講述過去的故事和在現在的導航交織在一起，由此所產生的類型又是一種混合體，就像阿茲特克族譜一樣，將空間、時間及圖像元素整合到單一框架中。

這些文章共同展開了五百多年來，人類

利用地圖在時間和空間上定位其集體存在的驚人智慧；在其多元性中，顯示在當今全球化的標準化壓力下，當地實務仍持續進行。事實上，刻意恢復區域地圖用語為全球化敘事帶來重要的反潮流趨勢，儘管在此只有暗示。當代全球地圖讀者可能對相同的世界語（Esperanto）很熟悉，尤其是現在幾乎每個人手上都能找到能顯示時間的數位地圖，但是，各種規模的地方社群，從鄰地至國家，都持續堅持以自己獨特的方式為地圖記錄時間。我們希望本書文章都能為呈現時間性地圖指出新的探索方向。

註釋：

1. 關於阿茲特克時間和空間概念的更多訊息，除了芭芭拉・蒙蒂在本書文章外，請參考 Mundy, "Mesoamerican Cartography," in David Woodward and G. Malcolm Lewis, eds., *The History of Cartography*, vol. 2, bk. 3: *Cartography in the Traditional African, American, Arctic, Australian, and Pacific Societies* (Chicago: University of Chicago Press, 1987), 183–256; 及 Miguel León Portilla, *Aztec Thought and Culture: A Study of the Ancient Nahuatl Mind*, trans. Jack E. David (Norman: University of Oklahoma Press, 1963), 54–57.

2. Kevin Birth, *Objects of Time: How Things Shape Temporality* (New York: Palgrave, 2012); Henri Lefebvre, *The Production of Space*, trans. Donald Nicholson-Smith (1974; repr. Blackwell, 1984), 95ff.; Philip J. Ethington, "Placing the Past: 'Groundwork' for a Spatial Theory of History," *Rethinking History* 11, no. 4 (2007): 465–93; J. L. Heilbrun, *The Sun in the Church: Cathedrals as Solar Observatories* (Cambridge, MA: Harvard University Press, 1999); 及 Clive L. N. Ruggles, ed., *Handbook of Archaeoastronomy and Ethnoastronomy* (New York: Springer, 2015).

3 請 見 the Micmac "gestural map" in G. Malcom Lewis, "Traditional Cartography in the Americas," in Woodward and Lewis, *The History of Cartography*, vol. 2, bk. 3, 68–69. 丹尼斯・伍德（Denis Wood）認為，我們所知道的地圖是在 1500 年左右之後所產生的：Wood, *Rethinking the Power of Maps* (New York: Guilford Press, 2010), 1–11. 古地中海地圖中所表現的世界觀，都妥善收錄在此處：Richard J. A. Talbert, ed., *Ancient Perspectives: Maps and Their Place in Mesopotamia, Egypt, Greece, and Rome* (Chicago: University of Chicago Press, 2008).

4. Mark Rosen, *The Mapping of Power in Renaissance Italy: Painted Cartographic Cycles in Social and Intellectual Context* (Cambridge: Cambridge University Press, 2014), 3–4.

5. Matthew H. Edney and Mary Sponberg Pedley, eds., *The History of Cartography*, vol. 4: *Cartography in the European Enlightenment* (Chicago: University of Chicago Press, 2019).

6. Anne Kelly Knowles, "GIS and History," in Knowles, ed., *Placing History: How Maps, Spatial Data, and GIS Are Changing Historical Scholarship* (New York: ESRI Press, 2008), 18. 關於更多傳統地圖繪製 GIS 的新世界之最近觀察，請 見 Jörn Seemann, Zef Segal, and Bram Vannieuwenhuyze, "Introduction," in Zef Segal and Bram Vannieuwenhuyze, eds., *Motion in Maps—Maps in Motion: Mapping Stories and Movement through Time* (Amsterdam: Amsterdam University Press, forthcoming 2020).

7. Timothy Morton, *Hyperobjects: Philosophy and Ecology after the End of the World* (Minneapolis: University of Minnesota Press, 2013).

8. 關於 GIS 在此及其他優點，請見 Ian Gregory and Alistair Geddes, "Introduction: From Historical GIS to Spatial Humanities: Deepening Scholarship and Broadening Technology," in Gregory and Geddes, eds., *Toward Spatial Humanities: Historical GIS and Spatial History* (Bloomington: Indiana University Press, 2014), ix–xix. 關於空間史方法論文章，請見 Richard White, "What Is Spatial History?," Spatial History Lab Working Paper (2010), https://web.stanford.edu/group/spatialhistory/cgi-bin/site/pub.php?id=29.

9. Michael Goodchild, "Combining Space and Time: New Potential for Temporal GIS," 及 Ian Gregory, "'A Map Is Just a Bad Graph': Why Spatial Statistics Are Important in Historical GIS," both in *Placing History: How Maps, Spatial Data and GIS Are Changing Historical Scholarship*, ed. Anne Kelly Knowles

(Redlands, CA: ESRI Press, 2008), 193 (quotation), 123–49.

10. 關於持續性時間，請見 Henri Bergson, *The Creative Mind: An Introduction to Metaphysics*, trans. Mabelle L. Andison (1946; repr. New York: Dover, 2012); and Bergson, *Time and Free Will: An Essay on the Immediate Data of Consciousness* (1901; repr. New York: Routledge, 2013); Anson Rabinbach, *The Human Motor: Energy, Fatigue, and the Origins of Modernity* (New York: Basic Books, 1990), 110–12.

11. John Dewey, "Having an Experience," in *Art as Experience* (New York: Minton, Blach & Co.), 35–37.

12. Donald J. Wilcox, *The Measure of Times Past: Pre-Newtonian Chronologies and the Rhetoric of Relative Time* (Chicago: University of Chicago Press, 1987); 及 Stephen Kern, *The Culture of Time and Space, 1800–1918*, 2nd ed. (Cambridge, MA:
Harvard University Press, 2003).

13. Keith Moxey, *Visual Time: The Image in History* (Durham, NC: Duke University Press, 2013); Denis Feeney, *Caesar's Calendar: Ancient Time and the Beginnings of History* (Berkeley: University of California Press, 2008); 請見 John Lewis Gaddis, "Time and Space," in *The Landscape of History: How Historians Map the Past* (Oxford: Oxford University Press, 2002), 23–24.

14. 有些 GIS 實務操作者會注意到這個問題："The elusive goal is to modify the rigid, Cartesian logic of GIS so that computer-based geographic analysis can more closely mimic the vagaries of human experience." Anne Kelly Knowles, "GIS and History," in Knowles, ed., *Placing History*, 19.

15. Alan Trachtenberg, "Foreword," in Wolfgang Schivelbush, *The Railway Journey: The Industrialization of Time and Space in the 19th Century* (Leamington Spa: Berg, 1977), xiv.

16. Rosen, The Mapping of Power in Renaissance Italy, 5; Francesca Fiorana, "Cycles of Painted Maps in the Renaissance," in *The History of Cartography*, vol. 3 (pt. 1): *Cartography in the European Renaissance, ed. David Woodward* (Chicago: University of Chicago Press, 2007), 804–30; 及 Juergen Schulz, "Maps as Metaphors: Mural Map Cycles of the Italian Renaissance," in *Art and Cartography: Six Historical Essays*, ed. David Woodward (Chicago: University of Chicago Press, 1987), 97–122.

17. 請見 Cordell Yee 在 *The History of Cartography*, vol. 2, bk. 2 的文章，*Cartography in the Traditional East and Southeast Asian Societies*, ed. J. B. Harley and David Woodward (Chicago: University of Chicago Press, 1994).

18. Barbara Mundy, *The Mapping of New Spain* (Chicago: University of Chicago Press, 1996).

19. Allan Pred, "Daily path of a 'typical' Boston merchant capitalist." In "Structuration, Biography Formation, and Knowledge: Observations on Port Growth during the Late Mercantile Period," *Environment and Planning D: Society and Space* 2, no. 3 (1984): 268. 維基百科上有關時間地理文章提供更多其他例子。

20. 關於反地圖繪製，請見相關啟發性討論如 Wood, *Rethinking the Power of Maps*, 尤其是第五章及第八章。

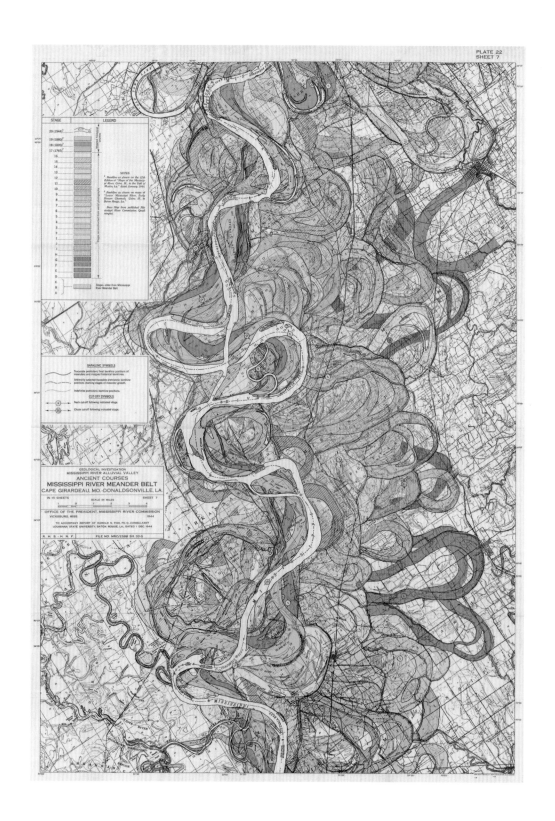

1

威廉・藍金
William Rankin

繪製二十（及二十一）世紀
的時間地圖

正值1927年春夏，密西西比河先是淹沒河岸，接著沖潰了防洪堤，並造成前所未有的破壞。所謂的大洪水淹沒多達十州、超過二萬七千平方英里的優質農田，這個區域面積比整個愛爾蘭還要大，並造成七十多萬人無家可歸。這是美國史上（迄今也仍然是）最嚴重的一次河水氾濫。隨後，美國陸軍工兵部隊進行長達十年的重新塑造河道計畫，其中超過十二條著名蜿蜒河道被截成人工運河，並透過定期清理淤積來提高其流量。到了1940年代初，密西西比河下游更像是一條人工運河，而非自由流動的河流，該河流變得更短、更深、更快，同時流量亦比以前多了一半。[1]

圖1.1的地圖就是為了因應這項干預大工程所繪製。該地圖於1944年出版，並經過三年研究；顯示過去兩千年來河流的蜿蜒曲折，每種柔和色彩皆代表該河流不同的歷史快照。它美得令人驚嘆，色彩繽紛，圖案迷人，並顯示河流是種多變、生機的存在，幾乎栩栩如生。這張圖顯示出密西西比州和阿肯色州部分邊界；十五幅完整系列地圖從伊利諾州南部延伸到路易斯安那州南部。繪圖者主要是路易斯安那州立大學一位年輕的地質學家——哈洛德・菲斯克，他受雇於陸軍工兵部隊，為整條河谷的歷史提出全面性報告。在報告中，菲斯克把密西西比河描述成一條「蓄勢待發的河流」，其持續蜿蜒也已達到動態平衡，他在提出警告的同時也保證，如果任由該河流自行發展，則必然會回到工程前的狀態，但詳細地底情形及土壤類型的歷史知識，能有助於陸軍掌握新陣地。[2]

面對這樣一幅地圖，用簡潔的二維地圖

圖1.1 為超過二千年以來密西西比河的蜿蜒流向，每種顏色皆是顯示河流大約每百年的不同位置。哈洛德・菲斯克，《密西西比河下游沖積河谷的地質調查》（陸軍工兵部隊，1944年12月1日），圖版22，表7。

優雅展現出來的深刻時空故事——同時亦有部分崇拜者的追隨[3]——那也就不意外近來所出現那些數位信仰者對地圖的抨擊。

例如，空間史早期領導者之一，理查・懷特就曾非常明確指出，「空間的呈現不能受地圖限制」，因為「地圖〔是〕靜態的，而移動是動態的。」[4]英國歷史地理資訊系統的倡導者之一，伊安・格瑞哥利更是直言不諱，他說「地圖只是個無法處理時間的糟糕圖案」，而且地圖的研究必須「超越地圖繪製」，才能真正理解空間資料；其診斷似乎相對直接明白。格瑞哥利說，地圖「所顯示只是單一時間片段」，也因此「時間是固定的」。同樣，地理學家麥克・古柴德形容地圖的圖層只是個「單一快照」，而歷史學家大衛・波登哈莫也認為，在當代地圖繪製中，「時間是固定的……而不具動態性」。[5]

或許更令人驚訝的是，這些抨擊也不是什麼新鮮事。早在1930年代，地理學家和製圖師就有類似的評論。例如，德國地理學家赫伯特・克諾德在1932年表示，只有文字才能提供「無法繪製的時間因素」；但美國地理學會的約翰・萊特則夢想著以某些尚未發明的「動態圖畫地圖」來取代具「靜態條件」而「不適用」的地圖集。[6]至少從1950年代開始，動畫地圖就被奉為解藥，而電腦的出現似乎每次都會走向地圖時間性的討論，硬是在「傳統」紙本地圖和新形式、動態及互動軟體之間劃出一條界限，就如馬克・蒙蒙尼耶在1990年代早期所說，「能把時間提升到其適當位置」，並消除僵化的單一地圖解決方式。」[7]只要有紙本的替代品，如影片、電腦或網路等，靜態地圖就會被視為一種垂死的技術。當今的先鋒派往往會完全放棄使用地圖，優先考慮以使用者為主的地理視覺化及空間分析，而不是任何向外的視覺交流。[8]

在此所涉及到，遠遠大於我們對於地圖如何或是否能夠代表時間的理解。即使是最強硬派人士也沒有主張地圖總是永恆不變，但他們的抱怨卻喚起了大家對地理學與歷史之間的關係——或甚至是一般空間與時間之間——那樣深刻的學科偏見。從修辭學上來說，抨擊地圖代表著批評過時又敘述性的地理學只具有空間性；這也令人聯想到事件導向的歷史也只具有時間性。因此，擁抱新科技被視為是種方法論上的迫切需求，一種否定空間模式和時間過程之間具有硬性分歧的方式。

然而，實際上，地理學家對時間性的興趣已經有幾十年了，空間史的知識根源不僅可以追溯到地理資訊系統的「空間轉向」——或是早期的新馬克思主義者之「空間轉向」——

甚至可以深入至十九世紀。[9]諷刺的是，否認地圖的時間性最終會令人聯想到本應在很久以前就已經蓋棺論定的二元對立（及地盤之爭）：時間VS空間、過去VS現在、解釋VS描述、線性敘事VS停頓地圖……

在此，也存有微妙的政治因素。如果說我們此時的問題是有關動態變化，如移民、氣候、資本流動，而地圖無法滿足此項任務的話，那麼方法論上的迫切需求，便很容易變成政治上的迫切需求了。尖端軟體及其相關的專業知識變得進步，地圖（儘管越來越容易取得）反而變得太傳統，甚至落伍。

本章目的便是要表示，現今專家及前輩對於地圖繪製的時間性的看法是錯的。哈洛德·菲斯克的密西西比河地圖，還只是在幾十種方法中能以靜態二維圖形呈現豐富時間性故事的突出例子之一。我的論點分三步驟進行，首要任務便是分析現代地圖實際上要如何顯示時間，從十九世紀中葉開始，並且從二十世紀初到現在多數時間都沒有改變。儘管有很多不同的可能性及可塑性，我最終還是發現了相當了不起的概念一致性——我稱之為照片電影學式用語。我認為，至少一百五十年以來，這一直是歐洲及美國時間性地圖繪製的主要框架（但我不保證世界其他地區也是）。各種技巧沿著兩軸排列：從即時分析法到空間流動，以及從單一圖像到折疊動畫）。把地圖看成是固定「快照」不算正確，但也不完全算錯誤，只要我們能更認真看待攝影學式比喻就好。

我的第二步，便是把這種對照片電影式用語的視覺分析，與時間哲學中的基本問題結合起來，尤其是時間與空間的關係。不過，與其說是提出什麼創新概念出發點，不如說是現代地圖的時間性；與數位學者、地理與歷史理論家所訴求的那種時間性之間，具有一種相當深切的近似性。因此，這不只是表示地圖能完全顯示出時間，而是地圖的時間性恰好以地史理論所描述的方式融合時間與空間，而且在許多情況下，也比目前的互動方法更具有說服力。

最後，我會提出一種替代方式作為結論。雖然大多數現代地圖都能用照片電影式用語來描述，還是有一種明顯不同的長久對策，我稱之為歷史變數。雖然我的主要身份是歷史學家，但我也是個活躍的製圖師，而歷史變數是我在地圖繪製工作中所常用的對策，同時也是我在其他近期地圖中所經常注意到的。除了是一種有用的地圖繪製之反主流方法——提醒大家，任何製圖文化都不是單一的歷史文化——歷史變數也為探索那種可稱為空間記憶的東西，提供了振奮人心的

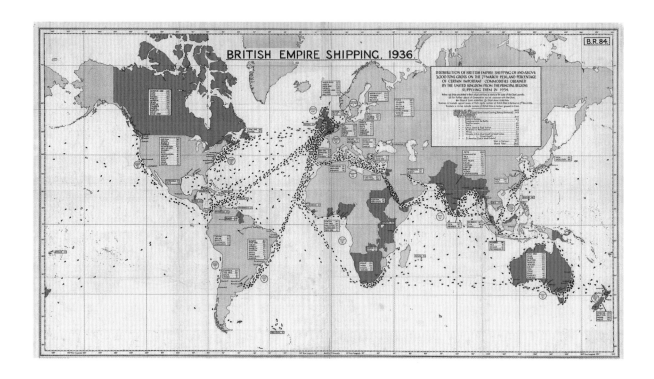

可能性。

　　把現代地圖繪製定位成具有照片電影式特色，與其說是歷史性，不如說是種分析性的舉動，這是描述普遍存在製圖文化的方式，而不是這種文化如何產生的主張。不過，所謂歷史意義還是一種刻意為之，就如攝影及電影都是在漫長的十九世紀與新視覺、感官文化一同出現一般，照片電影式製圖大部分的特定技術，同樣也是在相同時代出現，以作為地理能見度擴大重新思考的一部分，即「主題製圖」這個有點問題的術語所抓到的重點。[10]

　　換句話說，會把攝影或電影時間性本身描述成地圖學方式的人，或許就跟反對的人一樣多。一張地圖幾乎就是一張「地表照片」，而一張空拍照片，並不會自動成為一張地圖，不過其近似性是不可否認的。[11]這種相互性也代表我們應該要抗拒誘惑，避免從電影到當代電腦動畫，劃下線性歷史的完整軸線；攝影及電影，與其說具有因果關係，不如說是同路旅伴。[12]認同這種歷史性共鳴，同樣也認同在十九世紀文化中某種代表時間的方式，如民族化國家、擴張帝國及相關統計、人口普查與專家等考量所主宰的方式。這些政治考量引發了許多對新的時間性地圖繪製技術，以及其即使在今天仍然存在於背景的關切。

從即時到流動：定義地圖的瞬間

　　對地圖最常見的批評，便是其只是「快

圖1.2 1936年3月7日當天英國商船隊的所有船隻。這是一張「快照」，但其所呈現的世界並非靜態。英國海軍部出版（倫敦：皇家出版社，1936年）。

照」，言下之意，就是再好的靜態地圖，也只能捕捉到特定時刻的世界一隅。這或許看似直白，但在實務方面——如何定義地圖的時刻方面——其範圍仍然很廣，而這也是使一切有所不同之處。[13]這是攝影學式比喻真正發揮其作用之處，畢竟在攝影學方面，也是相同的道理。實際快照必須一直抓緊快門速度，而攝影師——像製圖師繪圖時——長短曝光的選擇並非一種技術性問題，而是一種對策選項。因此，理解地圖繪製快門（cartographic shutter）的創意性和普遍性，對於解讀地圖的時間性來說至關重要。從攝影方式移動至電影方式，便是對這項基本方法的重要闡述，只不過在概念上會更為直接簡單。

兩個極端例子應該能說明這一點。圖1.2所顯示，為1936年3月7日世上所有遠洋英國商船的精美地圖。這幅地圖是英國海軍部以大篇幅出版兩幅此類地圖中的第一幅（第二幅為1937年11月24日）。圖中表示：「在圖表比例尺許可情況下，盡量按船舶實際位置繪製」，儘管港內船隻只以數字表示。這張地圖總共容納一天內全世界近兩千五百艘船的位置，因此稱之為「快照」是完全合理的，而且沒有貶低之意，因為這正是地圖的狹隘時間特性，才能捕捉到的動態。值得注意的是，某些貿易路線船隻的空間密度是如

何成為時間流動的直接衡量標準：往巴西的航線比往南非的航線交通量要大，而往南非的航線又比往澳洲的航線交通量更大。事實上，哈佛大學地理學家愛德華·烏爾曼曾在1949年用明確的時間術語來描述這張地圖：其顯示了「流通」、「活動」及「世界貿易的脈搏」。[14]換言之，快照不只有空間性，相反的，也把空間及時間鎖在一起。這就是即時分析法。

另一個極端例子請見圖1.3，由具影響力的法國地理學家保羅·維達爾·白蘭士於1894年所出版歷史地圖集中的一頁。地圖標題為〈古埃及〉，就跟該地圖冊中其他地圖以及同時代（大約二次大戰間隔時期）類似地圖集一樣，這幅地圖的目的是為了呈現長時間的文化地理情形，這期間長達了三千年之久。從我們今日的角度來看，很容易就會去批評這張地圖上的時間性手法：地圖上城市和地名的出現並不全是在同一時間，其相對重要性也在過去幾世紀中出現重大變化，甚至像下埃及及上埃及這樣基本區域用語，也改變了其意義。但這些批評反而強調，這張圖實際上如何就古埃及的歷時不變，提出了強而有力的時間論點。事實上，有關維達爾的區域主義方法，其重要組成之一正是他所關切的人類地理學「長時段關係」，即後

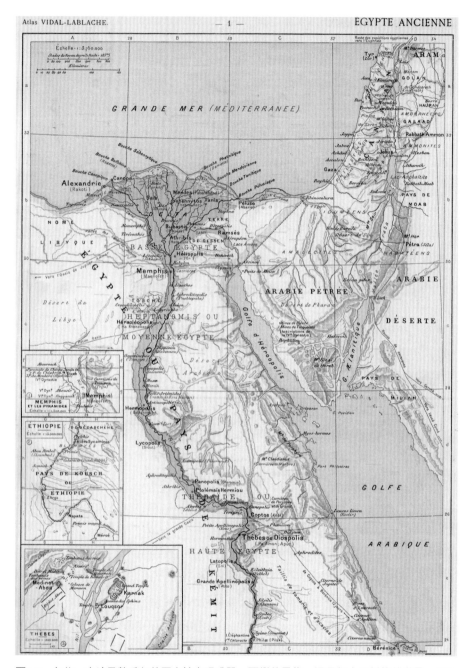

圖1.3 在此，古埃及數千年的歷史被表現成單一不變的景像。這是個十分靜態的世界，但這種時間性卻是這張地圖的論點重心。保羅·維達爾·白蘭士，《維達爾白蘭士地圖總集：歷史與地理》（巴黎：阿曼柯林出版社，1894年），圖版。

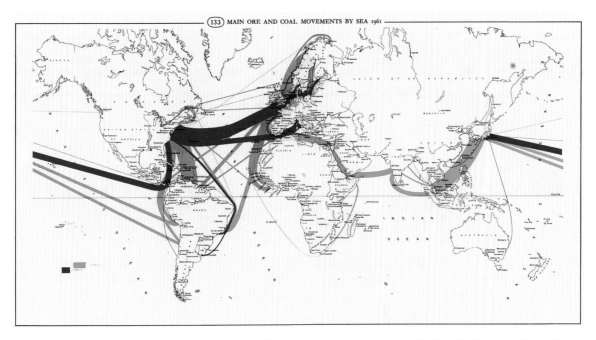

圖1.4 1961年美國出口鐵礦石（淺藍）和煙煤（深藍）的全球貿易圖。這張地圖繪製了兩個簡單的年度統計表，但其流暢線條會讓人聯想到船隻實際移動長達十二個月的樣子。朵拉蒂亞・馬特－奧特利斯所繪地圖，摘自古斯塔夫・阿道夫・塞爾所著《世界航運現場：航運、造船、海港及海運貿易地圖集》（慕尼黑：西城出版社，1963年），第98-99頁。

來因費南德・布勞德所聞名之處。[15]這是一張快照的一瞬間，這瞬間卻是幾千年，該地圖再次把時間及空間同時呈現出來。

在這兩種極端之間，最常見的地圖時間間隔為一年。這在統計地圖和地圖集中尤其常見，使用的是幾個月內所蒐集的資料，例如來自人口普查、農業報告或社會改革調查的資料，這就是我們會得到顯示〈1950年主要宗教派別〉及〈1964年農場豬〉地圖的方法。[16]但即使在這裡，時間的長短仍然具有分析作用，因為這些長達一年的時間代表，無論地圖繪製了什麼，都不會出現非常迅速的變化，而且季節性的變動也不重要。將任何

持續時間中的某一時刻展現為凝固圖像的地圖，是在攝影軸的一端；而另一端則是具有明確流動、痕跡及累積的地圖。

然而，持續性時刻還是一樣重要。例如，圖1.4便是一張出版於1963年德國航運地圖集裡的空間流動地圖，其中每條線的寬度象徵著不同港口之間運輸的礦石和煤炭噸位。看起來，其本質就是時間流動版的英國航運地圖。這不是透過把時間凍結在某日以呈現活動情形，而是整合一年時間來呈現活動情形。這固然是個重要的區別，但並非是對時間的理解不同；以攝影學用語來說，這只是曝光時間的不同。就像夜晚高速公路長

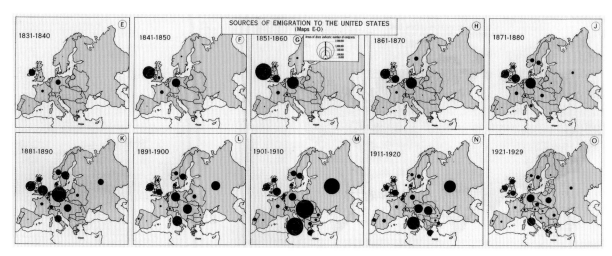

圖1.5 十張顯示1830~1930年美國移民來源的系列地圖。在每張地圖中，黑色的圓圈顯示了每十年期間不同國家的移民數量；最大的圓圈代表約二百萬人。一如圖中所直接顯示的連續三次移民潮（高峰期在1850年代、1880年代和1900年代），這些地圖也清楚標示了地區聚落。源自查爾斯・O.・保林和約翰・萊特合著，《美國歷史地理地圖集》（華盛頓特區：卡內基研究所；紐約：美國地理學會，1932年），圖版70。

時間曝光，會產生不同強度的紅白條紋，進而使活動空間化，因此流動地圖也是透過不同寬度的線條來象徵活動。在攝影學中，長短曝光之間並沒有絕對的區別，重要的是曝光長度如何與活動速度相比較。同樣，在地圖學中，凝固圖像地圖的時間性並不亞於空間流動地圖──重要的是，地圖繪製的時刻會如何去論證空間變化的速率。

其實不必多費力氣，就能找到一種運用各種視覺技術的地圖，以顯示看似具有持續性的種種時刻，有些地圖能顯示一天、一個月、一年、十年、一世紀等等，而時間可以用陰影範圍、圓點圖案、活動微小痕跡、流動粗線及各種箭頭來明確呈現。隨意舉例來說，就像1938年1月的美國海軍戰略圖、標準石油公司每天移動的石油桶數、五年內從英國到加拿大的移民、三十一年內美國的私刑、所有地震及火山爆發的歷史紀錄、1812年及1813年寒冷月份期間的拿破崙軍隊、1838~1966年主要探險隊的路線……諸如此類。

這些並非都是現代的技術，航線足跡早在十六世紀就能看到，只是全都相對常見於現代地圖學文化中。這些技術隨處可見，從政府報告、教室掛圖到流行新聞雜誌皆有；有時可能會複雜得令人驚訝，例如斷斷續續記錄著活動足跡，但卻都不需要經過特別訓練就能理解。[17]不過這些地圖的時間性基本上都相同：繪製地圖的快門會在特定時間開啟，而地圖會記錄這段時間內所發生的事件、活動或分布。儘管顯示凝固時刻與顯示累積或變化的地圖，具有明顯的視覺上差異，但對時間的基本理解

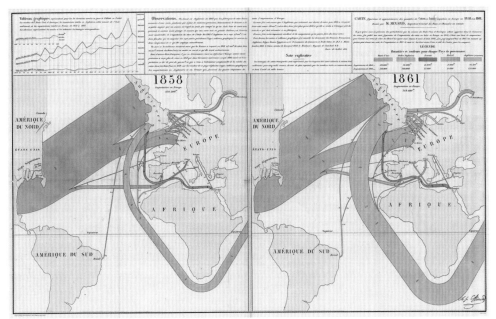

圖1.6
米納德的前後空間流動圖顯示，美國內戰如何影響歐洲的棉花和羊毛進口。顏色代表原產國，粉紅色代表來自英國的再出口。儘管美國總出口在1858~1861年間略有增加，英國則反應迅速，從其南亞殖民地尋找更可靠的來源。查爾斯·約瑟夫·米納德，〈1858年及1861年棉花與羊毛進口至歐洲的大致數量地圖〉（巴黎，1862年）。

都是不變的。[18]

即使是那些千方百計要隱藏其時間性的地圖，即完全沒有明確時間標記的「永恆的當下」地圖，也都幾乎能用類似的角度來分析。一般的世界掛圖、咖啡桌地圖集和地形圖都暗示著時間的變化，即使有時只是透過「最新」的說法，而且有些說法多半也沒說服力。暗示可能很隱晦，其含義也可能具誤導性，不過問題卻不在於地圖「無法處理時間」。真正的問題，在於地圖能輕易挑起我們不同的論點。[19]除了這個主流說法之外，還有某些連帶對策使我把攝影式用語擴張到照片電影式用語。這些都是能把快照放進某種次序中的視覺技術，但能達成這點的方法有好幾種，而且攝影和電影之間的界限，在分析上就和其歷史一樣模糊。

最直接的方式便是展示兩張地圖——一張「之前」和一張「之後」——以強調兩個時間點之間的變化，但這種方式不必限制在兩個框架中。圖1.5《美國歷史地理地圖集》（1932年）中一系列地圖，便顯示了一世紀以來，從1830~1930年的移民來源（也是這本地圖集，使約翰·萊特開始想像影片地圖〔motion-picture maps〕）。

愛德華·塔夫特把這種圖稱為小型組圖；比起簡單的前後對照圖，這十幅圖更呈現出三次大量移民潮，即開始於十九世紀中葉，主要是來自愛爾蘭及德國，其次為1880年代，第三次則是在二十世紀初，來自義大利、奧匈帝國及俄羅斯。[20]這種地圖往往會強調電影式時間及政府統計資料的關係，尤其是常態進行的全國人口普查，而這項方法經常用

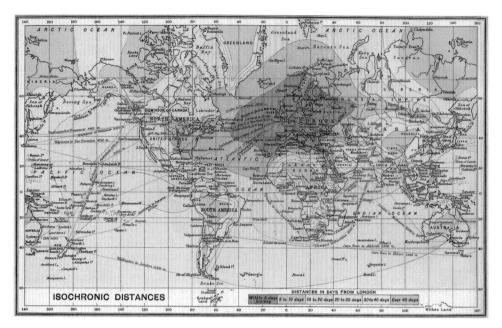

圖**1.7** 1914年從倫敦啟程的旅行時間，深紅色區域為五天行程；深藍色區域為四十天以上的行程。雖然這些等時地圖在直接繪製時間方面很有特色，但這種將連續快照折疊成一種整體綜合圖的技巧，在顯示空間擴張、縮減或分散方面倒也很常見。摘自J.G.·巴塞洛繆的《經濟地理地圖集》（倫敦：牛津大學出版，1914年），圖版12-B。

來支持強調國家中心敘事——特別是國家的擴張，不管是領土擴張，還是人口擴張。明顯的攝影相似例子，就像是艾德沃德·麥布里奇的研究，即1870年代的奔跑馬匹，透過一系列靜態圖像進行整體過程的分析，其結果既算是攝影，也算是電影。[21]

就像單張地圖能顯示一幅凝固影像或流動活動一般，一系列的地圖也能運用各種技巧。最著名的電影流（cinematic flow）案例——而且肯定不只這一例——大概就是查爾斯·約瑟夫·米納德這兩張美國內戰前後棉花與羊毛貿易差異地圖（圖1.6）。兩張地圖都是一年累積下來的交易量，正好顯示從印度（黃線）至英國進口量的急劇上升，而非美國南方——一種美國出口量只會在接下來幾年間呈現下降的趨勢。[22]米納德的地圖還顯

示出另一種電影技巧，即是進行地圖與圖形的比對。左上圖中的圖形為從1830年代初開始、將近三十年間的美國及印度出口情況，以及英國及法國的進口量。這不僅提供前後比較的歷史內容，也讓人聯想到在此未顯示卻不難想像的其他連續系列圖。整體來說，我會認為這是一種單一時空次序的混合說明。地圖圖形比對是用來表示各種現象，即經濟、人口、環境，但幾乎在所有情況下，其關係都是一樣的：地圖會描繪出時間系列的終端，空間模式則理解成一種歷史過程的結果。

最後，便是我所說的折疊動畫，把連續快照相互交疊在一起，作為地圖的一部分。圖1.7便是個典型的例子，即1914年從倫敦出發的旅行時間「等時」地圖（isochronic map）。

顏色次序，從深紅色到深藍色有六張快照，每張快照皆代表一塊能在特定時間內到達的區域。儘管這些等時地圖常會被視為是一種少數例子——即地圖能成功顯示時間，尤其是當空間被扭曲成旅行時間地圖[23]——同樣的視覺技術亦用於許多其他簡單的擴張和縮減趨勢，例如政治、人口、植物、技術、流行病等諸如此類。連同前後對比及小型組圖方式，折疊動畫在統計學或政府地圖集中很常見，而且也經常帶有民族主義或帝國色彩。（比方說，等時地圖在第一次世界大戰前很容易見到，但戰後卻是意外少見。[24]）

折疊動畫的時間性是隨機的，而最好的攝影相似例子，大概就是十九世紀末艾蒂安·朱爾·馬雷的作品了，把某張底片用旋轉快門進行多次曝光，以達到分解跳躍、奔跑或敲擊等複雜動作成複合靜態圖像的目的。不過，馬雷可不孤單。例如，二十世紀中葉的阿爾巴尼亞裔美籍攝影師喬恩·米利——曾運用高速閃光，並登上從麻省理工學院的實驗室到《生活》雜誌的版面——也同樣展示了折疊動畫是如何以非靜態媒體無法達成的方式，對複雜的動作進行有力的剖析。

總之，照片電影式用語的基本特色，便是地圖隨時間紀錄空間圖形的流動。主要問題是如何操控快門：要打開多久、要拍一個或一系列鏡頭，還是要用一些比較複雜的技巧，例如長時間曝光、多次曝光或其他完全不同的東西。在概念上，所有的照片電影式地圖——即使是那些否認本身時間性者——都能由地圖式相機隨時間接收空間資訊進行製作。而這些與麥布里奇及馬雷的相似例子，並不只是間接的，他們的圖像被擴大理解為時間、動作及感官現代再校準之一。時間地圖學也應該如此。[25]

攝影學式的哲學

在現代歐美地圖中，照片電影式用語是時間性的主流形式；它無處不在，而且看似直接明瞭。然而，這些地圖中蘊含著某種隱性的時間哲學，並透露出一種對時間與空間關係的特定理解。這種理解具有連貫性，經得起歷史學家、地理學家及其他理論家對時間更明確的討論、進行認真的比較，這種比較也展現驚人的一致性。

照片電影式地圖改良了兩大哲學主張。第一項主張相對簡單，即世界由一系列連續的現在式時刻所組成，所有事物都有個時間座標，並可以用類似其空間座標的方式來處理，如英國航運地圖上的每艘船不僅位於全球通用的經緯度系統上，也位於格里曆的通用時間軸上。同樣，正如物體佔據著一定的

空間，它們也佔據著時間，而時間也能像空間一樣被聚集、抽象並概括化，如維達爾的埃及地圖上，像孟菲斯這樣的城市其空間位置被抽象成一個圓圈，而其時間位置被概括化成幾千年。

把時間變成座標，也代表在時間上往回走與往前走，其視覺上並無法有所區分。移民的小型組圖一般會由左向右讀，但也能由右向左讀，其意義不變。（而有些主題，例如板塊構造，往回看則是常態）。換句話說，照片電影式時間是線性的，但並不具有內在方向性。這是一種單純演替的抽象數學時間，每個框架基本上獨立於前後時間而存在。這不是人類記憶的定位時間，也不是因果或熵（entropy）的不可逆時間。

第二項主張，則是時間為一種空間流動。這代表時間的變化被記載成空間的變化，而世界之所以會被理解成時間性的，只是因為世界在空間上出現了變化。這也和攝影學有直接的關係，因為攝影的時間同樣具有內在空間性：在呈現動作時，重要的不是曝光持續時間本身，而是最終圖像中的二維條紋、流動及模糊影像。

這些主張能與兩種相對不同的對話進行交談。第一個是數位人文及空間史。這些領域是對靜態地圖進行最激烈攻擊的來源，然

而幾乎無一例外的是，這些學者所實際製作的，都是完全將照片電影式時間性視覺化。對於理查·懷特及許多其他人來說，空間史的關鍵詞是活動（movement）和動態（dynamic），因為「如果空間是問題，那麼活動就是答案。」[26]這就是為什麼互動式小程式會被視為是一種研究及表現過去動態過程的更好方式，即空間資料在螢幕上實際移動著。然而，由懷特創立的史丹佛空間史計畫及其他類似團體所進行的視覺化有三種主要風格：以線性演替方式播放一系列快照的動畫、隨著觀看者移動時間的捲軸而變化的地圖，以及用雙向捲軸以顯示在兩個所選日期之間所有事件的地圖。這些捲軸不是把時間當作能隨意向前或向後調整的座標，不然就像是在特定時間間隔內維持地圖繪製快門的開啟狀態。

我並不想說這些互動式地圖沒新意、沒分析性、沒教學效果，雖然它們很明顯就是如此，而我自己也製作過類似的地圖。但是，作為對空間時間性的探索，它們完全符合現代地圖學的主流：時間是一種可逆的線性演替，而空間變化，包括活動，都是時間性的標誌。以哲學來說，我看不出有什麼理由認為，地圖實際上是動態的這件事，會產生時間與其他照片電影式技術完全不同的論點。若要說有什麼

不同的話，便是動畫及時間捲軸似乎會抑制其他常見地圖繪製技巧的實驗性，包括一年以外的時刻、不連續的時間性，或甚至是簡單的流線、痕跡及折疊動畫。[27]

第二場交談，則是關於空間和時間之間的適當關係，其更為明確的理論辯論。此根源可以追溯到二十世紀初亨利‧柏格森的哲學，他強硬主張時間在本質上與空間完全不同。柏格森提出了他著名的持續時間理論「時延」以作為一種數學上及科學上的時間，即時間的替代。對他來說，這是把時間縮減成一種空間表現，時間在那裡只是變成了另一個座標，即「第四維空間」，而動作也不過是一種線性軌跡。這是對照片電影式時間性的明確抨擊，柏格森特別指出，馬雷的紀實攝影作品象徵著支離破碎、不固定的時間，他認為這永遠無法捕捉到時間的真相——無論是實際去體驗的時間，還是非機械主義藝術的時間。[28]對柏格森來說，這種區別牽涉到很多——原因、自由意志，甚至意識本身——而他的思想迄今仍為大家所銘記，並且是反對主流機械主義科學世界觀的主要理論。[29]

然而，近六十年來，地理學家及空間理論家爭相反對柏格森主義，轉而支持柏格森頭號公開對手——愛因斯坦所提出的整合時空整體性。最近一次砲轟，來自2007年歷史學家兼理論家菲利普‧艾辛頓一篇備受爭議的文章中，稱其為「歷史的空間理論」。雖然他的觀點延續了悠久的傳統，其中亦包括朵琳‧馬西在1990年代及詹姆斯‧布勞特在1960年代所進行的研究，但是他的文章作為空間史的哲學基礎，仍然是最先進的見解。[30]其目標不只是把空間理解成歷史或一種歷史建構，但以空間問題來理解時間本身，而艾辛頓對伯格森主義的主要批評，正是其將時間從空間分開出來，並由此產生時間作為人類生命與意識的重要優先次序。

然而，艾辛頓並不僅僅是提出他對空間的見解；相反，他也作出結論，即時間是透過實際上依賴空間而具有意義，時間「只是空間動作的一種測量方式，其本身……不具任何存在」。他說，歷史「不是『隨著時間變化』……而是透過空間變化。」[31]因此，把歷史理解為具空間性的，便意味著要正視時間的空間化，如馬雷所闡述，或艾辛頓的地圖學理論；歷史時間就跟地圖學時間一樣，是一種空間流動。他甚至敦促歷史學家把地圖繪製看作是對其技藝方面，一種有關引導方法學上的隱喻。[32]

換言之，無論是在數位及空間人文的實務意義上，還是在更嚴格的哲學意義上，今

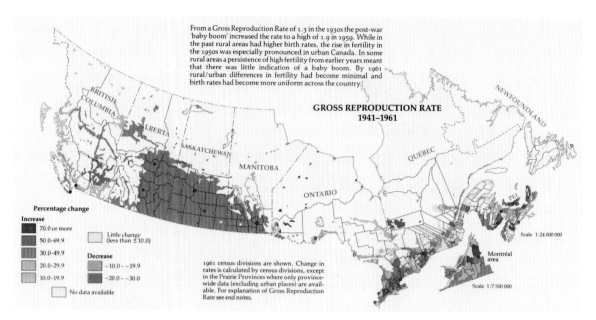

From a Gross Reproduction Rate of 1.3 in the 1930s the post-war 'baby boom' increased the rate to a high of 1.9 in 1959. While in the past rural areas had higher birth rates, the rise in fertility in the 1950s was especially pronounced in urban Canada. In some rural areas a persistence of high fertility from earlier years meant that there was little indication of a baby boom. By 1961 rural/urban differences in fertility had become minimal and birth rates had become more uniform across the country.

GROSS REPRODUCTION RATE
1941–1961

Percentage change
Increase
- 70.0 or more
- 50.0–69.9
- 30.0–49.9 — Little change (less than ± 10.0)
- 20.0–29.9
- 10.0–19.9 Decrease
- –10.0 – –19.9
- –20.0 – –30.0
- No data available

1961 census divisions are shown. Change in rates is calculated by census divisions, except in the Prairie Provinces where only province-wide data (excluding urban places) are available. For explanation of Gross Reproduction Rate see end notes.

Scale 1:24 000 000

Montréal area

Scale 1:7 500 000

圖**1.8** 加拿大戰後嬰兒潮的地理圖：城市和西部地區生育率大幅上升，而東部農村地區生育率則持平甚至下降。地圖上所顯示的變數具有內在歷史性以及內在方向性，因為它所顯示的是時間上的變化，而非某個特定的時刻。摘自唐納‧柯爾和德克‧W.‧霍茲沃斯主編的《加拿大歷史地圖集》第3卷（多倫多：多倫多大學出版社，1990年），圖版59。

天的學者們一直在尋找一種新的空間時間性，但這種時間性最後又跟大多數實際地圖製作的長期時間性幾乎相同。這是作為空間流動的時間，即空間時刻的線性演替，時間和空間受到相似的獨立性及概括化運作，而且在時間中的變化只在空間中出現變化才具意義。大家甚至可以把照片電影式製圖視為對過去十年或十五年方法論爭辯的回應，除了是當代實踐者豐富庫存中的視覺比喻、模型和實驗，也能充分理解現代時間性的特殊來源。

要說地圖能處理時間是一回事，這幾乎沒有爭議；而現代製圖文化顯示柏格森的時間在學術界之外的接受度有多小，四維時空本體論變得多自然，又是另一回事。像維達

爾這樣的歷史地圖集，空間只是敘事歷史的靜態舞台，而幾十年後的地圖集，充滿了流動的線條、箭頭和折疊動畫，兩者之間的驚人差異只是強調了這種轉變。地圖總是會導向有關時間的共同文化假設——即使是基於各種學科的原因，但有時它們甚至根本不被認為具有時間性。

歷史變數

照片電影式方法在時間性地圖繪製方面至少有個顯著例外，我稱之為歷史變數。這既不是特別新穎，也不會非常複雜，只是明顯不太常見，而且對空間、時間及人類經驗方面具有十分不同的條件。歷史變量不是

去記錄特定時間間隔內發生的任何事件或模式，而是去呈現歷史過程的結果或總結。在視覺上，最關鍵重點便是，歷史變數地圖無法透過攝影學現有的技術來創造，而且也不是一種動畫框架形式。因此，其時間性不是簡單的演替之一，與其說是導向四維時空，不如說是喚起人類記憶的時間性。

最直接的歷史變量類型會記錄兩個時間點之間的統計變化，主要是人口變化，資料來源通常來自政府。例如，人口普查圖可能包含一張地圖，顯示自上次人口普查以來各州、縣或城市人口的增加或減少；通常暖色系表示增長，冷色系表示下降。這類地圖最早出現於十九世紀末，但在1932年仍然非常罕見，以至於約翰‧萊特在介紹《美國歷史地理地圖集》時，其中收錄一小系列此類地圖之處，還請大家「特別予以注意」。[33]

圖1.8顯示加拿大的嬰兒潮，歷史變數是1941~1961年之間出生率的變化。紅色區塊（特別是城市，尤其在西部）在這二十年間生育率大大提高，而黃色或紫色區塊（主要在法屬加拿大）的出生率則大致維持不變或下降。這裡沒什麼特別複雜的東西，地圖只是簡單比較了兩個相隔一定時間的數字，並將結果以不同顏色呈現出來。不過，沒有任何攝影技術能創造這種模式。（而要注意的是，這張地圖並不只是呈現隨著時間的變

化，而是顯示隨時間的速率變化，其結果是加倍動態的。）

這裡的底層時間性與照片電影式類似，但有個關鍵的區別：時間仍然是一種線性空間流動，可以被凍結、捕捉和空間化。不過，這些地圖在視覺上並沒有呈現出一種延伸的現在時態；相反，它們顯示的歷史變化，是都已經完成的狀態。因此，這些地圖顯示的時間都具有方向性，通常是往前行進。與一連串能往前或往後行進的快照相比，加拿大地圖有條明確的時間基線，即1941年，並依此為基準以衡量往前行進的變化。順序很重要，而結果是一種敘事，不單單只是一個排序。

換句話說，歷史變數的時間性總是具有關聯性，而非絕對性，這就是我稱其有歷史性的原因。在不同時間之間或感受過程之間，總是會有一些比較。敘述嬰兒潮地圖，只能說出生率「增加」或「減少」了，而不能說那「是」或「曾是」什麼。正是這種方向性及這種過去與現在的明確關係，表示出「空間記憶」的概念。記憶並非單純的過往快照，因為記憶總要在當下回想，而且不可避免會被時間經歷所染色。典型的照片電影式地圖是一種不知從何而來的時間觀，它只是捕捉了時間線其中某一段；歷史變數則是一種所處視角，從一個特定有利位置回顧

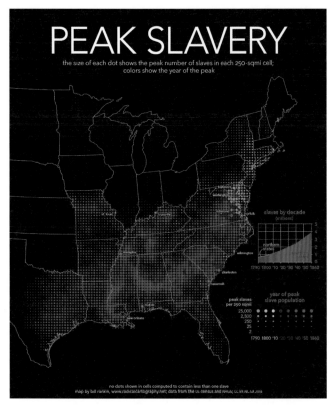

圖1.9 為我所繪製的「奴隸制高峰」地圖。在此，歷史變數比較了從1790~1860年連續八次人口普查中的奴隸人口；顏色是顯示奴隸人口最多的日期，而每個點的大小則顯示當時的奴隸數量。透過比較，該地圖的時間性具有內在關聯性。2016年4月22日，公開於www.radicalcartography.net/slavery.html

過去（或展望未來），這只能提供部分的記錄，並且無法用來重新繪製一張過去的歷史地圖。[34]

從廣義上看，這種視覺策略其實有相當長的歷史，因它另一個主要應用之處便是地質圖繪製，並能追溯到十八世紀。在地質圖中，歷史變數不是一種百分位數的變化，而是依地表年齡變化。這就是菲斯克的密西西比河地圖所用方式，顯示1944年的現狀，

但地表已經塗上顏色，以表示土地最後成為河流一部分的時間。（回想一下，菲斯克本人就是位地質學家。）而且他在該地圖上注意到，舊河床是如何被新河床所抹去，這不是個折疊動畫，也無法變成幻燈片；相反，這是一張具環境記憶的地圖，將河流過去路線放入關聯性時間中，相互排列，並從所處的現在來看。使用更標準的地質圖，有時很難看到清楚的歷史敘事，因為相鄰地層間的時間差距往往太大，而地質學家的顏色也很少顯示歷史次序。其時間性表現的例子，往往傾向以「宙」而非世紀來表示時間，即河床、岩漿流，但這種地圖全都不過是相同傳統的一部分。[35]

在過去的幾十年中，歷史變數仍然很少見，但似乎找到了新高點，而近來地圖已經擴大歷史變數的範圍，並超過統計變化及地質分層這兩項經典案例。例如，有許多變數是歷史性的，但並未計算兩個時間點之間的簡單變化。史丹佛大學空間歷史實驗室一張令人驚艷且高興的靜態地圖顯示了二戰期間歐洲各領土易主的次數；其結果便是一張政治記憶的地圖，凸顯了東歐的動盪混亂。其中一張我自己的地圖，便是使用人口普查資料呈現芝加哥1939年以前建造的住宅百分比；其結果呈現的，就是如今前汽車城市的

圖1.10 歸納一世紀的颶風和雨量資料所得出得氣象記憶圖。儘管這裡的歷史變數是比較性的，但其視覺技巧卻類似於地質圖。藍道‧摩爾繪製；2014年8月13日，公開於xkcd.com/1407

都市記憶。[36]圖1.9則顯示我作品中另一個例子：美國奴隸制的軌跡，使用了1790~1860年的資料，這裡每個點的顏色皆代表該十年奴隸的最高數量，而點的大小則代表當時有多少奴隸。

　　因此，這幅地圖捕捉到奴隸制的主要歷史區域，即北部各州、德拉瓦州及馬里蘭州，那裡的奴隸制在十八世紀末已經衰退；維吉尼亞州東部、阿帕拉契州及南卡羅萊納州的產米海岸，那裡的奴隸制在1820年代或1830年代達到高峰；然後是其他所有地方的奴隸制在南北戰爭開始時仍蓬勃發展。這幅地圖的起點是一系列標準化的八張快照，每十年一張，每張快照都用同樣的「泡泡網格」所繪製，但若以動畫為框架去顯示，這

些歷史模式都會全部消失。[37]對於加拿大嬰兒潮這種「變化圖」的常見批評之一，就是任何一張地圖最多只能比較兩個時間點，而任何這種比較都會把原始資料隱藏起來。[38]地質圖上卻從不是這回事，最近這些例子也不是這回事。對於其他歷史變數來說，無疑也是如此。

　　多數情況下，記憶的時間性是隱晦的，有時也是疏遠的；但若能明確觸及，就能改變地圖的意義。例如圖1.10的地圖，便顯示了最具破壞力的颶風在1914~2014年間登陸美國的路徑。對密西西比州來說，最嚴重的是2005年的卡崔娜颶風；對於康乃狄克州來說，則是1938年的新英格蘭颶風。這張地圖的風格會令人聯想到菲斯克的河道移位圖，

以顯示一個相對較大的變數（類似奴隸制高峰地圖），而每次破紀錄的新颶風都會抹去之前那些颶風的足跡。但正是這個標題把一項簡單的算數習題，變成了一張空間記憶的地圖——一張與今天掛鉤的地圖，不只有日期範圍，還提醒大家人類壽命的有限性。在此，歷史於空間中留下了印記，而時間並不是一個持續流動的演替，而是一種沉澱。（當然，對於地質圖來說，沉澱也是字面上意思。）歷史變數確實表現了過去，但更大的目標是將現在歷史化。

我沒有為歷史變數提出什麼了不起的主張。這在過去一百年內很少被使用到，到了今天亦是如此。但是，作為一項現代地圖時間性主流用語的真正例外，歷史變數明確表示出，地圖本來不具照片電影式性質，而且透過開啟隱喻式快門來捕捉空間時刻也不是唯一的選項。照片電影式製圖會將大家對歷史的特殊理解正常化：過去成為空間關係的線性演替，在時間上處於某個普遍時間軸上，並以政府、經濟和環境資料所捕捉的活動和流動為基礎。這就是一部地圖繪製電影的歷史，但比一般電影更為有彈性。

歷史變數是一種提醒，還是有其他理解歷史的可能性：歷史是傳承、歷史是敘事、歷史是現在（有形或無形）的基礎。這項例外便足以表示，還是有其他歷史版本——以及其他地圖學——會存在於有待想像的其他時代、文化或新視覺對策中。

註釋：

1. Brien R. Winkley, *Man-Made Cutoffs on the Lower Mississippi River: Conception, Construction, and River Response* (US Army Corps of Engineers, March 1977; available at dtic.mil), 28–37.

2. Harold N. Fisk, *Geological Investigation of the Alluvial Valley of the Lower Mississippi River* (US Army Corps of Engineers, 1 Dec. 1944; 請見 lmvmapping.erdc.usace.army.mil), 50. 關於實際應用，請見 Rufus J. LeBlanc Sr., "Harold Norman Fisk as a Consultant to the Mississippi River Commission, 1948–1964—An Eye-Witness Account," *Engineering Geology* 45 (1996): 15–36.

3. 請見 Christopher Morris, "Reckoning with 'The Crookedest River in the World': The Maps of Harold Norman Fisk," *Southern Quarterly* 52 (Spring 2015): 30–44, 儘管我不同意他解讀菲斯克的論點。該地圖收錄於 www.radicalcartography.net/fisk.html.

4. Richard White, "What Is Spatial History?," 公開出版於 web.stanford.edu/group/spatialhistory/cgi-bin/site/pub.php?id=29, quote on 3.

5. Ian N. Gregory, "'A Map Is Just a Bad Graph': Why Spatial Statistics Are Important in Historical GIS," 125; Michael F. Goodchild, "Combining Space and Time: New Potential for Temporal GIS," 194; David J. Bodenhamer, "History and GIS: Implications for the Discipline," 228; all in Anne Kelly Knowles, ed., *Placing History: How Maps, Spatial Data, and GIS Are Changing Historical Scholarship* (Redlands, CA: ESRI Press, 2008). 這些情緒並不限於歷史上的地理資訊系統，請見 Donna J. Peuquet, *Representations of Space and Time* (New York: Guilford Press, 2002), 155; Mark Harrower and Sara Fabrikant, "The Role of Map Animation for Geographic Visualization," 50, 52, in Martin Dodge, Mary McDerby, and Martin Turner, eds., *Geographic Visualization: Concept, Tools and Applications* (Chichester: John Wiley and Sons, 2008); Edward L. Ayers, "Mapping Time," 215–20, 以 及 Ian Johnson "Spatiality and the Social Web," 272, 皆收錄在 Michael Dear, Jim Ketchum,

Sarah Luria, and Douglas Richardson, eds., *Geo-Humanities: Art, History, Text at the Edge of Place* (New York: Routledge, 2011).

6. Herbert Knothe, "Zur Frage der Kartographie als selbständiger Wissenschaft," *Geographische Zeitschrift 38* (1932): 287；以及 J. K. Wright, introduction to Charles O. Paullin, *Atlas of the Historical Geography of the United States* (Washington, DC: Carnegie Institution; New York: American Geographical Society, 1932), xiv.

7. 請見 Norman J. W. Thrower, "Animated Cartography," Professional Geographer 11 (1959): 9–12；以及 Thrower, "Animated Cartography in the United States," *International Yearbook of Cartography* (1961): 20–28. 引用自 Mark Monmonier, "Strategies for the Visualization of Geographic Time-Series Data," *Cartographica* 27 (Oct. 1990): 40, 以及他對麥克・彼得森（Michael Peterson）的引言, *Interactive and Animated Cartography* (Englewood Cliffs, NJ: Prentice-Hall, 1995), ix. 作為格瑞哥利的先例，請注意大衛・安文（David Unwin）, Introductory Spatial Analysis (London: Methuen, 1981), 6:「（地圖）本質上是靜態的，無法畫出包含時間維度的地圖。」

8. 地理視覺化首次出現於 1990 年代；我在此所指的是近來將視覺化從製圖中分開來的言論：Michael Peterson, "Animated Map," and M. J. Kraak, "Visualization and Maps," both in Mark Monmonier, ed., *Cartography in the Twentieth Century* (Chicago: University of Chicago Press, 2016); 以及 Todd Presner and David Shepard, "Mapping the Geospatial Turn," 207, in Susan Schreibman, Ray Siemens, and John Unsworth, eds., *A New Companion to Digital Humanities* (Chichester: John Wiley, 2016). 儘管時間性地理資訊系統很是重要，有關視覺呈現方面所提及的還是相對不多；請見 Gail Langran, *Time in Geographic Information Systems* (London: Taylor & Francis, 1992), 25: "Display, while crucial . . . will be left to a more dedicated study."

9. 有關自 1960 年代以來地理學家的時間性相關回顧，請見 Irina Ren Vasiliev, "Mapping Time," *Cartographica* 34 (Summer 1997): 1–50. 有關更廣泛應對方面，請見 Alan R. H. Baker, *Geography and History: Bridging the Divide* (Cambridge: Cambridge University Press, 2003).

10. Jonathan Crary, *Techniques of the Observer: On Vision and Modernity in the Nineteenth Century* (Cambridge, MA: MIT Press, 1990)；以及 Susan Schulten, *Mapping the Nation:*

History and Cartography in Nineteenth-Century America (Chicago: University of Chicago Press, 2012). 但請注意「主題地圖」是二十世紀中葉某行為者的分類；請見 see Denis Wood and John Krygier, "Map Types," in Rob Kitchin and Nigel Thrift, eds., *International Encyclopedia of Human Geography* (Amsterdam: Elsevier, 2009), 339–43.

11. William Rankin, *After the Map: Cartography, Navigation, and the Transformation of Territory in the Twentieth Century* (Chicago: University of Chicago Press, 2016), 50–52.

12. 有關此論點，請見 Sébastien Caquard, "Foreshadowing Contemporary Digital Cartography: A Historical Review of Cinematic Maps in Films," *Cartographic Journal* 46 (Feb. 2009): 46–55.

13. 不同於 Vasiliev, "Mapping Time," 11, 我並沒有把時刻視同為瞬間的「奇點」（singularity）。

14. 摘自 Matthew K. Chew, "A Picture Worth Forty-One Words: Charles Elton, Introduced Species and the 1936 Admiralty Map of British Empire Shipping," *Journal of Transport History* 35 (Dec. 2014): 225–35.

15. Paul Vidal de la Blache, "Des caractères distinctifs de la géographie," *Annales de géographie* 22 (1913): 299.

16. 二者皆來自 *The National Atlas of the United States of America* (Washington, DC: US Geological Survey, 1970).

17. 1945 年 9 月 2 日《週日新聞》刊登了愛德溫・桑德伯格繪製的追蹤圖，呈現 1877-1944 年每年 9 月「颶風月」的每一場颶風。最著名的學術技術是 1970 年代與托斯騰・哈格斯特朗及其學生的斜向時空追蹤（oblique space-time traces）。該技術確實持續存在；請見 Mei-Po Kwan, "Feminist Visualization: Re-Envisioning GIS as a Method in Feminist Geographic Research," *Annals of the Association of American Geographers* 92 (2002): 654.

18. 請注意，我並沒有把「時間」視同為「變化」，這與上述引用的許多文獻不同。雖然很多持續性地圖並沒有顯示變化，但這並不代表它們便是反時間性的，而且變化地圖很容易找，使用方式從簡單箭頭到複雜分層都有。

19. Philip Muehrcke with Juliana O. Muehrcke, *Map Use: Reading, Analysis, and Interpretation* (Madison, WI: JP Publications, 1978), chapter 5; 以及 Denis Wood with Jon Fels, *The Power of Maps* (New York: Guilford, 1992), 126–30.「永恆的當下」一詞，自 1990 年代便開始運用在地圖上，但我沒有找到其出處來源。

20. Edward Tufte, *The Visual Display of Quantitative Information*

(Cheshire, CT: Graphics Press, 1983), 170–75.

21. 麥布里奇還是出版攝影集，但同時也會使用他的「動物實驗鏡」（zoopraxiscope）來表現動畫。

22. 在 1865 年，米納德出版地圖，以比較 1858 年與 1864 年棉花貿易量，當時英國絕大部分的棉花都來自印度。

23. Vasiliev, "Mapping Time," 13–14; 以及 Mark Harrower, "Time, Time Geography, Temporal Change, and Cartography," in Monmonier, *Cartography in the Twentieth Century*, 1529.

24. 第一張看似為 Francis Galton, "On the Construction of Isochronic Passage-Charts," *Proceedings of the Royal Geographical Society* 3 (Nov. 1881): 657–58. 第一次世界大戰後一項著名例子，便是保林與萊特的 1932 年地圖集，即使流行退燒後，他們依然是學術界的研究焦點。

25. Anson Rabinbach, *The Human Motor: Energy, Fatigue, and the Origins of Modernity* (New York: Basic Books, 1990); 以及 Joel Snyder, "Visualization and Visibility," in Caroline Jones and Peter Galison, eds., *Picturing Science, Producing Art* (New York: Routledge, 1998), 379–400.

26. White, "What Is Spatial History?," 3.

27. 當然還是有例外，而且我不能假裝涉獵過所有作品。我的評估衡量都是依據史丹佛大學、里奇蒙大學、賓州大學、萊斯大學、耶魯大學及布朗大學等實驗室於網上公開的計畫為主。

28. Rabinbach, *The Human Motor*, 110–12.

29. Gilles Deleuze, *Le Bergsonisme* (Paris: Presses universitaires de France, 1966); 以及 Jimena Canales, *The Physicist and the Philosopher: Einstein, Bergson, and the Debate That Changed Our Understanding of Time* (Princeton, NJ: Princeton University Press, 2015).

30. Philip J. Ethington, "Placing the Past: 'Groundwork' for a Spatial Theory of History," *Rethinking History* 11 (Dec. 2007): 465–93. 馬西與布勞德二人都提到愛因斯坦，但是地理學家一般來說都會忽略相對論的時空互動：Doreen Massey, "Politics and Space/Time," in her *Space, Place, and Gender* (Minneapolis: University of Minnesota Press, 1994), 261; 以及 James M. Blaut, "Space and Process," *Professional Geographer* 8 (July 1961): 2. 有關艾希頓的影響，請見 Trevor M. Harris, "Geohumanities: Engaging Space and Place in the Humanities," in S. Aitken and G. Valentine, eds., *Approaches to Human Geography: Philosophies, Theories, People and Practice* (London: Sage, 2015), 181–92; 以及 Presner 與 Shepard, "Mapping the Geospatial Turn."

31. Ethington, "Placing the Past," 466.

32. 艾希頓提到 John L. Gaddis, *The Landscape of History: How Historians Map the Past* (New York: Oxford University Press, 2002). 但我被威廉‧諾頓定義地理過程的相似度所吸引，即「隨時間改變地圖類型的一系列規則」。請見他的 *Historical Analysis in Geography* (New York: Longman, 1984), 26.

33. Wright, introduction to Paullin, *Atlas of the Historical Geography of the United States*, xiv. 我所知道第一幅此種地圖是 Henry Gannett's *Statistical Atlas of the United States Based on Results of the Eleventh Census* (Washington, DC: USGPO, 1898), plate 8.

34. 這種固有偏頗性並不必然與過去的失真有關，而是與資訊的遺失相關。過去時刻的地圖能組合成某項歷史變數，但是逆向變化是不可能的。當然，人類的記憶是既失真且健忘的。

35. 關於火山岩漿，請見 John Auldjo, *Sketches of Vesuvius, With Short Accounts of its Principle Eruptions, from the Commencement of the Christian Era to the Present Time* (London: Longman, Rees, Orme, Brown, Green, Longman, 1833), facing 26. 本書作者同樣是位地質學家。

36. Michael De Groot (map with Erik Steiner), "Building the New Order: 1938–1945," posted Aug. 24, 2010, at web.stanford.edu/group/spatialhistory/cgi-bin/site/pub.php?id=51. Bill Rankin, "Chicagoland," posted Aug. 29, 2006, at www.radicalcartography.net/chicagoland.html.

37. 蒙蒙尼耶所提及的人口高峰日期之分層設色圖（Choropleth），"Strategies for the Visualization," 35. 關於呈現起始定居日期的好例子，請見 R. Louis Gentilcore, ed., *Historical Atlas of Canada, vol. 2: The Land Transformed, 1800–1891* (Toronto: University of Toronto Press, 1993), plate 42. 「泡泡網格」是我自創用語；對照非內建建議者 Jacques Bertin, *The Semiology of Graphics* (1967; repr. Redlands, CA: ESRI Press, 2011), 127.

38. Gregory, "'A Map Is Just a Bad Graph,'" 125.

第一部分

亞太平洋

東亞是個適合展開近世早期世界歷史地圖調查的地方，因為還未有其他地方的歷史與地圖學能如此大幅發展。到了十六世紀，中國、韓國與日本的知識分子都已經沉浸在歷史文獻和地理圖像中好幾個世紀了；文官們都被認為具有一定地圖知識，而且判讀地圖及繪製地圖也是其公務中常有的事。此外，地圖更是許多呈現地點的流動技術之一，而製圖師也會在風景畫及抽象圖上，自行運用其視覺用語。當時身帶地圖到來的歐洲人並沒有重設東亞的日曆，卻大開當地理解世界的全新眼界，並迫使東亞知識分子在時間和空間上重新定位自己。其結果便是讓整個亞太平洋的歷史地圖學大放異彩。

凱倫·維根在此章節中先介紹了日本的發展情況，日本在德川和平時期形成了三種不同傳統類型。有一類製圖師特別強調帝國時期，透過聚焦在早期的政治疆界、前首都及舊地名等，這類製圖師會在以國家為中心

的傳統想法下作業，把古帝國的範圍展現出來。與此同時，第二類製圖師則將目光擴大並轉向地方區域，憑著挖掘自己家鄉輝煌過去的熱衷，地區歷史愛好者興起了一陣業餘製圖風潮，在朋友之間流傳手繪先人遺址的手稿。最後，便是崛起於蓬勃發展的印刷市場中，會在地圖上標示時間變化的第三類製圖方法，即是在不引起審查人員注意的情況下試著滿足大眾對時事渴望的出版商。狡黠的地圖學家們把地名與災難、叛亂或民眾起義串連在一起——全都是出版的禁忌話題——在動盪的十九世紀中開始推出鳥瞰圖，描繪那些無法以其他方式討論的事件背景。

中國人及韓國人也開始著手以地圖因應充滿挑戰的時代，不過方式倒是各有千秋。理查·佩吉曾深入研究清朝最後幾十年期間，出現於中國的一系列組合圖像：特色為兩世紀前耶穌會所流行、在當代地球儀旁繪製粗略世界地圖的卷軸及印刷品。他問道，為什麼一位技

術純熟的十九世紀製圖師，會在最先進的地球儀周圍空白處，填上古樸但過時的圖像？為了尋找線索，他看了這些作品的標題，它們巧妙的把現在（「此地」／「當下」）與不特定的過去（「彼處」／「當時」）聯繫在一起。顯然，對這些製圖師來說，相關的過去正好是耶穌會時期，而在十七世紀與西方相遇所創作出來的地圖，則證明了「有助於思考」當代的地緣政治。

2

凱倫·維根
Kären Wigen

近世早期日本的
歷史定位

我們總是把看不見、得不到、易抹滅、未來或過去、任何不呈現在我們當下感官的東西繪製成地圖，並且透過地圖的本事，將其轉變成並非真實一切的一切……

—— 丹尼斯·伍德，
《重新思考地圖的力量》，2010年。

引言

現今的歷史繪製是一種全球化現象。在二十一世紀的世界，多數歷史教科書常會搭配精美的地圖插畫，而且往往具有廣大的相似來源。基本上，就是在簡易地形圖的基礎圖層上加一層過去的地名——地名的選擇依據其與特定主題及時間的相關性——而這些地名又能與當代地圖學的圖形元素（流線、箭頭、圖示）重疊，以捕捉早期某一時刻或時代的特定地理問題或過程。

製圖師先鎖定一段特定時間，再把這段時間軸上的間距釘在地圖標題（或圖例）中，透過這些方式，傳統歷史地圖學便具有把世界語視覺化的功能。這種全球化視覺風格的發展才剛開始被人研究，而早期的報告卻顯示，其起源能追溯到近世早期的開始。

研究這段歷史的權威人士包括傑若米·布萊克和華特·高法特，主要聚焦在歷史地圖集的興起。[1]這兩位學者先是觀察到，

所有前現代地圖都塞滿了歷史；其證據來自於歐洲，中世紀的T-O地圖便是一個共同參考。就其最簡單形式而言，T-O地圖是一種永恆圖示，其特色便是個圓形或橢圓形，內含古希臘人所知道的三個大陸。然而，到了基督教徒手中，這個空間具有第三維度，就如同重新塑造《聖經》裡創世紀的舞台：亞當和夏娃被逐出天堂，其後代散落到世界各地而居。中世紀的基督徒認為伊甸園位於亞洲邊陲，諾亞的兒子們則各自前往不同的大陸；在一些中世紀地圖上，閃（Shem）、含（Ham）和雅弗（Japhet）的名字，就跟希臘語中的亞洲、非洲和歐洲一樣顯著。

這類地圖有一個重要特徵，即其時間厚度。就像大家認為聖經故事會在創世紀之後長久持續展開下去一樣，連貫至耶穌（新亞當）的轉化人生，並在未來朝著他應許的基督再臨飛奔而去，因此所有後續故事都能疊在T-O地圖的神話史基礎上。這點在大規模的〈赫里福德地圖〉中被發揮到了極致。

在地圖上所充斥的許多事件中，猶太人出埃及記則呈現出一條跨越非洲至亞洲的迴線。從拉美西斯城開始，以色列人向北穿越紅海，到達西奈山，在那有塊石碑，以記載摩西領受十誡；附近的金牛犢象徵其追隨者產生焦慮並開始膜拜的偽神。從此處開始，線條呈現曲折來回——一種表示在沙漠中漫無目的遊蕩四十年之久的巧妙方式——接著才筆直越過約旦河，進入應許之地。

在其線條及圖形元素中，這種圖標在現代歷史書中並不出眾，其多層次的文本內容才是打破現代傳統的原因。在某個記憶點上，即以色列人走向約旦河途中，會路過某位人物，以紀念幾世代前所發生的事件：羅得之妻被變成鹽柱那一刻，以懲罰她回頭望向被火燒成廢墟的所多瑪和蛾摩拉。但這個事件根本不屬於《出埃及記》的敘事中，而是《創世紀》中更早的一個故事；這些截然不同的事件同時出現在地圖上，產生明顯的非現代時間性錯亂，使相距甚遠的時間層疊能夠並存與兼容。

正如讀者所注意到的，這種對前現代世界地圖（Mappa Mundi）的敘述完全是以歐洲為例，儘管其標題隱約具有全球歷史這類的主張，高法特和布萊克都沒有介紹到東亞。不過很遺憾的是，歐亞遠東地區最早的世界地圖就跟遠西地區一樣年代久遠，而且所呈現的感官世界和天主教相似。〈赫里福德地圖〉標示以色列人出埃及之旅的技術，就跟最古老的佛教世界地圖上唐代高僧玄奘的史詩之旅（從中國到印度，再從印度到中國）的方式具有異曲同工之妙。[2]

在圖2.1中，一條路線穿過沿途風景，再次呈現一段旅程——又是跨越充斥早期參照景物的地形環境（這裡指的是一千年前佛陀在歷史上的生活地點，中間夾雜著幾個世紀以來所建立的佛教寺院及王國名稱）。就在現代製圖師創造出較短時間片段的視覺化圖像，並在樸素背景下鋪展朝聖之路的同時，十五世紀的製圖師則正忙於回應不同的需求：他們依據經典故事的內容，將玄奘的旅行路線加在被早期地名所包圍的景觀上，為觀看者創造出一副豐富的畫面。就像在以色列人前往約旦河的路途中，加入幾世代前索多瑪和蛾摩拉的毀滅一樣，中世紀日本所製作的宏偉佛教地圖，也把玄奘的旅程繪製在充滿千年前遺蹟的風景中。

總之，在歐亞大陸的兩端，中世紀的世界地圖（以及許多地方地圖）都充滿了歷史內容。布萊克及高法特感到有興趣之處，在於歐洲人何時及為何會把歷史內容從一般地理學中抽出來，逐漸分成較短的時間片段，並以地圖集的形式組合成一個系列。換句話說，歷史性地圖學的專業實務是如何發展起來的？

對於歐洲而言，這項傳統的起源通常會追溯到法蘭德斯地圖學家亞伯拉罕・奧特利烏斯。在奧特利烏斯的時代，即使是遠方的普通地圖，大家都認為會感興趣的人，主要是包括聖經及古典文學在內的文學讀者；因此，《地球大觀》中許多地圖在閱讀上都應該視為是歷史性參考地圖。但奧特利烏斯卻更進一步，在他的普通地圖集中（從1579年開始）加入了一項獨立附錄，專門介紹古代世界的地圖。這篇稱作〈邊飾〉（Parergon，古語意為「補充」或「潤飾」）的歷史性補充內容，一版一版接續穩定成長，直到最終能獨立成冊，成為在歐洲所出版第一本歷史性地圖集。[3]

奧特利烏斯的歷史性地圖與普通地圖的區別，在於兩項細微的特徵，即是其框架和地名。《地球大觀》中多數地圖都以政治單位（國家和王國）為對象，無論是單獨或是成組的；但就〈邊飾〉而言，奧特利烏斯淡化了地緣政治，並且更傾向於像是愛琴海或聖地等無邊界區域，以作為某個特定人物或事件的行動舞台。然後，他繼續用《聖經》或經典文獻中的地名來填充這些框架，為歐洲讀者在閱讀古代作品中所會遇到的許多外國地名創造了參考地點。因此，「亞伯拉罕遊記」便提供了充斥著《創世紀》中地名的景觀，而「亞戈王國」則呈現了標記著希臘神話地名的地中海。

隨著〈邊飾〉的發展，奧特利烏斯也

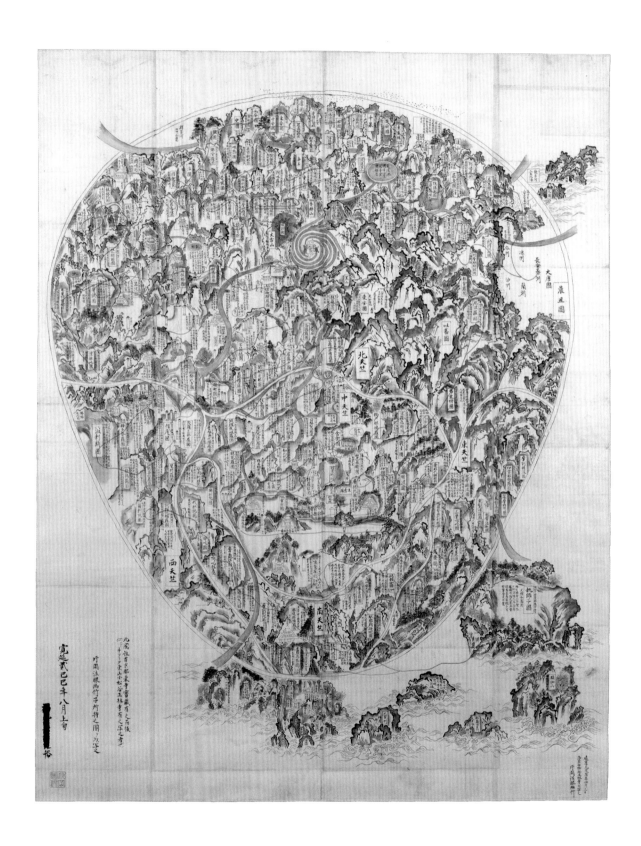

圖2.1〈五天竺地圖〉，日本，1749年（1364年原圖複製品），167×133公分，神戶市博物館。

為第二種歷史性地圖學找到了發展空間，而這種地圖學也對該領域產生了長久的影響。從1624年開始，他開始重製〈波伊廷格古地圖〉（Tabula Peutingeriana），以及他自己設計的地圖。

作為中世紀晚期羅馬帝國道路地圖的複製品，〈波伊廷格古地圖〉展示了一個在十七世紀已經嚴重過時的歐亞大陸願景。[4]我們還有其他證據顯示，奧特利烏斯對古人的智慧地圖很感興趣；在〈邊飾〉的第一幅圖像中，他創造了一個新奇的圖像，將托勒密所知道的世界部分投射到一個更大的橢圓形上，代表奧特利烏斯同時代人所理解的地球。除了呈現古人地理知識的限制之外，奧特利烏斯還利用這幅圖像傳達了他們的氣候區域理論，使其成為知識史的雙重載具。具有扭曲方向及豐富中世紀圖示的〈波伊廷格古地圖〉，可說具有現成的類似功能。

簡言之，奧特利烏斯的〈邊飾〉已經結合了兩種截然不同的歷史製圖模式：努力重建過去的景觀，以及重新製作舊地圖，作為其製作者地理想像力的線索。大家一發現這些圖像具有市場，隨後就有很多效仿奧特利烏斯的作品出現。不意外的是，這些圖像中也出現了一些新元素；看起來很現代的城牆可能會出現在古代城市的周圍，而十六世紀

的艦隊也可能會出現在三世紀的海洋中。但無論有什麼風格上的缺點，這些圖像都具有生命力；奧特利烏斯為歐洲留下了一片肥沃土地，一塊歷史地圖學能在其中成長與茁壯的發源地。

也許有人會問，這又和日本及其地圖學有什麼關係呢？

出乎意料的是，奧特利烏斯的名聲在短時間內遠播至歐亞大陸之外。就在出版於安特衛普之後十年內，《世界大觀》一書就隨耶穌會士帶到了北京，並在1600年向明朝皇帝送上了一份複製品；大約在同一時間，另一份複製品也送到日本江戶。義大利耶穌會神父利瑪竇在中國繪製其里程碑式的世界地圖時，便參考了奧特利烏斯的資料，其中包括1602年著名的牆面大小的木版畫版本，該版本很快就被送進中國、韓國和日本的宮廷。[5]兩百年後，前述有關〈邊飾〉的圖樣——第一幅描繪古希臘人世界觀的圖——竟完整出現在一幅日本折疊屏風上。[6]即便是明朝、朝鮮和德川時代最通曉文字的知識分子，也缺乏理解〈邊飾〉的文化素養；事實上，多數亞洲讀者甚至不知道自己看到的是歷史地圖，還是普通地圖。

就算在近世早期期間，之後的歐洲地理學及地圖集傳入東亞的時候，時間的繪製也

不是主要的關切焦點；十七世紀義大利耶穌會士艾儒略及其耶穌會傳教士們的著作，以及在十八及十九世紀傳入日本港都長崎市的德國和荷蘭地理學著作也都是如此。一般而言，這些入門書對歷史並沒有太多興趣，其重點反而是該時代的全球實體及政治輪廓。因此，就日本近世早期的歷史地圖繪製發展而言，是不可能會對歐洲的刺激有所反應。

然而，歷史地圖繪製確實在近世早期的東亞地區獨自發展，並在三種不同領域中蓬勃茁壯，其中一種是扎根於中國治國能力脈絡中的現有傳統，即繪製皇帝權力範圍及其行政機構的地圖。第二種類型更貼近家庭，在省縣文人的家鄉景色中繪製過往的足跡；第三種則是以事件地圖的形式出現。後者有的會公開宣稱其主題，但有的卻很小心謹慎。學者們花了很長時間才確定其中哪些才是歷史地圖，因為它們被偽裝成非時間性的——也因此是非政治性的——地方圖像。

接下來的文章將依次討論這三種發展，它們的問題也分成三個方面。首先，江戶時代的日本人是在什麼情況下，將地圖作為一種得以在時間及空間中定位的方式？其次，我們是如何描述這些地圖的特色？最後，便是東亞的文獻在哪些方面挑戰了歷史地圖學都完全以歐洲為例的說法？

繪製範圍

早在奧特利烏斯之前，東亞地區的歷史地圖學，就已經是一項治國能力要素，並且也發展得根深葉茂；朝代崩潰、演替及統一的漫長周期——這過程在前羅馬帝國的土地上從未發生過——也為中國的歷史地圖繪製創造出發展背景。這肯定是世界上最古老、延續、明確的歷史地圖繪製傳統，也必然有個悠久而耀眼的血統。

那些顯示了歷代王朝的劃分方式及統治皇權範圍的地圖，即〈天下圖〉，至少能追溯至宋朝，已有近千年的歷史。[7]早在十二世紀——比奧特利烏斯早了四百年——就有塊豎立於中國某書院裡名為〈禹跡圖〉的石碑。儘管現今大家對其本身的讚譽多於對其歷史內容的讚譽，但這幅傑出的地圖仍然透露出重建《禹貢》所描述古代景觀的意圖；《禹貢》是一篇神話歷史文獻，在該石碑雕刻完成以來，本身就已經歷經好幾個世紀。花崗岩石碑完好如初的保存至今，在幾個世紀以來，也一直充當著某種印刷廠的角色：透過在紙上進行拓印，使一代又一代的學生能製作自己的參考地圖，並在閱讀古代文獻時作為參照。

宋代的木版地圖，其標題不只吸引了大家注意其歷史內容，也持續被重印了好幾個

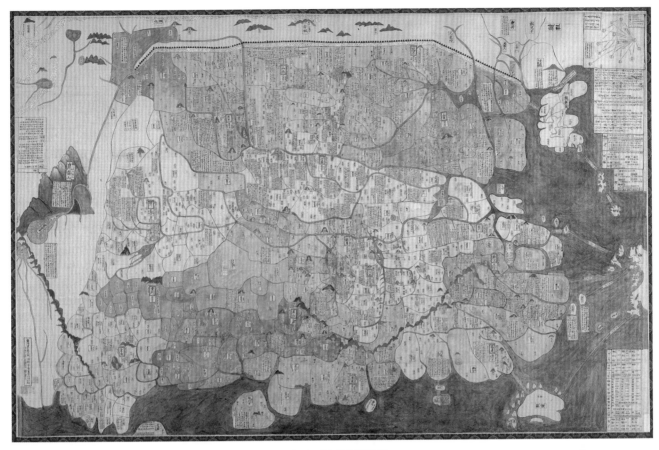

圖 2.2 〈中國地圖〉，1727年，寺島良安，160×260公分，神戶市博物館。

世紀。不管是主張說明「古今中外的領土」，或是呈現「距離以及歷史首都的一般地圖」，這種模式的圖像流傳於中國各地，並成為韓國及日本的歷史地圖學的原型。

第一批相關類型的日本歷史地圖，實際上就是直接仿造中國原作的複製品，但隨著時間經過，日本知識分子開始編纂並標註自己的王國歷史地圖。圖2.2就是個很好的例子。寺島良安是一位來自大坂的醫生，同時也是105卷《倭漢三才圖會》的編輯，贏得長

久的聲譽。就跟中國的《三才圖會》一樣，寺島良安在1712年的彙編中也有許多世界地圖，包括對利瑪竇為明朝宮廷所繪製大型掛圖的粗略模仿；相比之下，這位學識淵博的醫生在一面絲綢大畫布上精心描繪了很多細節。除了在地圖上擠滿幾十個地名外，他也標示了前朝皇帝名字（在其首都附近）和一份過去首都的完整圖表（在地圖右下角）。[8]

鑑於這種製圖方法在中國傳統中扎根已深，我們不難發現日本出版的第一部全彩歷

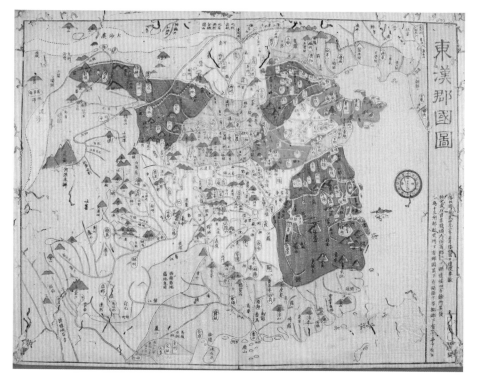

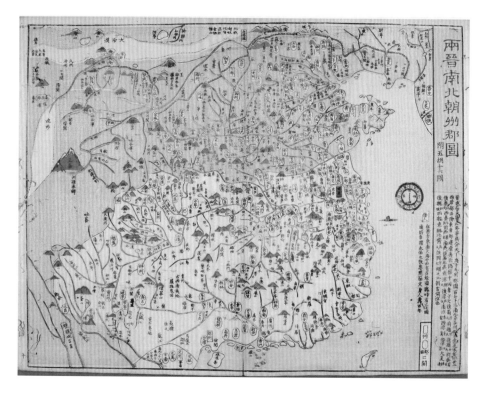

圖2.3a和2.3b
《唐土歷代州郡沿革圖》
的樣本頁（第1版），1797
年，長久保赤水，36公分
（即該書長度），早稻田
大學圖書館。上圖為地圖
七，顯示東漢；下圖為地
圖九，北宋和南宋。

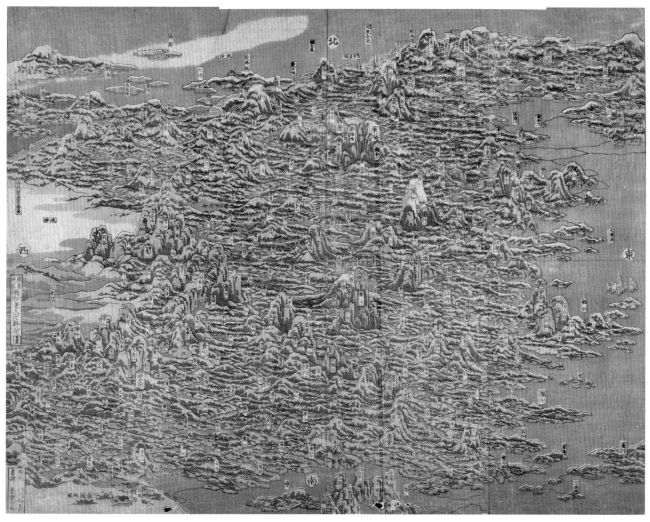

圖2.4〈中國勝景圖〉，1840年，葛飾北齋，41.5×54.5公分，神戶市博物館。

史地圖集也是一部歷經中國歷史的作品（圖2.3a和2.3b）。[9]這部具有里程碑意義作品的作者——長久保赤水，和寺島一樣是位多產的學者。在出版他的木版歷史地圖集（該地圖集涵蓋了從周朝到清朝兩千年，共13張）之前，長久保赤水曾以一張日本的網格地圖引起大眾注意。[10]

雖然圖2.3a和2.3b標題指的是當時仍存續的清朝，但滿族在北方及西方的征服事實卻沒有出現在地圖上，這證實了在歷史方面的偏好，也正是推動其設計的原因。另外，基於長久保赤水主要是想幫助學者掌握儒家經典的面貌，所以也就沒有必要把蒙古、西藏或新疆納入其中了。

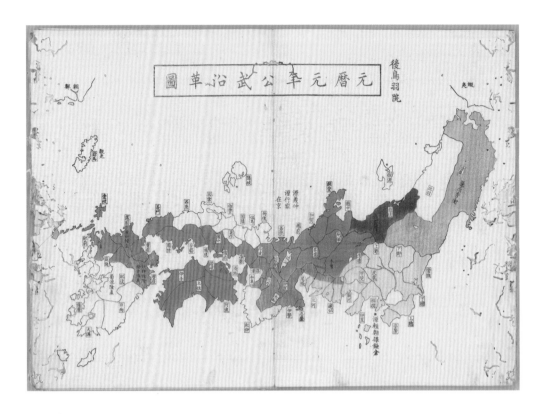

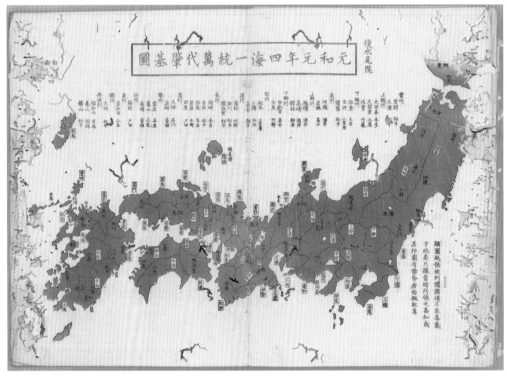

圖2.5a、2.5b　來自《萬世泰平圖》，1815年，檜山義慎，32公分（即該書長度）。
上圖：〈1184年的宮廷貴族和武士〉（地圖一）；
下圖：〈1615年全國統一地圖〉（地圖十一），早稻田大學圖書館。

日本二十世紀最重要的地圖學家海野一隆推測，長久保赤水可能在近二十年的時間中，醞釀了繪製中國全面性時間地圖的想法。海野一隆推論，這種嘗試把所有需要作為參考點的地名塞進一張紙的經驗——即使紙的邊長長達兩公尺，很可能就是促使長久保赤水以歷史地圖集的形式，來製作較短時間片段的原因。[11]從大清帝國的整體道路圖開始，它們顯示了歷代王朝不斷變化的領土範圍、首都位置，以及劃分領土的行政單位（省和縣）。

長久保赤水開創性的製圖方式，為日本後來的地理學家及版畫家留下了豐富的遺產；在以懷舊風格繪製中國歷史方面，他激勵大家採取更加實驗性的方式。圖2.4所呈現的，就是一幅受益於長久保赤水、十分有意思的圖像：葛飾北齋對中國「名勝」的全景圖。[12]葛飾北齋在此採用了一種傾斜視角及畫法，任何人只要看過他繪製的日本及相關名勝鳥瞰圖的風格，就能一眼認出，即使這種技術以前從未被應用於中國。其結果並非是一幅「淺薄」的學術地圖，而是一幅「厚實」且引人入勝的圖像，其功能非常類似於奧特利烏斯〈邊飾〉中的地圖。葛飾北齋的全景圖上擠滿了古典詩歌與文學作品中的地名，目的就是要幫助讀者想像自己進入遙遠的過去。長久保赤水為很多學術性歷史地圖集樹立了模範，包括第一部將這種技術應用於日本歷史的地圖集。檜山義慎於1815年出版的先驅性地圖集《萬世泰平圖》（圖2.5a和2.5b），用了十一張地圖展示了日本中世紀不穩定的地理環境，從十二世紀的幕府割據勢力到一連串內戰及短暫休戰，直到德川幕府統治時期才終於走入平淡、單調的統一圖像。（作者的下一部作品則是有關幾世紀前更早的時代，可以說是《萬世泰平圖》的前傳）。[13]

透過這些方式，江戶時代的日本製圖師便能站在政治方面的深厚歷史製圖基礎上，嘗試一些適合普通讀者、學者及官員使用的印刷形式。然而，即使為了迎合市場而出版，這種地圖也保留了大量繪畫式地圖學中的固有痕跡，呈現出一種由上而下的視野，並用力聚焦在國家領土上。這樣的地圖在塑造近世早期日本讀者的地理想像力方面，具有很重要的角色：一方面，這些地圖使得大家對泛東亞地區的歷史有更強烈的參與感；另一方面，則有助於培養日本對於本身民族

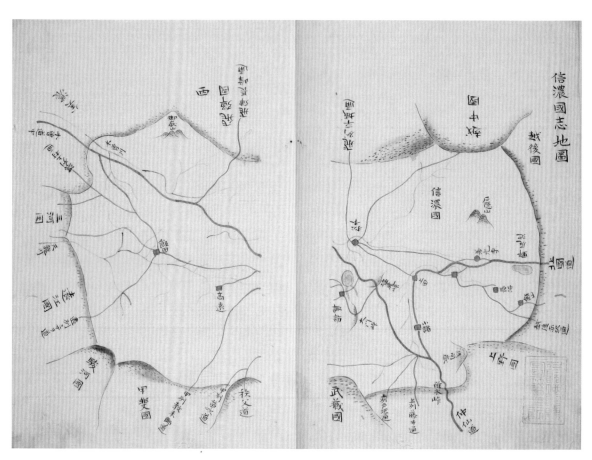

圖2.6〈信濃國地圖草稿〉，摘自《信濃國史》，時間不詳（十八世紀），作者不詳，日本國家檔案館。

認同的獨特意識，這種意識將強大的大陸鄰國視為模範，但又與之有所區別。

將鄉土人文繪入國家歷史之中

正是在這樣的背景下，歷史地圖繪製的第二條分支開始在日本國內蓬勃發展，並把重心聚焦在離家較近的風光景色。這種區域性或地方地理製圖的擴散計畫，在德川時代中期轉往記錄並發揚地方歷史，並在十八世紀的日本各地留下足跡。在這幾十年期間，整個日本群島的當地文人似乎都在忙於建立鄉村學校、創作鄉土詩、撰寫地方史，並樹立石碑來紀念祖先，其中也有很多人開始繪製歷史地圖。

一般而言，這種鄉土地圖的繪製是由相對富裕的業餘愛好者所從事，他們都是擁有顯赫血統、廣大土地的子孫。對這些人來說，地方地圖與家族族譜具有緊密相連的關係，而在自家後院繪製出古王國牧場或中世紀城池所留下的足跡，便是一種將個人及省

縣的過去與王國歷史的光榮盛景聯繫起來的方式。

　　儘管這種歷史地圖繪製是在由上而下（國家主導）製圖的既定背景下發展起來的風氣，但其本身還是一種由下而上的組織。在中國，區域地圖的繪製歷經幾世紀而反覆進行，都是為了官方省縣地名冊，但日本的情況並非如此。雖然在古代這種形式的例子早已存在，但日本群島的省縣記錄工作在長達幾世紀的內戰期間幾乎完全中斷。即使在1600年的統一戰役之後，德川幕府的統治也是以大約260個封建大領主領地（其領地是覆寫在古代省縣原有秩序之上）彼此之間持續割據主權作為前提。

　　由於缺乏恢復中央集權所具有的行政機構能力，幕府將地方事務——以及中觀層次的歷史地圖學——幾乎全都交給了運作在國家行政範圍之外的業餘愛好者。可以肯定的是，繪製這些地圖的人往往在為政權服務的過程中得到了製圖方面的訓練；然而，除此之外，近世早期的日本人若想繪製當地的歷史，就只能靠自己了。

　　其結果便是形成了一種蓬勃、由下而上的地方歷史製圖文化，並隨著兩種主流方式發展。一種是由業餘愛好者所組成，為了個人樂趣而製圖，以手稿方式在朋友之間流傳。[14]圖2.6便顯示這樣一張信濃國地圖，由日本阿爾卑斯山腳下的一位歷史愛好者所製作。信濃國當地的歷史學家往往熱衷於確定古代牧場的位置——這對於專門提供宮廷馬匹來源的區域來說，很是重要——還有中世紀防禦工程遺址、前驛站，以及經典編年史或文學文本中所提到地名也一樣重要。如同上述，需要在某個特定地方復原這些國家歷史痕跡的研究，便是一種地方歷史大致潮流的表現了。[15]

　　若說業餘歷史愛好者創造了一種地方歷史地圖，那麼另一種便是對於市場的回應了。在一個都市化快速發展、識字率上升及印刷市場興盛的社會中，出版商會發現市場對各種不同的木版畫需求量不斷增加。在江戶時代的書攤上，除了風景名勝、相撲、演員和藝妓的圖片之外，還有許多單張版畫，以豐富想像力重建了過去的風景。不過，也不是所有地方都會受到如此重視。從現有例子來看，為市場繪製歷史地圖的主要動力是旅遊，而朝聖地點及大城市之所以是最常見的主題，也是很合理的事；二者都需要相當多、相當有錢的擁護者，包括那些將印刷地圖視為是一種迷人、低成本、輕便紀念品的遊客們。

　　圖2.7便是這種五彩繽紛類型的兩個例

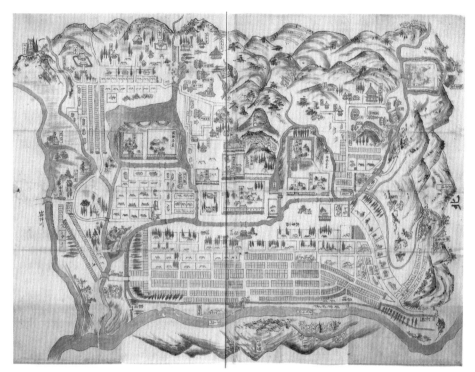

圖2.7a和2.7b
上圖：〈被廢棄的城市平泉町歷史地圖〉，時間不詳（十八世紀），作者不詳。轉載自山下和正《江戶時代古地圖周圍地理》第202-3頁，©山下和正；
下圖：〈江戶灣歷史地圖〉，摘自《御江戶圖說集覽》，1853年，歌川貞秀，神戶市博物館。

子。圖2.7a描繪了日本本州北部名副其實的鬼城——平泉町的遺落景色。在古典時代晚期，平泉町曾是繁榮一時的北部藤原氏據點，直到1189年被摧毀為止；到了十八世紀，也就是這張地圖繪製之際，這裡只有幾座零星古廟，佇立於一片荒涼草原中。（日本徘人松尾芭蕉在一百年前便曾徒步越過該地區，並感嘆道：「夏日草淒涼，功名昨日古戰場，一枕夢黃粱。」）顯然，遊客在十八世紀走過這片土地時所看到的豁然景色，與地圖上所描繪的中世紀城鎮截然不同：地圖上有花園式寺廟庭院，櫛次鱗比的平民區則沿著河岸兩側連綿不絕。在這種情況下，歷史地圖儼然是一種想像過去繁華世界的工具。[16]

圖2.7b所呈現的地圖面貌同樣與當代經驗相去甚遠——只是時間方向不同——這是日本天才浮世繪大師歌川貞秀試圖喚起大家對江戶灣成為德川幕府據點之前，其原先沼澤面貌的記憶。[17]這張地圖在1853年出版時，江戶地區已經是座大都市；為了容納幾百萬名人口，江戶地區在超過兩個世紀期間，對窪地進行了大量填平及建設工程。因此，這幅平淡無奇的圖片所代表的，是一種令人印象深刻的想像力練習：試著讓時光倒流兩百五十年，在人類足跡僅限於十幾個小漁村的彼時，海灣周圍的沼澤地看起來可能會是什麼樣子。像這樣的印刷品能夠被出版，代表日本大眾對地理上的蛻變越來越著迷，而此時，更快速的變化也即將來臨。

江戶或許是近世早期日本最大的都市，但並不是引發大家懷舊情緒的主要對象；反倒是大坂——作為日本第二大城市，也是主要的商業文化中心——在近世早期的日本，產生了比其他任何城市都還要多的歷史地圖。事實上，這種類型的地圖具有其特有標誌，並源自該港口的早期名稱：「浪速古地圖」。（這類地圖有一部分被偽裝成中世紀的地圖複製品，大多數製於十八或十九世紀。）跟江戶的情況一樣，大阪利用填海造地方式把濱水區域努力推遠，因此，對於當時所流傳並受讀者所熟悉的許多當代城市參考地圖來說，這些「古地圖」上的海岸線便立刻成為過去時代的象徵。

僅次於大坂，令人神往的重建對象是古老首都——京都。京都在八世紀末首次建造時，是以唐朝宏偉首都長安為藍本，只是多年來屢遭火災和戰爭蹂躪。儘管歷經一千年，京都仍是皇宮所在地，但其地理環境的變化幾乎已無法辨識，這也為歷史學家創造了大量的想像空間。雖然江戶時代的城市保留了原有街道格局，但十八世紀與八世紀之間仍存在著龐大差距，而當地仕紳則是渴望

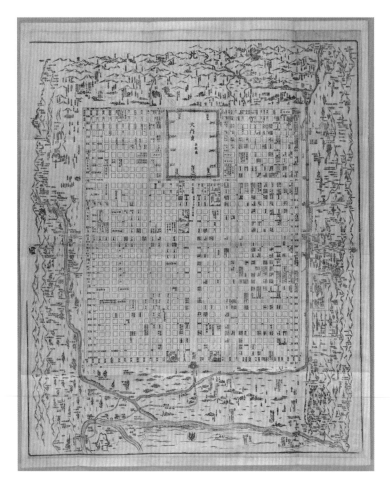

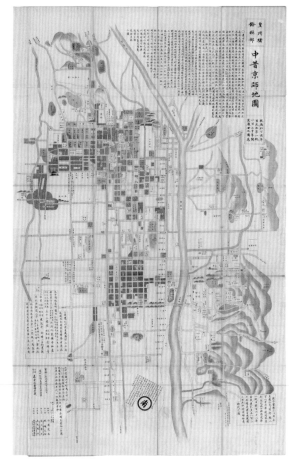

能填補這段落差。

在圖2.8的三張地圖中，圖2.8a反映了江戶時代在八世紀末其城市計畫的原始版本；圖2.8b則是京都遭祝融之後在十五世紀的重建，其城市結構被內戰所摧毀；該系列最後一張圖片（圖2.8c）則是想像了兩個世紀後的城市，主要的視覺特色在於其範圍縮小、圍繞四周的防禦城牆。

繪製這些京都時間片段地圖的人之一為森幸康（又名森幸安），他是當時最多產、

最有雄心的歷史製圖師之一。在其職業生涯中，森幸康繪製了四百幅十分受人注目的地圖：有些地圖是根據借來的原作所繪製的，多數地圖則是為了列入從未完成的國家地名冊。這本野心勃勃的畫冊以連續的規模方式來界定日本，就其所處世界的位置開始，然後依序聚焦在每塊省縣；不過他本來計劃的繪製重心只有在首都地區。除了這裡所展示的三張京都地圖外，森幸康也繪製了其它不少地圖，包括針對平安時期的首都，進行各

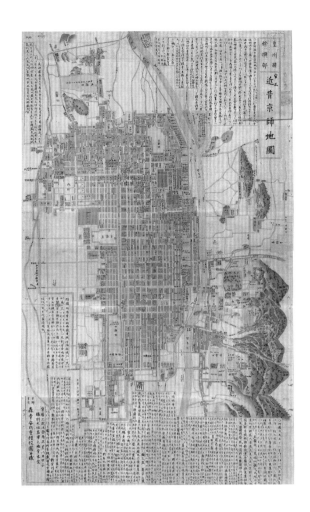

圖2.8a、2.8b、2.8C 為三張京都歷史地圖。
左圖：〈平安鎌倉末期〉，1791年，作者不詳，93×80公分，日本國立國會圖書館；
中圖：〈中昔京師地圖1467-1592年〉，1753年，森幸康，121×77公分，日本國家檔案館；
右圖：〈官正近昔京師地圖〉，1753年，森幸康，128.0×76.0公分，日本國家檔案館。

個街區的細緻重建。

上杉和央是日本當今頂尖的地圖歷史學家之一，他將職業生涯大部分時間用於研究這位傑出的製圖師。在探究森幸康文獻檔案的過程中，上杉和央也為歷史地圖學的新研究發出明確聲明：大多數日本地圖史學家較為注意的是「垂直」傳播，即那些隨著時間過去，而從某張地圖移動到另一張地圖的元素；上杉和央則呼籲進行「水平」分析，不再強調來源和傳承，以表現重建中的社會及物質世界裡，這些被製作、看見並共享的工藝品。

因此，上杉和央描繪了像森幸康這類人所涉及的地圖借貸網路——這些網路使他們的作品不僅具有影響力，也是大家在第一時間聯想得到的。（他特別指出，沒有收藏家能擁有森幸康所追蹤的數百幅原版地圖。他只能透過大量借閱的方式，來累積這些原版地圖。）[18]上杉和央的作品看起來很像「文人通信圈計畫」（Republic of Letters Project）所

製作的數位圖像，在該計畫中，學者們正在合作繪製啟蒙運動人物，例如班傑明‧富蘭克林或阿塔納奇歐斯‧基爾學的通信地圖。[19] 正如這些學者呈現了橫跨大西洋的文人通信圈，上杉和央也繪製了一幅日本的「文人地圖圈」。

在上杉和央的研究中，最有意思的人物便是日本本土主義的創始者——本居宣長。本居宣長因其語言學和意識形態方面的著作而聞名於歷史學家之間，同時他也是一位狂熱的地圖製作者和收藏家。他在學生時代所繪製的詳細草圖（主要是京都）仍然保存在本居宣長的文獻檔案中，他也讓他的兒子從事相同工作；在其家族收藏中所保存的八十多幅地圖中，大多數都是本居宣長的兒子所製作，很可能是養成家庭教育的一部分。

這些地圖檔案中大多是根據別人的原作所複製（無論是印刷或手繪），但有一個很有說服力的例外——也是這批收藏品中的精華——一張手繪的黑白地圖〈橋原氏的城下町〉。事實上，橋原氏並不存在，這是年輕的本居宣長所幻想出來的。他在十九歲時，為這個虛構的氏族畫了一張家譜圖，並為他們設計了一個想像中的城市，讓人聯想到京都的網格結構。若這種想像在歐洲有所呼應者，那很可能就是湯瑪士‧莫爾所著《烏托邦》中的想像地圖了。

和莫爾一樣，本居宣長也是一位烏托邦思想家。他一生都在篩選日本歷史中最早期的元素，呼籲其同胞剔除其文化中所有的外來元素，並夢想著有一天日本人能回到最純粹的原點。他十幾歲時所繪製的地圖顯示，從一開始，本居宣長就把這個夢想建立在一個神話般的過去風景中——一幅既是也不是日本歷史首都的景象。就在一個目眩神迷的轉折下，這位烏托邦思想家把歷史地圖學化為未來藍圖。

繪製新聞地圖

到目前為止，我們已經考察了東亞歷史地圖學中兩條廣大分支。這兩條分支中，較早的分支涉及到帝國的行政地理，由上而下的方式發展；較新的分支則涉及到地方歷史，其發展活動由下而上（無論是由業餘歷史學家還是專業浮世繪大師所進行）。但到了江戶時代末期，時間地圖樹上也出現了第三條分支：時事地圖學。

審查制度是這個行業發展的熔爐。在幕府統治下的日本，平民不被允許談論公共事務，當時也沒有正式的新聞廣播媒介。然而，謠言激起了大家的好奇心，出版商了解到，如果他們的動作夠迅速，就能透過稱作

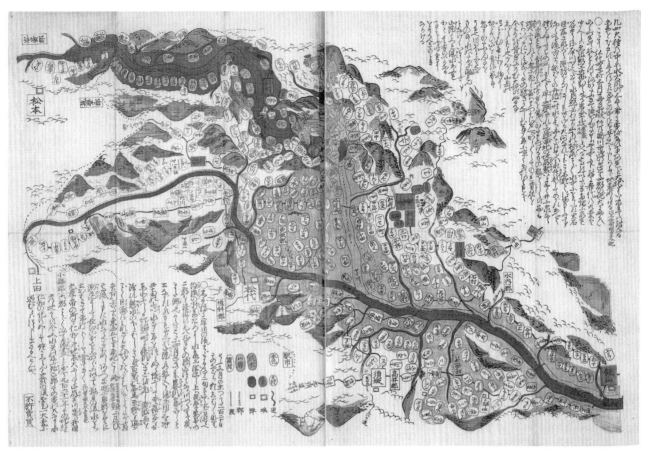

圖2.9〈信州災難地圖〉，1847年，作者不詳，出版商不詳。轉載自山下和正《江戶時代古地圖周圍地理》，第194-95頁，©山下和正。

「瓦版」的資訊性傳單賺取利潤。為了避免審查，這些傳單上一般都沒有日期或署名，其設計者及出版社也都會匿名。由於事件是在特定地點發生，所以傳單中經常包括地圖；在特別敏感的情況下，地圖本身可能就代表了新聞。

瓦版地圖最常見的主題是自然災害。在這個高度城市化的國家，其城市幾乎完全由木材構成，因此，我們不難發現，城市火災是一種常見災難（也是一種會引起轟動的災難）[20]；水災也同樣常見，其危害的區域範圍也相當廣大。圖2.9的大災難背景是發生於1847年的特殊災難事件，是由日本阿爾卑斯山的地震及大雨所引發而來。這張匿名傳單幾個月後在江戶出版，內容將一張彩色地圖及災難發生過程的論述結合在一起。

正如文中所解釋的那樣，事件的起因是一場地震引發了土石流，堵塞了犀川。由於

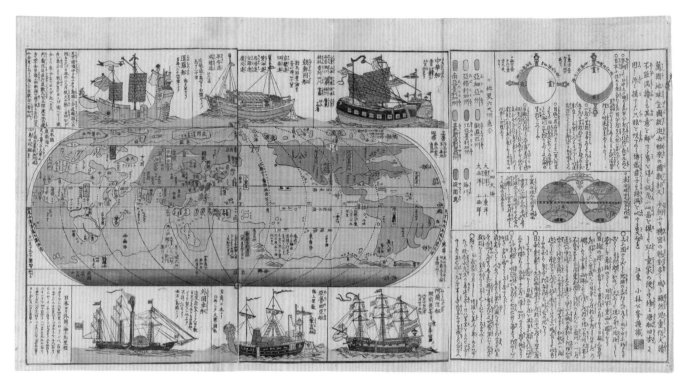

圖2.10〈世界萬國全圖〉，江戶時代，小林公峯，40×77公分，橫濱市立大學圖書館。

無法從山谷中排出，雨水落在斜坡倒流入谷，直到淹沒了幾十個村莊（這些村莊的名字寫在左上角的橢圓圈裡，位於深藍色帶內）。三週後，臨時大壩後面的積水衝破隘口，淹沒了善光寺平原下游的幾十個村莊。在第二階段受影響的村莊名字再次被標示出來，各個橢圓圈擠滿了佔領頁面中心的淺藍色湖泊。這幅畫是該時期少數幾幅在技術上有所突破的作品之一，使用不同的陰影來表達一個長期、多重事件的連續階段。[21]

如果說發表自然災害的報導需要避免，那麼在報導抗議、起義或戰役時就更需要謹慎；不過，這些東西偶爾還是會出版。事實上，現存最古老的瓦版——也是十七世紀的特產——所描繪的便是1615年圍攻大阪城的情景。[22]我們不清楚這張瓦版在這場戰役後過了多久才出現在市面上，但即使很快出現，也是一個相對安全的主題；在製作這張瓦版地圖的時候，戰役勝利一方已經牢牢拿下了統治日本的公認地位。在十九世紀描繪著名的川中島之戰（即武田信玄和上杉謙信軍隊反覆對峙長達十年之處），置身三百年後的日本大眾當然能自由閱讀這張瓦版。然而，關於十九世紀的時事則完全是另一回事，而且必須要用更巧妙的方法。

兩幅相隔七十五年製作的淺間山對比版

圖2.11〈常〔州〕總〔州〕境界之圖〉，1865年，作者不詳，茨城大學圖書館。

畫便體現了這種差異，其中一張是標準的匿名傳單，描述了1783年火山爆發後所發生的可怕災難。與上述洪水的恐怖相同，大量熔岩堵住了千曲川的上游，在大壩最終破裂之後造成了下游的嚴重洪災（而這種情況對信濃國北部被圍困的居民來說，實在是再熟悉不過了）。

此外，同一座山的後期印刷品也可能有不同的解讀。這幅由浮世繪大師二代歌川廣重所繪製的畫，在1859年以《諸國名所百景》系列之一的形式出現在市場上；當時，

淺間山已經有三十年沒有爆發了。有趣的是，這位浮世繪大師以前也畫過以淺間山為背景的版畫，但卻從來沒有像1859年的版畫那樣，以一種凶險、不祥的方式呈現。若是考慮到當時日本所陷入的混亂局面，或許會有人認為歌川廣重是把火山當作一種寓言，象徵1850年代末日本社會表面下正實際發生的政治動盪。[23]

歌川廣重當然有理由感到擔憂，因為自該世紀初以來，英國及俄國的船隻便越來越常侵入日本海域；六年前還有海軍艦長馬

修·培理的「黑船」駛入江戶灣，要求進入日本港口。這些事件造成傳單滿天飛，大大諷刺了這些船隻，並傳達有關野蠻人所要求的細節，以及描繪了幕府將軍的反應。這些傳單中大部分相關內容很是公開開放，例如「培理抵達浦賀」或「為保衛神聖土地而集結力量」等大膽標題[24]，其他有些則較為含蓄隱晦。小林公峯的〈世界萬國全圖〉（圖2.10）就是一個典型的例子。審查人員若在傳單上看到這個無害的標題，可能會認為這只是一幅簡單的世界地圖；然而，在這張類似利瑪竇式地圖中心部分，在視覺上就像被邊緣的六艘外國船隻所壓迫，包括底部中間一艘標示「俄羅斯船，別稱該死的蒙古船」的船隻。[25]

隨著日本進入1860年代，出版商不得不更加小心翼翼行事。對外國人的恐懼引發了保皇派人士對幕府的憤怒反應，在德川同意了培理的要求之後，這種反應更持續了十二年之久；恐怖事件及最終對政府的公開叛亂成為了有意義的新聞。但是，被封了口的新聞界又該如何處理呢？再一次，地圖又被派上了用場。

有張能追溯到所謂天狗黨之亂那年的圖，描繪了製圖師為避開政府審查人員所可能採取的措施。在1865年這場武裝衝突中，有一小隊來自水戶的武士攻上江戶北部的筑波山山頂，並以天皇名義宣布成立新政府。他們計畫要使水戶藩主加入其中，並帶領他們向首都進軍，不過最後並沒有成功。相反，這支由二十四位內閣忠臣和一千多位追隨者所組成的小隊被打敗了；有353人被處決，並有更多人在戰場上被殺害。

不難想像這會引起多大的轟動，以及大家會多麼熱衷閱讀這篇報導；然而，直接報導這些事件是不受允許的。當時，日本出版商所能提供的，大抵就是一張戰役發生地圖（圖2.11）[26]，而這張地圖在銷售時的標題卻很無厘頭——即〈常〔州〕總〔州〕境界之圖〉——這很明顯是一種誤導，因為上面根本看不到邊界。相反，地圖上最明顯的特徵便是有座陡峭的山，山坡側面中間有座神龕，暗示著通往山頂的長梯，就是叛軍最後陣地。

我和一位同事最近也為了另一幅印刷品提出類似的看法，這幅印刷品在同一年發行，並下了個無害的標題〈東北十五省〉。這張早就存在的旅遊地圖——配上突兀的富士山、鎌倉及橫濱等旅遊勝地的放大插頁——匆忙被重新包裝成新聞地圖，只在上面標示了東北省份。[27]標題中的「東北」一詞讓當代讀者感到失望，因為地圖上實際所標示的東

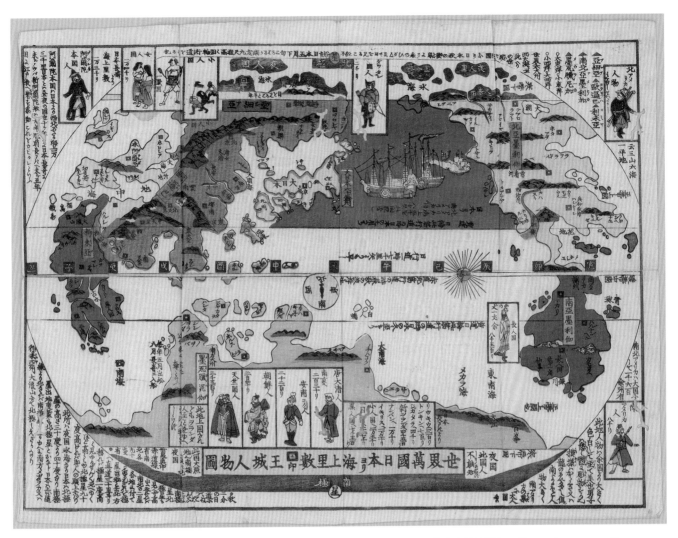

圖2.12 〈從日本到世界各國首都的海上距離〉，又稱〈世界各國迅速掌握驅逐蒙古人的地圖〉，約1853年，35×46公分，橫濱市大學圖書館。

北區域也只是簡單帶過；不過，當年該地區的戰役打得如火如荼之際，或許這種標題就非常可以促進銷售量。畢竟，地圖能展示文字所不能呈現的東西：群島上重大歷史事件的發展。

以看似無害的全景圖和地圖作為解讀該

時代政治性文件的重點所在，是東京大學歷史學家杉本史子發揮其出色專業之處。杉本史子在1860年代末發表了大量地理圖像，並透過近距離解讀日本浮世繪大師歌川貞秀的兩幅作品，以深入表達其觀點。其中有一幅特別引人注目，即本州東北地圖及全景圖，

圖**2.13**〈御開港 濱之全圖〉，1859年，歌川貞秀，八張折疊紙卷：69.5×191.1公分，國立國會圖書館。

這地區在過去並非是個具有吸引力的商業景點，但卻以反對新政權的頑強勢力所在地，而突然在1860年代末期受到眾人矚目。

在1868年，即德川幕府垮台那一年，區域地圖及全景圖都進入了市場。正如杉本史子所表示，歌川貞秀在鳥瞰圖的構圖中，高調展示了維新戰爭中的主要區域參與者及戰場，更突顯了會津若松城作為德川家據點的位置。她相信，歌川貞秀並沒有（在其標題中）提醒大家注意他在做什麼，只是默默出版了事件地圖。[28]

若杉本史子的看法是對的，其研究發現便代表，我們應該要重新審視十九世紀中期充斥在江戶市場中粗拙的世界地圖，這些地圖可被視為事件地圖（事實上，就我們的目的而言，同樣也能看作是歷史地圖）。若是仔細觀察其標題，有時就會發現一些令人驚訝的線索。

圖2.12便是個具有啟發性的相關例子。作為在那些年裡充斥於市場、利瑪竇式粗拙過時的地圖之一，這張無名地圖的標題實在是平淡無奇──〈從日本到世界各國首都的海上距離〉；但在江戶時代的書報攤上，卻反過來展示，以顯示印在背面的尖銳標題──〈世界各國迅速掌握驅逐蒙古人的地圖〉。換言之，至少對某些地圖繪製者來說，西方入侵十九世紀的太平洋地區算是蒙古人第二次到來。就和圖2.10世界地圖的細部印刷一樣，引人注意的歷史暗喻也出現在其中，即是把俄國船隻標記為「該死的蒙古船」。在一個審查嚴格的大眾領域中，地圖算是為數不多的媒體之一，日本讀者能藉此來探討這項比喻可能代表著什麼。

雖然這類圖像一般不會算進歷史地圖的

範圍內，但我同意杉本史子的觀點，我們必須開始注意其重要性。經歷過德川幕府末期動蕩的日本男女，都認為所處年代十分具有時代意義性；在過去先人發展了時間地圖來重建以往懷舊景觀的同時，1860年代的日本人轉向地圖學來定位正在快速變化的當下。身處在一個普遍存在不確定性及動蕩的時代，所知道的唯一秩序也正走向崩潰狀態，因此受過教育的日本人意識到自己正經歷一個歷史分水嶺。他們把目光轉向地圖學，在時間及空間上尋找方向。

　　能充分表現這種感覺的就只有歌川貞秀了，這位浮世繪大師的作品在本文佔有很重要的地位。如前述，歌川貞秀最早期的地圖——即許多地圖中的第一張——就是對江戶沼澤地的歷史重建（圖2.7b）。僅僅幾年後，他就開始忙於繪製東北地區地圖，接著又開始描繪一系列有關日本橫濱的精美地圖，這座繁榮城市是日本與西方進行接觸的主要區域。在本章結尾，似乎應該引用歌川貞秀在1859年繪製的橫濱全景圖（圖2.13）上的題詞，以充分說明為什麼我們應該把這樣的文物視為是重要的歷史地圖：

　　　　有一次，我在邊界地區閒晃，並且問貿易公司在哪裡。沒人知道在哪裡，也沒有地圖顯示其位置，我暗自為此感到悲傷。現在開放港埠的事情已經解決，而且已經有五國（美、俄、法、英、荷）聚集在此；如果必須要調查過

去的情形，才能確定這是否對我國有利的話，還真是沒有證實的方法。我不得不對這種情況感到十分遺憾。

　　後來，出版商寶善堂製作了一張橫濱地圖。我看著展示在我面前的地圖，其風景、公共建築、西式房屋及城市建築往各個方向伸展開來；現在我們把地圖看得太清楚了，所以不難想像這個地區過去的景象。風景畫只適合詩人，因此我鼓勵大家出版地圖。要是大家想看這個地區的風景，只要透過這張地圖就能看到，而且一百年後仍然能看得到。[29]

註釋：所有網站瀏覽日期均為 2019 年 7 月 8 日。

1. Walter Goffart, Historical Atlases: *The First Three Hundred Years, 1570–1870* (Chicago: University of Chicago Press, 2003); Jeremy Black, *Maps and History: Constructing Images of the Past* (New Haven, CT: Yale University Press, 1997).

2. 〈南瞻部州萬國掌菓之圖〉，江戶時代晚期十四世紀原作的複製品。日本國立歷史民俗博物館收藏。

3. Paul Binding, *Imagined Corners: Exploring the World's First Atlas* (London: Review, 2003), 282–87.

4. 有關這張景觀地圖的古代來源及中世紀文獻內容等個別最新研究，請見 Richard J. A. Talbert, *Rome's World: The Peutinger Map Reconsidered* (Cambridge: Cambridge University Press, 2010); 以及 Emily Albu, *The Medieval Peutinger Map: Imperial Roman Revival in a German Empire* (Cambridge: Cambridge University Press, 2014).

5. 利瑪竇的〈坤輿萬國全圖〉，現存四張複製品中，其中一張原屬於詹姆士福特貝爾基金會的地圖曾出借至國會圖書館進行掃描，並以高解析畫素公開在網路上，請見網站：https://www.loc.gov/resource/g3200.ex000006Za/

6. 附有日文記事的瓊·布勞 1648 年世界地圖折疊屏風（1775年），神戶市立博物館。重製為《日本古地圖大成》之地圖七十二（東京：講談社，1972 年）。

7. 以下敘述依據 Alexander Akin, "Printed Maps in Late Ming Publishing Culture: A Trans-Regional Per- spective," PhD diss., Harvard University, 2009.

8. 寺島良安，〈中國地圖〉（1727 年），神戶市立博物館.

9. 長久保赤水，《唐土歷代州郡沿革圖》（1797 年初版）。早稻田大學複製品（1857 年重印版本），請見網站：http://archive.wul.waseda.ac.jp/kosho/ri08/ri08_01371/ri08_01371.html.

10. 長久保赤水，《改正日本輿地路程全圖》（1771 年初版）。

11. Unno Kazutaka, "Nagakubo Sekisui no Shina zu to sono hankyō" [Maps of China by Nagakubo Sekisui and their influence], *Tōyō chirigakushi kenkyū 2, Nihon hen* (Osaka: Seibundō Shuppan, 2005), 522–48.

12. 葛飾北齋，〈中國勝景圖〉（1840 年）。Reproduced in Kobe City Museum, ed., *Ezu to fūkei—e no yōna chizu, chizu no yōna e* (Kobe: Kobe City Museum, 2000), 55.

13. 檜山義慎，《萬世泰平圖》（1815 年）以及《本朝國郡建置圖》（1823 年）。兩本地圖集收錄於英屬哥倫比亞大學，請見網站：http://digitalcollections.library.ubc.ca/cdm/com-poundobject/collection/tokugawa/id/14228/rec/1.

14. 許多流傳下來的這些業餘地圖，作者都不詳。更多相關討論，請見 Kären Wigen, *A Malleable Map: Geographies of Restoration in Nineteenth-Century Japan* (Berkeley: University of California Press, 2012).

15. Mizumoto Kunihiko, *Ezu to keikan no kinsei* (Tokyo: Kashiwa Shobo, 2002).

16. 山下和正，《江戶時代古地圖周圍地理》，第 202–3 頁。同樣請見 Yamashita Kazumasa, *Chizu de yomu Edo jidai* (Tokyo: Kashiwa Shobō, 1998).

17. 歌川貞秀與山崎美成，《御江戶圖說集覽》（江戶：榮久堂山本平吉刊本，1853 年）。Image reproduced in Kobe City Museum, ed., *Ezu to fūkei—e no yōna chizu, chizu no yōnae* (2000), 56.

18. Uesugi Kazuhiro. "Mori Yasuyuki no chishi to Kyōto rekishi chizu." In Kinda Akihiro, ed., *Heiankyō—Kyōto: toshizu to toshi kōzō* (Kyoto: Kyōto Daigaku Gakujutsu Shuppankai, 2007), 99–120.

19. http://republicofletters.stanford.edu/casestudies/index.html.

20. 相關例子，請見 Yoshihara Ken'ichirō et al., eds., *Fukugen Edo jōhō chizu* (Tokyo: Asahi Shinbunsha, 1994). 有關史丹佛大學近世早期新聞傳單（瓦版）的數位化選集，請見 https://searchworks.stanford.edu/ catalog?f%5Bcollection%5D%5B%5D=vh650bb3062.

21. 〈信州災難地圖〉（1847 年）作者不詳，出版商不詳。轉載自山下和正《江戶時代古地圖周圍地理》，第 194-95 頁。

22. 這幅黑白圖像翻印自維基百科有關瓦版的資料。

23. 二代歌川廣重，〈信州 間山真景〉（1859 年），《諸國名所百景》系列之一，波士頓美術館。請見網站：https://ukiyo-e.org/image/mfa/sc232267

24. 這些例子來自國會博物館日本印刷品選集，請見網站：https://www.loc.gov/pictures/search/?sp=2&co=jpd&st=grid。日文標題分別為 "Kita-Amerika gasshūkoku: Peruri to yū mono Sōshū Uraga ni torai su" 以及 "Shinkoku fukui butoku anmin, Okatame taihei kagami: Izu, Sagami, Musashi, Awa, Kazusa, Shimōsa."

25. 更多相關討論，請見中村拓，《日本古地圖大成》。

26. 山下和正，《江戶時代古地圖周圍地理》，第 198 頁。山下和正為這張地圖下了個更具描述性、更全面的標題〈筑波山叛軍地圖〉。

27. Sayoko Sakakibara 及 Kären Wigen, "A Travel Map Adjusted to Urgent Circumstances," in Kären Wigen, Sugimoto Fumiko 及 Cary Karakas, eds., *Cartographic Japan* (Chicago: University of Chicago Press, 2016), 112–15.

28. Sugimoto Fumiko, "Shifting Perspectives on the Shogunate's Last Years: Gountei Sadahide's Bird's-Eye View Landscape Prints," *Monumenta Nipponica* 72, no. 1 (2017): 1–30. Sadahide's panorama, entitled "Mutsu and Dewa at a glance" (Ōshū ichiran no zu), is reproduced and annotated in Sugimoto Fumiko et al., eds., *Ezugaku Nyūmon* (Tokyo: Tokyo Univer- sity Press, 2011), 89. 關於該位藝術家在此爭議區域的鳥瞰圖（於同年出版），請見 "Mutsu Dewa Kokugun kōtei zenzu," in the UC Berkeley Mitsui collection（請見網站：www.davidrumsey.com/japan）

29. 圖像及抄錄摘自麻省理工學院「視覺化文化」網站，請見網站：https://ocw.mit.edu/ans7870/21f/21f.027/yokohama/gallery/pages/Y0044_YokohamaPort.htm.

3

理查・佩格　Richard A. Pegg

中國及韓國的耶穌會地圖：
連接過去及當下

1794年，中國學者莊廷敷為介紹地圖寫了一個很長的標題：〈大清統屬職貢萬國經緯地球式方輿古今圖〉（圖3.1）。[1]看起來就是三張毫不相關的地圖排在一起，想理解這串標題文字的關鍵，便是在最後三個字「古今圖」，也就是「當時及當下的地圖」。若「當下的地圖」指的是擴張的清朝帝國，如底部較大地圖，那麼「當時的地圖」又會是什麼？

答案就在頂部角落另外兩張小地圖上，它們代表著兩個世紀前發生的事件：明朝末年，來自歐洲的耶穌會傳教士來到中國，帶來了在地圖學上觀看世界及中國所在的全新、未成熟方法。本文呈現了莊廷敷的地圖，以及十八世紀末的其他地圖是如何利用耶穌會傳教士的明朝地圖，來理解另一股在亞洲所發生的新西方思潮的入侵。透過「古今」的概念框架——即當時及當下——一個令人不安的「當下」能透過具啟發性的「當時」機遇來理解或面對。

把新舊地圖並列作為地緣政治的教學方式，已經是深植於中國學術在研究過去方面的方法了。這與十八世紀的歐洲人明顯不同，他們把線性時間及笛卡爾空間想像成宇宙的客觀特徵，這些特徵超越了主觀經驗，並以精確科學方式進行測量；相反，同時代的中國知識分子強調人類記憶力的作用，以及個人在還原過去方面的努力投入。他們經常會提到「古今」一詞，「今」指的是「此地—當下」，而「古」指的是不確定的「彼地—當時」。

「古」在二元語境中經常被誤譯成「老舊」或「古代」，代表著一種對過去與現在之間的刻意區分。雖然這個字單獨存在時，意思或許是對的，而兩個字結合在一起——古今——便是表示時間性之間的對話，是一種把不特定的過去記憶與現在生活經驗主動結合的時間概念。從他們「當下」（今）的

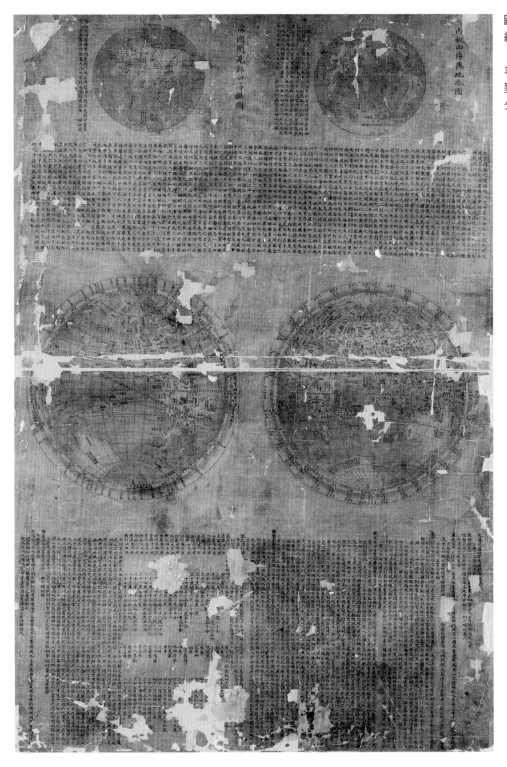

圖3.1〈大清統屬職貢萬國經緯地球式方輿古今圖〉，清朝乾隆年間，1794年。莊廷敷繪，掛軸，水墨設色紙本，147 x 105公分，美國國會圖書館。

所在位置，中國的知識分子能透過紊亂、非線性的過去（古）找出模式及先例以釐清眼前的問題。[2]從古今的概念中，中國學者透過刻意還原及適用的過程，努力把過去和現在結合起來。

莊廷敷的1794年「古今」手稿地圖就是採取這種方法的典範。這是他在北京當朝為官時所製作，北京是領土幅員遼闊、多元文化的清朝象徵重心。這幅中等大小的淺色掛圖，原先是掛軸形式，把文字與三張獨立地圖組合在一起。在頂部有兩張小地圖代表「古」，即明朝末期；下方是一張大的雙半球世界地圖代表「今」，也就是1790年代當代地圖。標題最後的「古今」一詞，便鼓勵大家主動聯想過去及現在，即「此地－當下」及「彼地－過去」之間的關係。

莊廷敷的地圖出現的時候，正是西方先進科學觀及具有挑戰性世界觀，回到中國的時刻。就如同十七世紀初，來訪的歐洲人向朝廷展示了一幅新世界地圖；中國人必須再次面對一個充滿未知且頗具威脅的世界。當西方國家在十八世紀末重新要求提供貿易及外交機會時，這些明末地圖再次出現，喚起了大家的記憶。這種排列方式的目的在於提醒大家，這並不是自我認同概念第一次受到西方的挑戰，這種經驗以前就遇過了，同時也是重新檢視中國在走入更大世界中，其面臨本身地位問題的時候。

明朝宮中的耶穌會地圖

為了理解這些1790年代的清朝地圖，我們必須回溯到十六世紀，即中國首次與歐洲接觸的時刻。耶穌會傳教士在明朝末年帶著機械鐘及世界地圖，將全新的時間及空間概念帶入中國朝廷上，其中最有名的是一幅耶穌會地圖，便是〈坤輿萬國全圖〉（圖3.2）。

這幅大型木版印刷掛圖，是以十六世紀法蘭德斯製圖師亞伯拉罕・奧特利烏斯的地理學為基礎，但以環繞太平洋而非大西洋的方式進行重新裝裱。該地圖由李之藻提供贊助，杭州張問陶以六幅掛軸進行紙上印製，於1602年由耶穌會傳教士利瑪竇展示於朝廷上，〈坤輿萬國全圖〉算是歐洲天主教與中國皇室之間第一次進行文化交流的里程碑。[3]地圖的中間擠入一千多個地名（包括許多首次被翻譯成漢語拼音的外國地名），邊緣則解釋了太陽、月亮及行星的運動。[4]

像利瑪竇這樣的耶穌會地圖挑戰了明朝的宇宙與陸地空間概念。多數前現代中國地圖的空間結構基本上是平的，其特色是中央有塊人居大陸，周圍環繞四大海洋，即所謂「天圓地方」宇宙觀的一部分。[5]

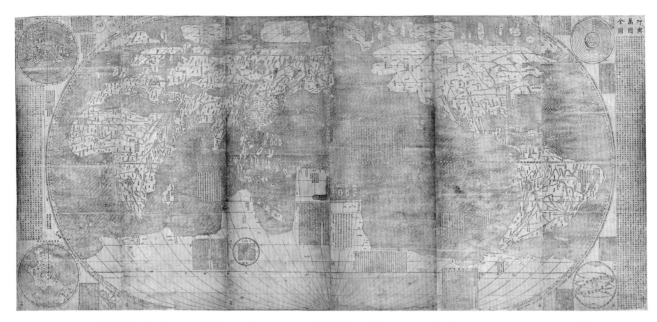

圖3.2〈坤輿萬國全圖〉，明朝萬曆年間，1602年。利瑪竇繪，掛軸六幅，水墨紙本，182 x 365公分，明尼蘇達大學，詹姆斯・福特・貝爾圖書館。

耶穌會地圖提出了一個不同的觀點，即地球是一個由許多大陸組成的球形世界，周圍是形狀各異的海洋；它也打亂了中國對於人種的空間概念，而這也是莊廷敷地圖的框架。在前現代中國，中國文明範圍以外的所有民族都會被視為是其他或另一種「夷」族，通常翻譯成「野蠻人」，但最好理解為「他族」。這種模式反映在貢品制度中，為一種階級森嚴的貿易與外交框架，用於界定中國及其鄰國，並將其自身文化與漢族文化分開。值得注意的是，莊廷敷的標題中特別提到了朝貢體系，也因此與他的地圖具有直接相關性。

經過幾世紀的重申強調，這些儀式化的交流促進了自然世界「秩序」的概念，以中國天朝為中心，周邊鄰邦向其進貢；相較之下，耶穌會地圖呈現了一個既大又無秩序的世界，其中充滿很多過去所不知道的他族，並且認為自己與中國人地位平等。[6]然而，恰好是明朝的朝貢體系鼓勵了中國文人去接觸並吸收耶穌會傳教士的外來製圖方法。明朝的知識環境並不封閉，還有許多接觸據點，使新的思想、資訊、調查方法及思維方式能在中國文人圈中佔有一席之地。

當歐洲人在明朝最後幾十年間來到中國時，他們的出現既引發了防禦性的民族主義反應，也在整個地區掀起了知識與文化風潮。[7]利瑪竇的地圖是信仰及科學的作品，也是傳教的工具，利瑪竇刻意在儒家學者官員中培養友誼，最終目的便是使中國人信教受

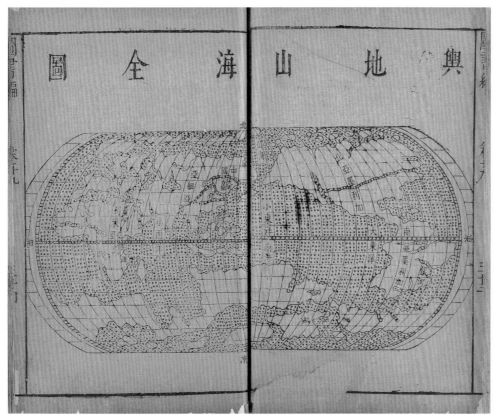

圖3.3 〈輿地山海全圖〉，摘自《圖書編》，明朝萬曆年間，1613年，天啟三年（1623年）重印。章潢繪，木版印刷，水墨紙本，22.1 x 14.6公分，哥倫比亞大學，東亞圖書館。

洗。[8]許多西方歷史學家把1602年的利瑪竇世界地圖，視為是所謂中西方「偉大相遇」的重要里程碑；然而，當時多數中國知識分子頂多只是把這幅地圖當成是滿足好奇心的工具，似乎並不覺得有必要好好保存。值得注意的是，儘管利瑪竇聲稱已經印刷了一千多份1602年的地圖，但今天在中國卻沒有留下任何印刷副本。[9]

然而，或許明末時期的人並未普遍重視或觀看1602年的全尺寸地圖，但地圖確實對地球形狀及地理位置具有新貢獻。利瑪竇地圖在中國產生影響力的主要形式，便是在利瑪竇1610年去世後，百科全書及地圖集上經常出現的那些更粗略、更小、更有規劃性的翻印地圖。[10]最早出現的是一張簡單的概要地圖，收錄於中國學者章潢在1613年以木版印刷所製作的百科全書《圖書編》（圖3.3），名為〈輿地山海全圖〉。

章潢的新地圖雖然粗略，但也證實了他在北京朝廷上結識利瑪竇，北京可是耶穌會傳教士與明朝文人之間文化交流的重要據點。對於土生土長的中國人來說，章潢的〈輿地山海全圖〉汲取了利瑪竇兩個革命性的概念：世界是圓的，也是海陸的（一系列大

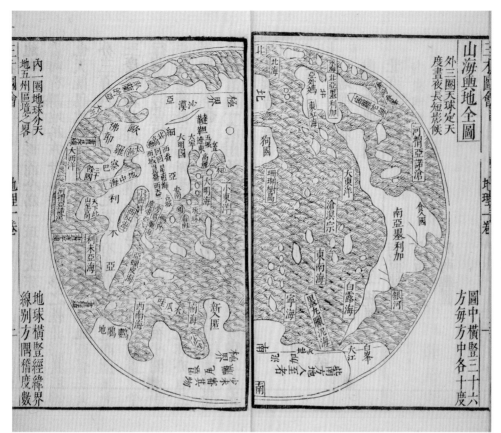

圖**3.4**〈山海輿地全圖〉，摘自《三才圖會》，明朝萬曆年間，1609年，乾隆年間重印。王圻編，木版印刷，水墨紙本，哥倫比亞大學，東亞圖書館。

陸與海洋所相互組成）。這張地圖被視為是依照利瑪竇於1584年繪製的第一幅中國世界地圖為藍本，而該地圖本身亦是依照利瑪竇帶到中國的奧特利烏斯之〈世界地圖〉為藍本，該地圖首次編入1570年的《地球大觀》一書中。[11]奧特利烏斯的地圖把傑拉杜斯·麥卡托的立體投影法，呈現在他1569年所繪製的大型世界地圖中。就像利瑪竇一樣，章潢倒轉了各大洲的位置，將太平洋置於中心，再將美洲及歐洲置於左右兩側。

章潢的地圖沿著底部（南方）表現了五塊具名大陸及各種無名大島，就跟利瑪竇在1580年代傳入中國的橢圓形投影圖相同。在這個全新、耶穌會風格的世界觀中，中國仍然處於中心位置，但其脈絡產生了根本上的轉變，只因為身處於居住著其他民族所命名的地理環境中。

利瑪竇的世界觀也在晚明時代，透過王圻流行於1609年的木版印刷百科全書《三才圖會》傳播。[12]圖3.4所顯示的地圖〈山海輿地全圖〉，與章潢〈輿地山海全圖〉的標題幾乎相同。（由於二者地圖標題的英文翻譯

方式相同，所以以下會以各自的彙集名稱，即《圖書編》和《三才圖會》來區別。）

許多學者認為，王圻的《三才圖會》世界地圖是依利瑪竇在1600年所繪製的（現已失傳）地圖為基礎。[13]就跟章潢的地圖一樣，這幅地圖同樣保留了圓形、海陸世界兩個重要的概念。這兩幅地圖基本上都是對利瑪竇地圖的簡易詮釋，就多數中國讀者看來，也只是其他人定義世界的奇特圖像，因為它們（毫無疑問的）位於不同知識傳統的世界地圖系列中。[14]對於耶穌會傳教士帶來時鐘的接受程度，學者們也提出了類似的看法。[15]這些世界地圖被縮減、簡化，並脫離其所處於的歐洲文化背景，因此並未像利瑪竇1602年、1603年及1608年的大型地圖那樣，挑戰著中國人的宇宙秩序及對其他事物的感受。

這種利瑪竇風格的明代世界地圖相關背景，能夠讓現在的我們用新的眼光來看待1794年莊廷敷的地圖（圖3.1），幫我們去看這個十八世紀末的文獻會如何呈現出過去兩百年的特殊景觀。右上角的小地圖正是〈山海輿地全圖〉，出自1609年王圻的《三才圖會》；左上角的地圖是「東半球」地圖，出自陳倫炯的《海國聞見錄》，完成於1730年，首次印刷於1744年。儘管只有顯示東半球，陳倫炯的簡易地形圖可以說是1613年收

錄於章潢《圖書編》中〈輿地山海全圖〉的直系傳承。

莊廷敷的兩幅耶穌會風格的明代地圖，奠定了古今夥伴關係的古（或「當時」）；下方較大的今（「當下」）地圖，可能是因為1793年英國隨行人員不定期出現所產生的直接結果。下方地圖的文字內容包括一份1670年至1793年期間進貢民族的名單；名單上最後一項說明道，英國人在乾隆五十八年（1793年）從遙遠的西北來到這裡，就像所有遠近的部落及邦國一樣向中國皇帝進貢。

這肯定是指眾所周知的馬戛爾尼使團，其名稱來自英國航海家喬治·馬戛爾尼，英國王室和東印度公司派遣他前往東亞，在北京建立第一座英國大使館。雖然英國建立大使館的努力沒有結果，但在馬戛爾尼使團九十多名成員中，很可能已經有人把地圖贈送給中國人。我們不清楚到底是哪張地圖，不過很有可能是在倫敦印製的亞倫·艾羅史密斯1790年〈麥卡托投影的世界地圖〉或1794年〈全球投影的世界地圖〉的某些版本；兩者都在圓形雙半球投影中，表示了詹姆士·庫克船長最新的環球航線。[16]莊廷敷1794年的地圖也採用了相同的雙半球投影，並納入歐洲的環球航線。

這就是「今」——不安定的當下——莊

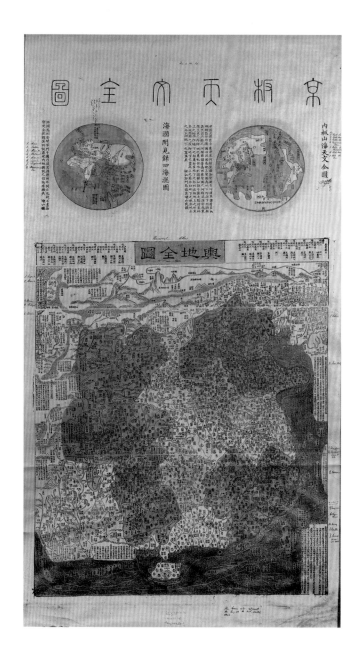

圖3.5　〈京版天文全圖〉，清朝乾隆年間，約1790年。馬俊良繪，掛軸，水墨設色紙本，132 x 71公分，波士頓公共圖書館，諾曼萊文塔爾地圖與教育中心。

象徵著一系列的事件、想法及不安，所有的意義也只有在後來的現在才能體會到；明代地圖讓現代人想起了耶穌會的衝擊、想起了西方，特別是西方科學的力量。標題及說明都提到了朝貢，而底部的新地圖將這些令人不安的事件裹進傳統的朝貢包裝中。就在中國身處於更大地緣政治之中，其國家身份受到挑戰的同時，提醒了大家這段歷史，即朝貢制度──以其可靠的「秩序與他族」──構建了中國的精神世界。

此時也有產出其他古今地圖，如1761年殿試及第馬俊良的〈京板天文全圖〉將晚明地圖與現代地圖並列在一起（圖3.5）。[17]莊廷敷的地圖是獨一無二的手稿，而馬俊良的地圖則是略小的木版印刷，主要目的在於推廣發行，在美國及其他地方至今仍有許多現存副本。[18]

馬俊良的地圖出版於1790年左右，同樣把《三才圖會》的小地圖排在右上角，《海國聞見錄》的小地圖置於左上角，並附上跟莊廷敷地圖上一樣的相關文字[19]；而下方的大地圖則是清朝宮廷地圖繪製者黃氏家族的作品[20]，源自黃宗羲1673年的〈輿地全圖〉，並由其孫黃千人於1767年進行修正。年分很重要，因為就在此幾年前，即1759年，滿洲、蒙古、西藏及新疆才終於歸順在清朝統治之

廷敷在此回顧了兩個世紀前，歐洲人首次現身在中國的時刻。在英國船隻得以接觸到中國的當下，這些船隻已經不是一次，而是一次又一次的環繞地球，而小小的明代地圖則

下；乾隆皇帝從別稱旗人的滿族行政單位及地方政治人物中任命官員，以提供有關其行政區域的統計數據。[21]這些資訊由黃千人進行彙編，並在1767年以彩色木版印刷地圖的形式出版，標題定為〈大清萬年一統天下全圖〉；馬俊良則在〈京板天文全圖〉上展示了他的黃氏家族地圖版本。

雖然我們無法確定，但馬俊良的地圖也可能是在十七世紀中期繪製的。就跟莊廷敷的地圖一樣，以視覺方式連接了「當時及當下」，從過去尋找得以配合並有助於解釋當下情況的相關記憶；透過在標題中使用「古今」一詞，提及朝貢制度，以及在說明文字中提及利瑪竇，很明顯就能看得出莊廷敷的用意。莊廷敷的地圖是基於宮廷需求所製作的手稿，而馬俊良的地圖是向大眾推廣的木版印刷。儘管如此，它們基本上都是在相同時期所製作，所呈現的也是中國歷史上的相同時刻：即1790年代中國再次面對大致上未知、具潛在威脅的世界，對晚明時期傳入耶穌會風格的世界地理概念，以及（假使尚未完全融入）中國本土的地理思想制度重新進行審視及設定。

韓國的耶穌會地圖

雖然耶穌會傳教士並沒有直接造訪韓國，但是他們的製圖歷史也就此展開，顯示出古今中外的明顯變化，前現代的韓國更是承襲了一段以中國為主的製圖歷史。這點明顯表現在韓國最著名的早期世界地圖中：繪製於1402年的〈混一疆理歷代國都之圖〉，即通常簡稱為〈混一疆理圖〉的宏偉手繪掛圖。[22]〈混一疆理圖〉在一個二維平面上呈現四面環水的單一陸地，與中國的「天圓地方」宇宙論一致。

由於朝鮮王朝的李氏執政者禁止耶穌會進入韓國，因此他們的地圖學史是間接傳入韓國的；儘管如此，朝鮮王朝還是緊追著耶穌會的科學腳步，取得了利瑪竇地圖的副本及十七世紀初的相關文件。例如，根據《朝鮮王朝實錄》記載，朝鮮使節李光庭在北京晚明宮廷取得了利瑪竇1602年和1603年的地圖副本，並把該地圖副本連同其他書籍一起帶回韓國。[23]因此我們知道，耶穌會地圖在中國出現後不久，朝鮮宮廷也跟著出現這些地圖，只是比較少有關朝鮮官員對它們發表看法的證據。[24]

一個世紀後，即1708年，耶穌會的明末地圖依宮廷命令在朝鮮進行複製。在肅宗的命令下，宮廷欽天監複製了利瑪竇1608年的〈坤輿萬國全圖〉[25]及湯若望1634年的〈黃道總星圖〉。[26]李氏王朝之所以會想複製晚明耶

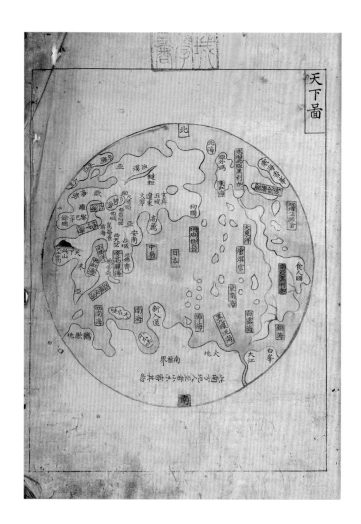

圖3.6〈天下圖〉，摘自《輿地圖》，朝鮮王朝，十八世紀末。木版印刷，水墨設色紙本，36.8 x 28.6公分，首爾國立大學，奎章閣文獻館。

即滿清王朝所統治）。

　　這些地圖是為了弔念明朝亡國六十週年所製作，而且它們也奠定了一種延伸至中國明朝歷史性時刻的「古今」變異，以確立這些地圖當時在朝鮮宮廷中的地位。這些耶穌會地圖源自於明末中國，目的就是要提醒明朝所闡述「秩序及他族」的理想中國原則，進而將理想的中國過去與朝鮮的統治政權連結起來。

　　在之後的八十年間，大家對晚明耶穌會地圖的興趣逐漸減退，一直到十八世紀末再次出現在稱為《輿地圖》的手稿及印刷地圖集之中，為「古今」典範的第二項變異。這些地圖集收錄了十三幅地圖，其目的是在許多地圖框架中，以不同比例尺描繪韓國的地理空間，以確立韓國的身份認同。[29]

　　在這些《輿地圖》中，出現了兩種世界地圖（又被稱為〈天下圖〉）的類型。第一種是高度模式化的「圓環型」或「車輪型」，第二種是所謂的「世界型」，在十八世紀末開始發展，並在十九世紀末又重新出現。[30]圖3.6的「世界型」〈天下圖〉是明末《三才圖會》的地圖複製品，但此處標題寫著〈天下圖〉。

　　該地圖集格式是在1790年代為朝鮮宮廷所製作，與此同時，《三才圖會》地圖也重

穌會地圖，有兩個可能的原因。[27]

　　首先，依照官方宮廷編年史《承政院日記》，宮廷於1708年5月希望能修改朝鮮官方日曆中的差異，而這張參考中國曆法及星象圖的地圖，便是在耶穌會監督下所繪製。[28]其次，朝鮮當時正面臨著一股擁護及懷念明朝的風潮──這是受到執政者意識形態計畫所鼓動，以成就李氏王朝作為明朝滅亡後的正統繼承身份（因為中國正由非漢族所執政，

圖3.7〈天下圖〉，摘自《輿地圖》，朝鮮王朝，十九世紀末。木版印刷，水墨設色紙本，高23公分，威斯康辛密爾瓦基大學，美國地理學會圖書館（469Ｂ）。

新出現在中國宮廷。之所以會出現在韓國，很可能是跟它出現在中國宮廷有關，也顯示了這是直接借鏡自中國的「古今」變異。這種特定的三才圖會式地圖只出現在八世紀末的韓國地圖集中，它的產量也非常有限（圖3.7）。地圖集持續進行繪製，但後來地圖集所收錄的世界地圖卻轉變成一種新的、獨特的「車輪型」〈天下圖〉。然而，令人訝異的是，基於《三才圖會》地圖的老派「世界型」〈天下圖〉在一百年後再次出現——正好是西方列強在韓國本土首次建立起直接外交關係的時候。[31]例如，這個收錄「世界型」〈天下圖〉的地圖集，便是福久（George Clayton Foulk）在1880年代擔任第一任美國駐韓海軍武官時期所取得。[32]

十八世紀末的中國及韓國地圖，都顯示了那個時代的文人如何借鏡過去來應對當下的焦慮。隨著西方對東亞的入侵，中國及韓國的地圖繪製者將目光投向了中國歷史上更早的時刻，當時明末的學者和官員面對著一群更早的訪客——耶穌會傳教士——他們帶來了一系列具有異國情調、緩慢但並未完全為中國及韓國地圖學所同化的地圖。在十八世紀的中國及韓國，耶穌會的地圖學算是連接了西方第一次及第二次來到該地區的人。

因此，為了充分了解中國、韓國與耶穌會地圖學的關係，我們必須考慮到中國的時間及空間概念背景。唯有如此，我們才能理解明末耶穌會地圖從首次現身到近兩百年後，在中國及韓國重生、複製和重印時所傳達的獨特時間資訊。耶穌會傳教士早已不在人世，但他們的歷史時刻卻在地圖中迴盪，成為跨文化接觸與交流的永恆象徵。「古今」典範指出事件在記憶中的活動位置，以及其所承載的所有情感與知識關聯，以連結

並解釋當下的時刻。

　　十八和十九世紀期間，中國及韓國改為使用耶穌會風格的地圖，以表示其已成為與西方接觸的視覺典範。這些「古今」地圖鼓勵識字大眾努力去解決「秩序及他族」的衝突，並在更大的世界中重新定位地圖。晚明耶穌會地圖成為西方回歸的象徵，預告著孤立主義的結束，並重新衡量他們在世界中的時間、空間、身份與地位。

　　這種時間性的訊息傳遞展現了本書的目的，即地圖是如何經常呈現出一個處於變化狀態的動態世界，而不是威廉·藍金（在第一章）所說的「一個永恆現在」的靜態圖像。在「古今」傳統中的中國及韓國地圖能看出，晚明的歷史在十八世紀並未真正滅亡，反而十分活躍於耶穌會風格的地圖中，並有助於當時思想家解讀當時世界與社會的模式與典範。

　　明代地圖的復興，其本身就透露出中國知識分子傳統的特殊性，而耶穌會地圖以中國的方式「重新」呈現過去，並作為一種時空定位裝置，用來接受及（再次）因應全球化世界的挑戰。

註釋：

1. Richard A. Pegg, *Cartographic Traditions in East Asian Maps* (Honolulu: MacLean Collection and University of Hawai'i Press, 2014), 35–42. 美國國會圖書館收錄的地圖因紙本丟失而遺失標題中最後五個字，這張 1800 年的地圖副本及後來的木版印刷副本，現在都在麥克林收藏館中，補上了最後的遺失文字。

2. Stephen Kern, *The Culture of Time and Space, 1880–1918* (1983; repr. Cambridge, MA: Harvard University Press, 2003)；及 Kuang-ming Wu, "Spatiotemporal Interpretation in Chinese Thinking," *in Time and Space in Chinese Culture*, ed. Chun-chieh Huang and Erik Zürcher (Brill: Leiden, 1995), 18–19.

3. 黃時鑒、龔纓晏（2004）。利瑪竇世界地圖研究（3–41 頁）。上海：上海古籍出版社。

4. 有關利瑪竇地圖的學術書目，請見 Qiong Zhang, *Making the New World Their Own: Encounters with Jesuit Science in the Age of Discovery* (Leiden: Brill, 2015), 29–30n7.

5. Cordell D. K. Yee, "Taking the World's Measure: Chinese Maps between Observation and Text," in J. B. Harley and David Woodward, eds., *The History of Cartography*, vol. 2, bk. 2: *Cartography in the Traditional East and Southeast Asian Societies* (Chicago: University of Chicago Press, 1994), 96–127.

6. Mark Lewis, *The Construction of Space in Early China* (Albany, NY: SUNY Press, 2005).

7. David E. Mungello, *The Great Encounter of China and the West, 1500–1800* (1999; repr. Rowman & Littlefield, 2013).

8. Liu Yu, *Harmonious Disagreement: Matteo Ricci and His Closest Chinese Friends* (New York; Bern: Peter Lang, 2015), 193.

9. 現存六張已知副本分別存放在梵蒂岡、京都大學、宮城縣圖書館、東京國會圖書館、巴黎私人收藏館及明尼蘇達大學的詹姆斯·福特·貝爾圖書館。

10. 這些簡易版本可能更接近利瑪竇早期更簡單的世界地圖（現已遺失），據說是在 1584 年和 1600 年製作的，詳見註 3。Cordell D. K. Yee 則提出質疑，即有關西方地圖繪製者對明末至清朝乾隆年間的中國地圖具有很大影響的說法。他認為，西方地圖繪製直到 1842 年以後才形成規模，也就是中國海軍在第一次鴉片戰爭中被英國人打敗之際。詳見 Yee, "Traditional Chinese Cartography and the Myth of Westernization," in Harley and Woodward, ed., *History of Cartography*, vol. 2, bk. 2, 191.

11. Richard Smith, *Chinese Maps* (Oxford: Oxford University Press,

1996), 43–44；曹婉如等（1982）。中國現存利瑪竇世界第圖的研究。文物，12，57–59。

12. 這張地圖的標題有相同文字，但是與利瑪竇原作 1584 年及 1600 年世界地圖標題的文字順序不同。這種中英文的差異並不大。請見 Yee, "Traditional Chinese Cartography," 171.

13. Yee, "Traditional Chinese Cartography," 175.

14. Matthew W. Mosca, *From Frontier Policy to Foreign Policy: The Question of India and the Transformation of Geopolitics in Qing China* (Stanford, CA: Stanford University Press, 2013).

15. Catherine Jami, "Western Devices for Measuring Time and Space," *in Time and Space in Chinese Culture*, 169–200.

16. Richard Pegg, "World Views: Late 18th Century Approaches to Mapmaking in China and Britain," *Orientations* 44, no. 3 (April 2013): 84–89. 另一張描繪環球航線的作品則是 Robert Sayer, *A General Map of the World* (London, 1787).

17. Ronald E. Grimm and Roni Pick, *Journeys of the Imagination: An Exhibition of World Maps and Atlases from the Collections of the Norman B. Leventhal Map Center at the Boston Public Library, April 2006 through August 2006* (Boston: Boston Public Library, 2006), plate 36. Ma's maps measure 132 x 71 cm.

18. 副本請見萊斯大學方德倫圖書館（G7821.A5 1761 M3），國會圖書館（G7820 1790.M3），以及紐約私人收藏，拍賣自 2016 年 11 月 7 日蘇富比倫敦 L16409 號拍賣會，213 號拍賣品。這三個版本的中國省份沒有著色，有些版本的地圖下方並沒有〈輿地全圖〉的標題（《三才圖會》和《圖書編》地圖上的簡短標題）。

19. 馬俊良和林秉璐後來在 1793 年重印了陳倫炯的《海國聞見錄》。

20. Bao Guochiang, "Qing Qianlong 'Daqing wannian yitong tianxia quantu' bianxi" (Study of Qing dynasty Qian-long's *All under Heaven Map of the Everlasting Unified Qing Empire*), *wenxian yanjiu* (Archival Studies), no. 2 (2008): 40–44.

21. 此外，耶穌會自十七世紀末開始，便開始涉入這些受各種宮廷贊助的地圖調查領域。請見 Mario Cams, *Companions in Geography: East-West Collaboration in the Mapping of Qing China (ca. 1685–1735)* (Leiden: Brill, 2017).

22. 正本已遺失。日本天理中央圖書館具有一張副本，其年代約為 1568 年。請見 Gari Ledyard, "Cartography of Korea," in *History of Cartography*, vol. 2, bk. 2, 244–49, fig. 10.3. 有關這張偉大地圖的說明，請見 Jerry Brotton, *A History of the World in 12 Maps* (New York: Viking, 2013), chapter 4；有關

23. 韓國地圖學，請見 Yong-U Huan et al., *The Artistry of Early Korean Cartography* (Larkspur, CA: Tamal Vista Publications, 1999).

24. M. Antoni J. Ucerler, "Missionaries, Mandarins, and Maps: Reimagining the Known World," in *China at the Center: Ricci and Verbiest World Maps*, ed. Natasha Reichle (San Fran-cisco: Asian Art Museum, 2016), 1–16.

25. 《三才圖會》的副本也是在此時取得。文學促進學院培訓副主任李晬光從 1590 年代開始多次前往北京，根據他的百科全書《芝峰類說》，他在 1614 年北京之行中取得了許多書籍，包括一本《三才圖會》的副本。李晬光認為利瑪竇地圖屬於異國類型，並將其評論放在專門介紹遙遠異國風情的奇聞異事章節中。詳見黃時鑒，《利瑪竇世界地圖研究》，第 118 頁。

26. 首爾國立大學的奎章閣文獻館（前身是朝鮮王朝宮廷圖書館）目前保存著朝鮮王朝所委託製作的兩份 1708 年利瑪竇地圖的副本，其中第一份繪製日期是 1708 年 8 月，第二份是 9 月，並保存在一張 1932 年所拍攝、副本現已遺失的照片中。大家普遍認為，用來製作副本的原始地圖是 1608 年獻給明萬曆皇帝的十二張原始地圖之一。請見 O Sanghak, *Joseon sidae segye jido wa segye insik* [World maps in the Joseon dynasty and the perception of the world/The Joseon dynasty's world maps and its perception of the world/Its worldviews] (Seoul: Changjak gwa bipyeongsa, 2011), 181.

26. F. Richard Stephenson, "Chinese and Korean Star Maps and Catalogs," in *History of Cartography*, vol. 2, bk. 2, chap. 13, 570–72, fig. 13.39.

27. 請見 Lim Jongtae, "Matteo Ricci's World Maps in Late Joseon Dynasty," *Korean Journal for the History of Science* 33, no. 2 (2011): 277–96；以及 Lim Jongtae, "Learning Western Astronomy from China: Another Look at the Introduction of the *Shixian li* Calendrical System into Late Joseon Korea," *Korean Journal for the History of Science* 34, no. 2 (2012): 197–217.

28. 中國在 1630 年代利用耶穌會的科學所進行的崇禎曆法改革，在明末清初都進行了修正。這些改革在當時並沒有完全被朝鮮王朝接受，因為朝鮮王朝並沒有正式承認清朝的統治，因此沒有採納所有的改革意見。然而，到了 1705 年，行星運動的計算需要進行修正。領議政崔錫鼎監督了在 1708 年所進行的複製利瑪竇世界地圖及湯若望星象圖工程，他將這兩幅耶穌會作品納入當代明朝擁護派的意識框架中。請見 Kim Seulgi, "Sukjong-dae Gwansanggam ui siheonnyeok hakseup: Eulyu'nyeon yeokseo sageon gwa Geu

e daehan Gwansaggam ui daeeung eul jungsim euro," master's thesis, Seoul National University, 2016.

29. 首先是世界地圖（通常稱作〈天下圖〉），接著是在東亞地區的中國地圖、日本地圖或琉球群島地圖，然後是整個韓國的地方地圖，以及最後是以八省及其行政機構及一般排版，總和起所有組成部分的地圖，以及最終是首都地區與首都本身。Richard A. Pegg, "Maps of the World (Cheonhado) in Korean Atlases (Yeojido) of the Late Joseon Period," in Arts of Korea: *Histories, Challenges and Perspectives* (Gainesville: University of Florida Press, 2018), 286–303.

30. 筆者仔細討論了這些「車輪」及「世界」的〈天下圖〉類型：韓國製圖師李燦創造了「車輪」〈天下圖〉一詞；我

31. 依照英文頭韻法，創造了「世界」〈天下圖〉一詞。

    朝鮮王朝知道，英國和法國軍隊在 1860 年代佔領北京，並且在不久之後，中國和日本都被迫接受西方的貿易與外交要求。韓國不再受到孤立，並且到了 1880 年代，西方國家都已經建立起外交關係。

32. 從這本地圖集的原始狀態來看，可推斷這是在福久駐於朝鮮期間進行印刷的。請見 Samuel Hawley, *Inside the Hermit Kingdom: The 1884 Korea Travel Diary of George Clayton Foulk* (Lanham, MD: Lexington Books, 2008). 在大英圖書館（Or15965）及漢堡民族博物館（82.93.1）可見到西方人在 1880 年代所取得其他同樣原始的韓國地圖集。請見 Richard Pegg, "Maps of the World," 288.

第二部分

大西洋世界

第二部分的名稱——大西洋世界——本身就是一個時空概念。這在二戰後時代開始受到追捧，當時在厭倦戰爭的國家中，北約培育了一個更大的大西洋願景。從那時起，學術界的歷史學家便使用這個詞，來重新描述從1492年到1800年間三個世紀，當時歐洲、非洲和美洲被編織成一個更大的單位，儘管這單位是分裂且破碎的；突然間，大西洋周圍的數百萬人開啟了新世界的大門。無論是從東邊，還是西邊面海者，都透過創造、破壞及整合的過程相遇。

由於大西洋周圍的人們試圖弄清楚新舊事物間的關係，在這次後哥倫布時代的相遇中，便出現了全新的時間和空間概念；本節想要介紹，地圖是如何成為這些新時空性的信使。舉個明顯的例子，地圖集能使讀者透過翻閱一系列歷史和當代地圖來即時體驗寬闊的時間畫布。在狹義上的地圖學範圍之外，其他圖像系統，如時間軸的出現，都是以新的方式來表現時間的流逝。

本節以芭芭拉・蒙蒂研究1519年至1521年西班牙征服戰爭後不久所繪製的阿茲特克地圖開始。除了解釋這些地圖本身迷人的時空位置之外，蒙蒂也說明了阿茲特克地圖是如何對西班牙殖民政權所強加的時間和空間觀念上進行隱性的批判。她指出，在十九世紀墨西哥獨立之時，幾百年前的阿茲特克地圖再次出現，為一個年輕的國家提供了一個新「歷史性制度」。

維若妮卡・德拉・朵拉的文章則讓大家跨越大西洋，看見十七及十八世紀的歐洲製圖師，以及他們與帝國主義對傳統時間概念的影響搏鬥。從世界各地湧入歐洲的新發現，打破了自古典時代以來封閉且神授的亞里士多德式宇宙；取而代之的是，由科學革命所建立起一個受基本法則約束的無限宇宙——包括牛頓的時間概念，即線性及普世性。德拉・朵拉展現了製圖師、雕塑家及畫

家如何運用各種奧妙的面紗，以表現時間在揭開與隱藏新知識方面的角色。

　　從米歇爾・傅柯認為語言是概念性地圖的見解出發，丹尼爾・羅森堡的文章探討了近世早期歐洲有關時空創新的極端案例：語言地圖。皇家學會創始人之一的約翰・威爾金斯抱著烏托邦式的希望，期待能以一種簡單、有邏輯的人造語言，取代自然語言混亂的不規則性，而現在探索時代中，這些語言的不規則種類已知有數百種之多。羅森堡高度評價了威爾金斯的介詞圖，其試著巧妙地在關係空間中定位「後」和「前」等詞。

　　這裡的三篇文章——每篇都以各自的方式——提醒我們，時間和空間都是一種社會結構，亦是強大的認知工具，使民族群體能在相互關係、自然和形而上的世界中自我定位。這些文章也有助於解釋，在1492年至1800年期間，這個迷失方向的巨大時代中，時間地圖為什麼變化得如此之快。

4

芭芭拉・蒙蒂
Barbara E. Mundy

阿茲特克帝國的
地圖歷史

地圖及曆法是宛如雅努斯雙面神的單一現象：人類社會的需求會以其看得見的形象來組織其集體存在，並帶入認知的視野，或是空間和時間等其他非物質概念中。諾博特・伊里亞思認為：「在人類得以學習的符號中，並且從社會發展的某個階段開始，其必須學習作為定位的方法，就是時間。」[1]他同時強調，時間是一種社會建構：「某個特定民族所使用的參考框架……在一個連續的變化次序中，建立被群體認同的里程碑，或是把這種次序中某個階段與另一個階段進行比較。」[2]他認為，透過（祖父的，或是人生各式各樣）曆法和時鐘運作的「時間社會規則」是一種基本機制，這種機制使社會得以凝聚、族群活動（例如播種的時間）得以同步，並且透過建構以理解該族群在物我兩忘時間中的生活經驗。

若曆法是一種建構及表達時間的方式，那麼地圖與空間的關係亦如是。愛德華・凱西主張，空間只能被人類視為某種「個人或特定的地方」來體驗。[3]就像其他學者一樣，凱西認為，大家對空間的認知是從展開該空間的社會脈絡所決定；空間若不成「地方」，便無法為大家所認識。[4]根據這些觀點，地圖會沿著所理解及社會約定的座標對空間進行排序，因此成為一種在結構上類比曆法的物品。

社會學家伊里亞思及哲學家凱西，二者都反對笛卡爾式的假設，即時間和空間是種先驗現象（priori phenomena），存在於人類描述和分析它們的嘗試之前和之外；對這兩位思想家來說，空間和時間都是社會建構，使人類在面對彼此及非人類世界時得以定位的強大工具，無論該世界是稱作「自然」、「景觀」或「外太空」。

因此，世界各地都能發現地圖及曆法，也就不足為奇了。兩者都有結構上的相似之處：二者都必要仰賴實際測量，並依靠圖形

抽象概念來表達。西方現代性其中一項特色，便是使每一種形式都朝著越來越精確的測量方向發展，並時常涉及到複雜的技術方法。例如，近世早期的歐洲從羅馬人那裡繼承了儒略曆，其中包括每四年一次的閏日。

1582年，在數學家和天文學家揭開該曆法的不精確性之後，教宗額我略十三世頒布了新曆法，即是每四百年省略三個閏日，使該曆法更加符合地球圍繞太陽旋轉的長度；在同世紀，宇宙學家和製圖師努力修正基本方位的磁向偏差，並研究出長距離測量陸地的三角函數；今天，距離是用雷射而非棍杖所測量。在這項研究的言論上打轉會使我們看不清事實，因為作為圖形表達方式的曆法和地圖，都在追蹤社會所決定的指涉對象。

雖然地球繞著太陽的旋轉不算是種社會建構，但我們用來測量該週期，以作為重要組成原則的選擇，便是一種社會建構；同樣，我們所認知「得以映像」的空間也是社會決策的產物。若我們看一眼傳統的世界地圖，那些堪稱水世界的海洋，看起來就是大片均勻的藍色。儘管現代性追求精確地圖和完美曆法，但地圖和曆法都會有一個由社會所決定的指涉對象，因此其長年來說都不太穩定。正如本書章節所顯示，在世界各地社會中，地圖和曆法經常被結合在一起。

美洲本土的情況也必然是如此。本章所討論的一系列地圖，為十六世紀一個稱作阿茲特克的民族所繪製，他們曾在十四世紀到十五世紀期間於墨西哥中部建立了一座非凡的帝國。這個中美洲帝國，因歷經1519年至1521年西班牙征服戰役而終結。這些圖畫作品都是在該征戰之後所繪製，一方面證明了前述討論的一般情況——都與時間和空間有關；另一方面，則是開啟了一個獨特視角，讓大家了解至少有個美洲原住民族群，是如何選擇圖形來構建時間和空間，藉此呈現其各自的社會構建性質。

這些地圖是在有限的時間內所繪製，因此也帶有獨特歷史背景的特色與壓力。在製作這些地圖時，西班牙征服者正在掠奪有價值的土地，而天主教傳教士也在強行傳入新的宗教曆法；因此，阿茲特克人在空間和時間方面的社會構建，便在殖民制度下被徹底改變。在保存早期另一種對空間和時間的看法方面，十六世紀的本土製圖師以隱晦方式批判了其周圍時間和空間的變化方式。事實證明，其批判以他們從未預料到的方式產生影響：1850年代，墨西哥脫離西班牙殖民的獨立戰爭之後，墨西哥知識分子從古文獻收藏中重新解讀了原住民地圖。他們運用這些地圖及阿茲特克藝術品，為其新國家建立了

一套「歷史性制度」，也就是闡述了墨西哥新打造的過去、現在與未來，並因此證實與認同其存在及曾計劃過的軌跡。[5]

創世故事與時間、空間之間的聯繫

現存的阿茲特克文獻資料大多記錄於十六世紀，並很少聚焦在時間和空間的深刻起源上，其重點反而放在人類得以存在並繁殖的時空種類上。一本重要的阿茲特克起源歷史，其法文譯本稱作《墨西哥史》，則建立了以下內容。[6]歷經四次世界創造與毀滅的連續週期，每個世界都有自己的太陽，每個世界都不適合人類生存，兩位男性創世神祇，特斯卡特利波卡和伊厄科特爾便決定創造一個新世界。[7]他們先確立一位「女神」，命名為特拉爾特庫特利或「大地之主」，並把祂們自己變成蛇，把她的身體撕成兩半。[8]被肢解的女神，一半形成大地，一半形成天空；其他神祇看到特拉爾特庫特利所承受的暴力，感到哀痛不已，想為大地女神所遭受的傷害進行報復。於是，他們改變了特拉爾特庫特利身體的空間——形成了洞穴的孔洞及隆起的山丘——再加入人類生存所需的植物、樹木與水。如此一來，就出現了人類得以居住的空間。

阿茲特克的宇宙觀把空間與時間的產生放進事件發生的同一順序裡，並在此過程中，挖掘該族群在理解某些事件上的看法：空間是得以居住的空間，而時間是運行活動。《墨西哥史》持續敘述道，即使在創造了居住空間之後，地球依舊靜止、處於黑暗之中，因為沒有任何實體能提供光與熱，來照亮日子並創造時間。[9]因此，所有的神祇都齊聚一堂，提供其財富來創造太陽；其中一位神祇，即貧窮、滿臉面皰的納納瓦特辛，因為沒有什麼大禮可以貢獻，所以用自我犧牲的方式跳進了火堆。他燃燒的身體熊熊升起，成為太陽，但還是缺少一個元素：運行。[10]太陽在天上靜止不動，炙烤著大地，造成更多禍害。只有透過神祇再進一步獻祭，風——一種無形的動力——才能推動太陽開始運行。

正如這段短暫切入宇宙論的敘述所顯示，在墨西哥中部原住民的理解中，空間與時間的產生是相連的，在世界其他地方及時代也是如此（就如同在其他以神為中心的宇宙論中，神的起源都被視為是既定的）。若具體闡述該區域，便是強調得以居住的空間，並把運行與變化理解成時間，以及其彼此之間的基本連結：唯有先產生適合人類居住的空間，運行與變化——也就是時間——才會啟動。[11]

美洲還有另一項特色，便是認為人類活動的正確方向便是要反映神祇的活動，因此像《墨西哥史》這樣的歷史不僅是一種對起源的解釋，也是一種實際運作的指引。若神祇為了創造太陽而犧牲自我，那麼人類也必須有所犧牲[12]；特斯卡特利波卡和伊厄科特爾對大地女神身體的暴力帶來了世界的誕生，所以人類也是可以透過暴力來達成具創造性的目的。

簡單來說，像《墨西哥史》這樣的宇宙觀，記錄了神祇創造世界的行為。地圖學及曆法都與這些神祇的行為有關，其中也記錄了人類部分的類似創造行為。地圖顯示了來自這兩個形成時刻的特徵安排，除了強調作為大地神祇身體部分的洞穴及山丘，也包括了人類所創造的命名地點。曆法顯示了對日與年的計算方式，把時間之流劃分成階段次序，就諾伯特·伊里亞思看來，這就是時間。

《墨西哥史》透過某種曆法來重申時間與空間在本體上的同一性，也就是這本書裡唯一的圖形成像（圖4.1）。類似的圖形表現方式，就如大約1585年〈托瓦爾日曆〉（圖4.2），出現在墨西哥中部某些十六世紀的手稿裡，因此《墨西哥史》中所呈現時間與空間相連圖形的表現方式，也就不算什麼創新

之舉，只是一種頗具深厚歷史的慣例。[13]

圖4.2呈現了具有五十二年的曆法。每個太陽年都會被命名——兔子、蘆葦、燧石刀或房屋——這些名號以傳統字符表示，兔子在藍色部分、蘆葦在綠色部分、燧石刀在紅色部分，而房屋在黃色部分。年分序數從位於中心的太陽開始（空間與時間的起點），出現了第一年，1蘆葦（這個序數以一個白色圓點代表）；以逆時針方向移動到紅色區塊上，即是第二年，2燧石刀，之後到黃色區塊上便是第三年，即3房屋。接下來的年分都已固定，而每一年的序數都在變化，繼續下去便是4兔子、5蘆葦、6燧石刀……以此類推。

直到13蘆葦，序數會恢復成1，並輪到燧石刀，把這一年命名為1燧石刀，以此創造一個新的數字－名字的組合次序。這個順序重複四次後，序數1就會在五十二年後再次回到蘆葦（即十三個序數乘於四種年號），並且重新開始循環一次。（另一種曆法，即260天的祭祀曆法，沒有明確納入在該圖中，其很有可能來自於人類妊娠期的時間長度，即從錯過的經期到出生的時間。）[14]

《墨西哥史》則提供了一個類似的年分週期圖，但基本上簡化成只顯示四種年號，每種年號都設置在一個十字末端，也是按照托瓦爾日曆的順時針順序所排列。這張圖值

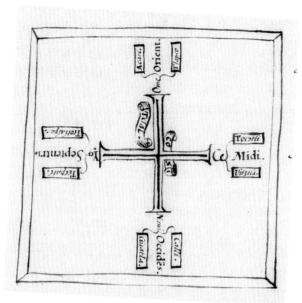

圖4.1 年數計算,《墨西哥史》,十六世紀。墨水、歐洲紙張,29 x 20.2公分。《安德雷‧特維關於西印度群島及墨西哥的敘述》。索書號:Français 19031, fol. 82v, detail。公眾領域藝術品,照片由法國國家圖書館提供。

圖4.2 作者不詳,五十二年曆法,〈托瓦爾日曆〉,約1585年。顏料、歐洲紙張,21 x 15.2公分。胡安‧德‧托瓦爾,《印第安人從西部偏遠地區來到墨西哥定居的歷史》。索書號:Codex Ind 2, fol. 142r。公眾領域藝術品,照片由約翰‧卡特‧布朗圖書館提供。

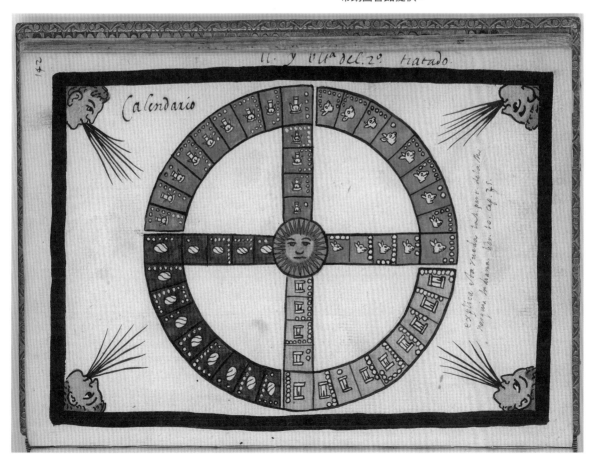

得注意之處，在於這四種年號每一種都與一個基本方向相關。從右邊中間開始，逆時針方向移動，以納瓦特爾語（阿茲特克人的語言）以及法語寫道：1兔子／南；2蘆葦／東；3燧石刀／北；4房屋／西。[15]

這些年號與方向有關：兔子年與南方（納瓦特爾語為「Huitztlan」），蘆葦年與東方「Tlapco[pa]」，燧石刀年與北方「Teotlalpan」，房屋年與西方「Cihuatlan」。納瓦特爾語的字源顯示，至少有三個「方向」實際上被視為是「地方」：「Huitztlan」的大意為「在荊棘旁邊」；「Cihuatlan」代表「在女人旁邊」，之所以會這樣說，是因為大家相信死於分娩的女性會安息在日落西方處；而「Teotlalpan」則是「在神聖土地上」。

五十二年太陽曆的簡易性幾乎無法顯示其廣泛傳播及深刻的起源，不過考古學家及民族歷史學家倒是已經確定，五十二年太陽曆與這些方向的關聯，並在整個中美洲都有相關發現。這個文化區域範圍大致相當於墨西哥中部和瓜地馬拉，並包含北美大陸上偉大的城市文化，其最早的城市則是在西元前1000年所建立。該曆法也相當古老，是在西元前1000年的石碑上發現的。

空間和時間在概念上的統一性，代表在更大的中美洲傳統中，地圖學往往與曆法相互連結，為時間的運行建立一個參考框架；但更常見的是，其與歷史敘事相連，並依此透過人類活動量表來顯示時間的運行。[16]在接下來的例子中，我將探討地圖與歷史敘事之間的關聯，以強調時間與空間的概念性結合。有人說，時間即是運行，因此出現在地圖表面的歷史事件會透過移動的符號（如路徑及腳印），來表達其歷時性本質。正如《墨西哥史》的創世歷史所表示，當製圖師在手稿頁面上記錄地點及時間時，他們就是在反映神祇造物之際的行動，並且與神祇一同參與了世界的創造過程，尤其墨西哥中部有兩種地圖，顯示了世界形成過程的兩大面向：移民地圖及征服地圖。

透過遷徙來創造世界

中美洲大多數族群都認為自己或其統治者具有特殊的起源。我們所知道的阿茲特克一族，便建立了特諾奇蒂特蘭（位於今天墨西哥市下方的城市），他們認為自己起源自距離特諾奇蒂特蘭很遠、一座叫阿茲特蘭的島嶼，也就是其名字的由來。雖然像阿茲特克這樣的種族群體可能起源於其他地方，但其發源地卻應視為是種命中註定。儘管其發源地距離現在的定居處很遠，地圖學其中一項功能便是記錄兩者之間的關聯，以顯示某

個族群如何穿越空間和時間，到達註定要成為家園的地方。對整個中美洲而言，這種轉變是非常重要的，有些地圖顯示早期族群首領穿著粗製獸皮，而他們定居下來的後代，則採用纖維編織的「文明」服飾。定居代表著建立一座城邦（altepetl，即納瓦特爾語所翻譯之「水嶺」），不過其含義卻更為廣泛，是指自主統治的領土及人民。在征服時期，墨西哥中部的大城邦由大城市組成，這些城市都有多達五萬至十萬名居民。

所謂的〈錫古恩薩地圖〉，是以一位早期貴族的名字所命名，其記錄了阿茲特克人從阿茲特蘭遷出的過程（圖4.3）[17]：在一張阿瑪特紙（原住民造紙）上，描繪了從彼處到此地歷時長達150年的旅程。[18]敘事主要是依照移動在「彼處」與「此地」之間的足跡路徑，「彼處」是阿茲特蘭，其地名在右上角佔有主要位置，而「此地」是墨西哥河谷，佔據了左下角的位置。

在圖4.4中，阿茲特蘭為一個方形湖泊，由藍色波浪線所填滿，代表水流。在這個湖中央，有座藍色山丘拔地而起，彼處長出一棵五葉樹，其針狀葉子（並非樹幹結構）則讓人聯想到當地的柏樹。在樹頂上，有隻揚展翅膀的老鷹，牠的喙前有一團團鉤子圖形，代表牠正在說話；站在一旁聆聽的是十位當地長者，即阿茲特克族的首領。

在當時，繪圖敘事會由口頭敘述來補充；在我們的時代，則會靠征服之後所寫下的文字內容來指引我們的理解方向（而我們太過依賴文本的隱憂也會使其大作文章）。這些文字講述了部落神祇維齊洛波奇特利，以鳥的形象號召了阿茲特克族首領離開阿茲特蘭，建立一個新的定居地點。此次旅程帶著阿茲特克族穿越不同的地區（可能是墨西哥山谷以北的地區）後，以不受歡迎的新外來者身份來到了人口眾多的谷地。[19]他們的歷史由兩種緊臨的圖像來講述：藍色圓點旁是具有象形文字的地名，象徵著太陽年，以顯示在此地及彼處所度過的時間，以及一個著名事件的圖示；歷史順序會以腳印表示，顯示主要活動者在時間與空間中的移動。

例如，圖4.5便顯示了查普爾特佩克這個地方，在納瓦特爾語中意思為「蚱蜢之山」，在此翻譯為一座隆起的小山，有隻蚱蜢棲息在上方。三條道路都標有腳印，往山上匯集，以顯示所活動的路徑，而非風景中會有的固定路徑；左邊四個藍色圓點代表阿茲特克族在查普爾特佩克度過了四年的時間。他們很快就被控制著山谷大部分區域的特帕內克族趕走了，而在與特帕內克族的戰鬥中，阿茲特克戰士慘遭殺害。在地圖上，這部分

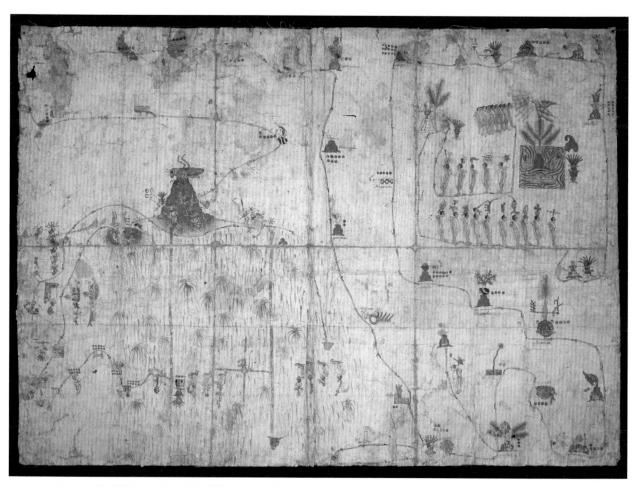

圖4.3 作者不詳，〈錫古恩薩地圖〉，十六世紀末至十七世紀初。顏料·阿瑪特紙，54.5 x 77.5公分。國家人類學圖書館，墨西哥，35-14。公眾領域藝術品，墨西哥國家人類學研究所授權複製。

的敘事被壓縮成一個瞬間：有兩名戰士（在此能以其獨特的髮型來分辨）躺在山腳下，脖子、手腕、膝蓋及腳踝都在流血；他們閉目死去。而正是這條腳印之路推動了敘事的發展。

旅程終點便是在圖4.6中阿茲特克族所發現、即將成為其首都的特諾奇蒂特蘭。在此有七位長者聚集在藍色十字架周圍，代表著水路的匯集；在中心，則長著一株胭脂樹仙人掌。

他們敘述自己結束了離開阿茲特蘭的漫長遷徙，是受到神祇維齊洛波奇特利的指示及要求。牠告訴長者們，牠會給他們一個預兆，以表示新定居點的正確位置，並結束其流浪之旅；在多數版本中，這個預兆是以老鷹的形式出現。這隻老鷹──老鷹是與太

圖 **4.4**　為圖4.3細部。

圖**4.6**　為圖4.3細部，為清晰起見而倒置。

圖**4.5**　為圖4.3細部。

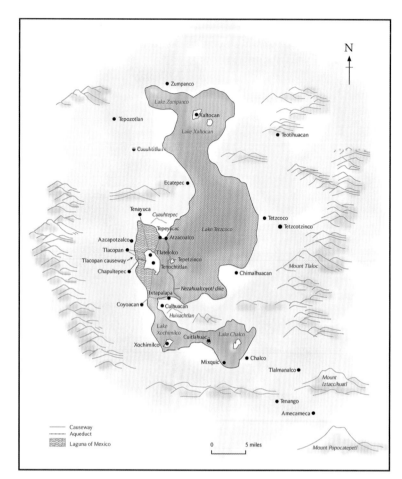

圖4.7 〈墨西哥山谷地圖〉，奧嘉·貝內加斯繪製，經許可授權。

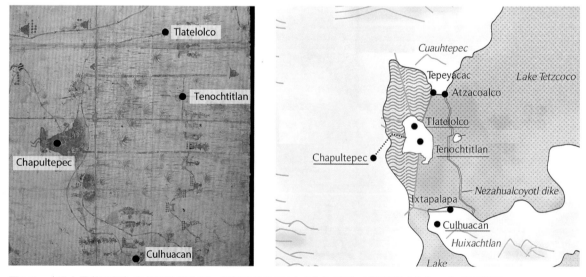

圖4.8 〈錫古恩薩地圖〉之相關位置比較，旋轉向北的圖4.3（左）與圖4.7的細部（右）。作者示意圖。

陽有關的鳥類，因此與太陽神維齊洛波奇特利相關——降落在一株仙人掌上，而這株仙人掌生長在兩條交叉的河流附近，這便是特諾奇蒂特蘭的所在地，也就是今天的墨西哥市。在圖4.6這個版本中，老鷹並沒有出現，但仙人掌、交叉河流，以及作為見證人的長者卻出現了。

雖然從阿茲特蘭出發所跨越的地理和時間範圍從未被充分理解，但阿茲特克族在十三世紀及十四世紀旅經山谷的過程卻更為人所知（圖4.7）。

手稿左下方是阿茲特克族進入墨西哥山谷的地方，以大致的地圖關係呈現，並沿著西方作為定位；圖4.8中的當代地圖所強調的特諾奇蒂特蘭、特拉特洛爾科、查普爾特佩克和庫爾瓦坎，這些都是敘述中的關鍵地點。雖然沒有顯示準確的比例尺，但地名的所在方位卻很謹慎，而地圖上這個區塊所顯示的蘆葦及運河，則表現了山谷獨特生態環境的大致情況。

這樣一張地圖的功能到底是什麼？雖然很難重建過去觀看或敘事的方式，但實物及文字證據倒是充滿暗示。〈錫古恩薩地圖〉不是特別大，但其他同種類型的地圖歷史物品，實際倒是相當龐大。在瓦哈卡的米斯特克語區，地圖都畫在大片布塊上，而現存物品邊角的磨損也顯示，這些地圖經常會掛在角落；其大小及磨損都表示其採取公開觀看的方式，上面不同的腳印路徑則連接著不同的敘事線索，而曆法日期標示在布片上，透露著每個敘事之間的時間間距與關係。[20]

自九世紀以來，具該領域專業的民族學家發現，關於起源的知識——例如十六世紀《墨西哥史》等文本中所記載的知識——在中美洲流傳恆久，並時常為原住民專員所熟知[21]；這種恆久性表示，民族起源故事經常被分享並世代相傳。共同的過去是構成今日群體的一項特色，因此這些敘事性地圖——就像世界上其他長時間的歷史傳統一樣——很可能具有指引及重申特定民族共同過去的功能，並為佔領特定地域提供明確的理由，同時還強調了空間和時間的統一性。公共文件似乎都是為了公開展示及討論而存在，所以必須要不斷更新和複製，因此它們為城邦居民提供相關的族群歷史，以及在某個特定地方起源的權利。

透過征服來創造世界

如果說移民史為某個民族提供了佔有某地的理由，那麼歷史地圖學另一項次要主題，便是有關一個國家的歷史。中美洲的政權大多是擴張主義者，為了支配其他政權並

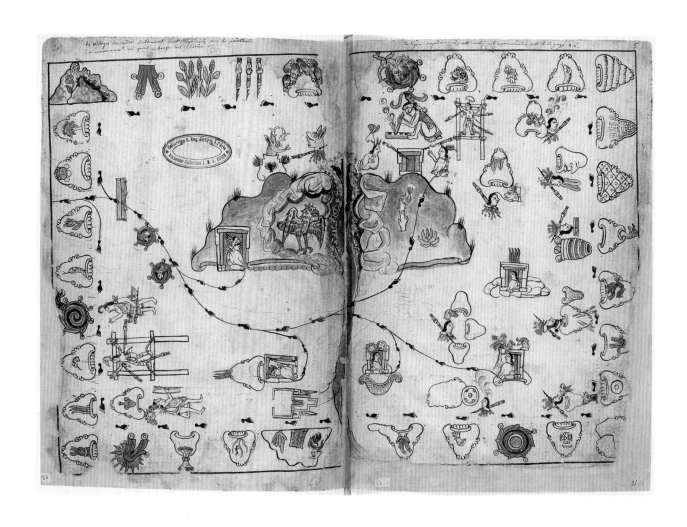

取得更多的資源，他們幾乎一直處於戰爭狀態。因此，地圖史其中一項發展分支，便是顯示某政權如何隨著時間而成長，並記載成功的征服活動。這些圖像都會使用相同的視覺語言作為該族群歷史。

其中一例，即是《托爾特克－奇奇梅克歷史》書中的一頁，這本書撰寫於1560年代，從洞穴起源開始，闡述了一個國家的歷史[22]。該書透過幾頁用納瓦特爾語書寫的文字內容與附隨圖像，包括七張大型地圖，來敘述奇奇梅克－諾諾華卡在兩位首領的帶領下開始四處出征，並隨後為建立領土而進行邊界劃分。

在第32葉左頁至33葉右頁所示地圖中（圖4.9），該區域佔滿了整個頁面，四周都是景觀特色的名稱符號；有很多都採用拱形的山丘符號，形成了沿著頁面邊緣排列的扇貝形邊界圖標。然而，每個地方都有其獨特的象形地名作為區分，有些具命名的地方是早就存在的定居點；這些地方通常都會有座

宮殿，以一棟白色建築物繪成，具有黃色門柱及門楣，得以正面或側面視之；每座宮殿裡都坐著統治者，以示佔領。一串腳印從頁面左側邊界的中間開始，向大家展示兩條主要的敘事路徑：第一條——即單一腳印的路線——沿著頁面邊緣移動，以呈現行走於邊界的儀式，或是對領土的審視；第二條則是以腳印所組成，從左邊開始，接著分成五個分支，就像樹枝分岔一樣，以表示五個城邦開拓者不同的軌跡。每位首領都能經由中央區域追蹤至其最終負責的城邦分區，而事件通常會以宮殿建物所佔位置為標示。

頁面中央以兩個相鄰的山丘圖形為主，其左邊包含一隻鷹（納瓦特爾語為高帝利），以創造地名高帝茲安（Cuauhtinchan），大致可翻譯為「老鷹之家」。

在左下方，有兩個高帝茲安首領手持弓箭，並用箭矢完成一次被征服統治者的獻祭；在右上方也能看到另一個類似的獻祭。同時還有其他的政治殺戮，地圖右側十個遭斬首的政權首領便是證明，他們每個人都與一個具命名地方有關。基於這些對原有定居點的出征，涉及（並導致）許多人的死亡，開拓者就有權宣稱高帝茲安的城邦是屬於他們的。

值得注意的是，這裡沒有顯示任何日期。右頁中央的山丘圖形上方，那個坐著的人便能解釋缺少曆法標記的問題；他手裡拿著一根短棍，即鑽火棒，正忙著將之鑽進一塊木板，以便產生火焰。這個鑽火的動作形成了一種新曆法——這是佔領後的第一個行動，也是創建基礎。隨著成功鑽出火來以建立起一塊佔有領土，城邦就可以開始存在於空間和時間中。

被處決的首領脖子流著血，或是被箭射死以供獻祭，這種生動的呈現方式，其意義相當重要。出征領地的描述，就如同獻祭是為了使首領的行為，能符合更早之前、最基本的獻祭，即創世神祇特斯卡特利波卡和伊厄科特爾為了創造大地所進行的犧牲。因此，製圖史便根據既定的創世樣板來描述人類事件（即對某塊特定領土的佔領），如此一來，這也變成了一種未來戰爭及領土擴張的指南。

地圖學中的征服史是由遷徙史發展而來的嗎？這兩種相關議題各自的起源又是什麼？基於現存的手稿記錄不全，因此這些問題很難有答案。不過，在中美洲同樣擁有悠久歷史的公共紀念碑，如廣場上的石板雕刻，展現著國王高高在上的勝利姿態或是踩在受辱俘虜身上的圖樣。這種在比紙張或布匹更耐用的材質上出現的類似圖標，以表示

大家在歷史地圖上所看到的征服敘事，是中美洲不同國家在幾世紀間所留下的過往佔領圖像，也是具有時間深度及空間寬度的適用現象。

當地圖被刻在石碑上並在旁邊加上曆法日期之際，便也將一段特定的征服歷史，固定於一個特定的地點；相較之下，要是畫在布匹或紙張等材料上的話，就能用來廣泛傳播領土征服的歷史，或許還能把相關訊息滲透到被征服的政權中，或更重要的，在各族群相互爭奪優勢的過程中，成為未來行動的樣板。

《門多薩手抄本》是一部混合的地圖學歷史

雖然〈錫古恩薩地圖〉和《托爾特克－奇奇梅克歷史》代表，遷徙史及征服史都是製圖史中的獨立變體，但另一份重要的手稿《門多薩手抄本》*，則以這兩種類型的混合體之姿出現。

透過該地圖，大家就能看到製圖師及手稿繪製者對傳統圖像語言的創新改編，以展現其對地圖原型或類別進行試驗的意願。[23]

該書的名字以新西班牙（1535-1550年）總督安東尼奧.德門多薩為命名，而且幾乎可以確定，這是為了某位西班牙贊助人所創作，或是當作送給某位西班牙人的禮物，只不過到底是給門多薩，還是給其他人，我們並不得而知。該文本內容為西班牙語，而整個手稿中的象形文字，則直接來自於被西班牙佔領前的阿茲特克文學家所使用的文字。

《門多薩手抄本》第2葉右頁的功能便是作為整個手稿內容的封面，同時也匯集了前述兩種製圖類型（遷徙及征服），並且還附上曆法。這幅手稿由某位个知名的本土藝術家繪製在歐洲紙張上，該標準大小的紙張以一個具有五十一年的曆法為框，每一年都標示在綠松石色的方格中。計數從左上角開始，按逆時針方向運行，就像《墨西哥史》中所記載的曆法；但與該曆法不同的是，該曆法從1兔子，或〈托瓦爾日曆〉從1蘆葦開始記年，而門多薩的年分從2房屋開始（即1325年），隨後是3兔子、4蘆葦、5燧石刀，以此類推，直到該頁頂部的13蘆葦，即年數為五十一年。這個曆法的長度與特諾奇（頁面中央的長者之一）的五十年統治期間相吻

✱《門多薩手抄本》（Codex of Mendoza），牛津大學博德利圖書館索書號：Ms. Arch. Selden A1。網址請見：https://digital.bodleian.ox.ac.uk/objects/2fea788e-2aa2-4f08-b6d9-648c00486220/

合，這既是為了使他的壽命與太陽的運行同步，也是為了將特諾克蒂特蘭的歷史置於曆法時間的計算之中。

在這個曆法框內，設有一塊地圖繪製空間：以中央畫有 X 型交叉色帶的藍色矩形，其所呈現範圍為特諾奇蒂特蘭。就如圖4.9所示，特諾奇蒂特蘭是座島嶼城市，《門多薩手抄本》的藍色色帶具有波浪邊緣，這是一種象徵水的特色，就像其顏色，讓大家能把這個長方形解讀成一種呈現周圍湖泊的高度抽象形式；對角線則代表交叉的溪流，〈錫古恩薩地圖〉（圖4.8）中能看到同樣的交叉河流，也代表特諾奇蒂特蘭。在由湖泊方框所界定的範圍內，散布著代表蘆葦的小型綠色植物，這是一種典型的濕地植物，與〈錫古恩薩地圖〉中的植物相似。在上方區塊，有個茅草小屋出現在海拔高度；在右邊區塊裡，則有個帶著針狀頭骨的架子代表特松潘特利，即頭骨架，是代表舉行儀式的空間很重要的特徵。

在對角線所分隔的區塊中，出現了十位原住民首領，每個人都坐在蘆葦編織的小椅上，頭上都有個象形文字表示其名字。其中三個區塊有兩位首領；左邊區塊則有四位。根據字母表及其象形文字名稱，其中一位被認為是「Tenuch/Tenoch」，後者加上一個紅

棕橢圓形，即「tetl」或稱「石頭」的符號，以及一個胭脂樹仙人掌的圖標，納瓦特爾語稱作「nochtli」。兩者結合在一起，即是特諾奇（te-noch）。

雖然五十一年曆法呈現了一段悠長的時間，在城市的空間內卻傳達出單一歷史時刻，以方形湖泊作為界定，十位首領聚集在此。他們全都向內看，彷彿在見證對角線交叉處所發生的事件。這個版本比在〈錫古恩薩地圖〉中所表現得更為仔細，甚至還包括老鷹，即維齊洛波奇特利的化身，並將其曆法年定為2房屋（1325年）。〈錫古恩薩地圖〉嚴謹遵守製圖史的既定類別慣例，敘述了阿茲特克族進入墨西哥山谷的整個移民過程，而《門多薩手抄本》只以單頁介紹了該漫長旅程的終點。

若說這頁的上半部記錄了一個歷史時刻——即遷徙即將結束的時刻，那麼在該頁下半部便是個更長遠的敘事，這裡展示了特諾奇蒂特蘭的城邦對其他城邦所進行的兩次重大佔領。該敘事以壓縮的形式呈現：兩名代表特諾奇蒂特蘭的戰士各自俘虜一名敵人，左邊的戰士揮舞著擲矛器，兩人都有獨特的戰士髮髻；他們的俘虜個頭較小，膝蓋彎曲，似乎無法自主站立。每個勝利的戰士都面向一座燃燒的神廟，神廟後方是被佔領

城邦的象形文字名字。

　　儘管這兩個城邦最終還是被佔領了，歷史資料卻沒有顯示該二者為新建立的特諾奇蒂特蘭的首批被征服者；相反，製圖師卻選擇把這兩個地方——庫爾瓦坎及特納尤卡——放在頁面上，似乎是遵循另一種邏輯。這兩個地方都曾經控制著龐大的朝貢體制：庫爾瓦坎，位於特諾奇蒂特蘭南部，是一個古老的城邦，其統治者是墨西哥山谷一個重要的早期帝國，即托爾特克的後裔；特納尤卡則是奇奇梅克族的早期首都，也是他們曾經擴張其帝國的所在地。意識到特諾奇蒂特蘭在歷史上的地位，《門多薩手抄本》的藝術家們最後似乎還是選擇了這兩個被佔領的地方，以便將他們的城邦定位成具有悠久與輝煌歷史軌跡的國家征服者與繼承者。

　　在其將近兩百年的歷史進程中，特諾奇蒂特蘭將繼續征服許多其他國家，其所征服的長串清單，都化為具有象形文字名字的燃燒神廟，一直填滿至第16葉左頁。因此，在第2葉右頁上看到的這兩個地方，便具有一種壓縮歷史的作用，即是歷史從此展開的重點總結。

敘述方式

　　在此值得停頓一下，看看前幾頁所介紹的作品究竟如何敘述，以及表現空間的方式。思想的呈現，無論是以圖像的方式，還是以語義有限的象形文字符號，都遵循著高度標準化的格式：身體的描繪以框線定義該身體各個部分，並均勻上色，或用統一的顏色來填滿空間，有時也用相同顏色的不同色調來交疊出帶狀區塊；頭部與身體的比例雖能改變，但在同一份手稿中通常都是一致的；人的姿態以側面示之，並表現出相當有限的手勢及姿勢。正如許多學者所指出的，這種圖像繪本的主要目的是清楚呈現事件（伊莉莎白·布恩將其類比為「有關事實」），而不太重視於傳達演員的情感，甚至是他們的動機。[24]

　　在很多方面，這種圖像繪本可說是地圖學的最佳載具。地名雖是以象形文字作為標示，但其某些符號部分則是參照自然事物來表現，如「山丘」（tepetl）的字符是一個倒U形狀，自底部凸起，而且經常被塗成綠色。許多地名包括「tepe」這個詞根，因此會使用「山丘」字符；在其他時候，在地名中加入「山丘」字符是為了表示「城邦」之意，而不具任何語義內容。由於手稿不需要呈現文字內容，也不需要按照閱讀邏輯排列，因此藝術家們可以自由地在頁面上排列字符，以反映空間中的地方位置。因此，無

論是布、紙，還是鹿皮等素材的表面，都能用來代表土地表面。

由於〈錫古恩薩地圖〉所表現的是特諾奇蒂特蘭周圍的沼澤地貌（圖4.6），幾乎能確定其創作者曾見過歐洲的地貌，並且是根據這些地貌進行改編，因為在前西班牙時期的手稿中很少會看見缺乏語義或象徵性內容的景觀元素。[25]阿茲特克族的地圖很明顯會傾向從名稱中，而非透過缺少象徵意義的自然特徵來創造景觀，但這與代表「大地之主」特拉爾特庫特利身體特徵的山洞和山丘不同。為了在頁面上呈現出某個地方，這個地方必須要先賦予名字才能被稱之為為創造或表現，但這名字從何而來？雖然中美洲人在建立城邦敘述方面，曾明確表示為行走於邊界上，並且往四個方向射箭來定義一個公共空間，但他們並沒有說明城邦建立者對名字的發明；名字似乎在建立之前就已經存在，或者透過建立而產生。

想想我們在《門多薩手抄本》第2葉右頁上所看到的場景：「特諾奇蒂特蘭」（Tenochtitlan）這個名字來自岩石（tetl）、胭脂樹仙人掌（nochtli）、連接詞「ti」及「旁邊」（tlan）；岩石及胭脂樹仙人掌或許是指景觀特色，但它們更是維齊洛波奇特利向流浪的阿茲特克族所展現的預兆，即此地正是定居處。因此，名字不是人類選擇的結果，反而是一種基於神祇塑造世界的紀念。

儘管「山丘」字符經常是組成地名的一部分，但對其圖標的深入研究顯示，象形文字既可以作為符號而具有語言功能（代表語素「tepe」），也可以承載更為豐富的象徵意義。在某些情況下，它們會連結至我們從《墨西哥史》等手稿中所知，有關世界形成的基本活動。例如，在1573年由原住民藝術家所繪製的維拉克魯茲州米桑特拉區域地圖上（圖4.10），城鎮左下方及右上方的兩座山丘上，即顯示了熟悉的「山丘」字符，而近看可見該字符稍微被頁面邊緣裁去。

不過，製圖師選擇用特殊的菱格點狀圖案來呈現山丘外表，這在其他地圖上也看得到：在阿茲特克族的石雕作品中，這種圖案是用來描繪特拉爾特庫特利的皮膚，也就是在《墨西哥史》中，其肉身被撕裂以產生大地的女神；因此，製圖師也就此回顧了大地神聖起源的特色。

另外兩個象形文字則用來顯示更多有關「山丘」字符的含義，以及其所代表的山丘。前述《門多薩手抄本》中的特諾奇蒂特蘭地圖，更納入了被阿茲特克族征服的政權名稱，並以象形文字表達；手稿上的文字註解也幾乎是在繪製後立即加上去的，這對了

圖4.10 作者不詳，〈維拉克魯茲州，米桑特拉區，佐力帕地貌地圖〉，1573年。索書號：Tierras 2672, 2nd part, exp. 18, fol. 13。墨西哥國家檔案館，地圖、平面圖及插圖收藏，第1535號。

圖4.11 作者不詳，名為「希科」的地方，參考《門多薩手抄本》第20葉左頁，細部，約1542年。作者繪圖。

解象形文字的組成方式有很大的幫助。地名「希科」是來自納瓦特爾語的「肚臍」（xict-li）及表示位置的「地方」（-co）；《門多薩手抄本》第20葉左頁上的象形文字便顯示了一個肚臍，並連著繩索狀的臍帶（圖4.11）。值得注意的是，代表肚臍的黃色圓形被紅色圓環所圍繞，接著被包在帶有樹葉形狀、代表「岩石」符號的綠色圓環中，藝術家也透過其顏色和形狀，表達了大家所見「城邦」字符的底部。因為只有哺乳動物才有臍帶，所以這個圖標便說明了特拉爾特庫特利是一種哺乳動物，而「山丘」及其字符代表，都曾經是哺乳動物身體的一部分。

因此，即使是一個象形文字也具有世界起源的敘事，無論是來自時間起源的宇宙學，還是透過所知人類行為建立族群的標記及曆法，都能讓我們看見阿茲特克族地圖以不同方式產出不同規模的歷史敘事。在艾佛雷多‧羅培茲‧奧斯汀的理論中，中美洲人所具有的整體及整合世界觀，他稱之為「宇宙觀」，都有助於我們了解這些神祇及人類如何相輔相成，尤其是在《托爾特克－奇奇梅克歷史》中，為了創立高帝茲安領土所必經的鮮血及暴力，正是回應宇宙暴力的相對行動。

艾佛雷多‧羅培茲‧奧斯汀認為：「宇宙觀的基礎，不僅僅是某種猜測的結果，也可能來自於實際情況及日常關係；其產自於對世界的確切看法，並受制於指示人類行動與社會關係及自然關係的傳統。」[26]因此，存在於阿茲特克或中美洲地圖的敘事，最好從更大宇宙去理解人類的整合觀點，而該宇宙本身應視作「運行」，亦是把空間和時間結合成一個單一的本體集合的決定性特色。

有關這項我們已知的傳統，其大多數例子都來自於十六世紀，其中有很多是在西班牙征服後所繪製。例如，在圖4.10的佐力帕地圖中，（在深色水漬內的）底部城鎮中有一座小禮拜室或小教堂，這便是透過茅草屋頂上所出現的小十字架來辨別。這是一幅土地贈與地圖，由一名西班牙請願者所委託繪製，該請願者希望能得到王室所贈予的土地，這是一種從十六世紀開始並延續至今的現象，即土地脫離原住民控制且開始大規模移轉的現象。而到了十七世紀，這很可能就是效仿了早期的〈錫古恩薩地圖〉，其所描繪的土地正被西班牙人牢牢控制著（圖4.3）。儘管如此，本土製圖師及其贊助人仍然認為有必要繪製並複製地圖，以提供關鍵的歷史敘事來證明擁有土地的正當性；這樣一來，他們才能在殖民政權所帶來的劇烈動盪時期，重申有關空間和時間本質的獨特世界觀。

後世

〈錫古恩薩地圖〉是十八及十九世紀中，最常被複製的阿茲特克地圖之一。此外，就像許多隨著時間經過而倖存下來的遺物一般，其解讀往往是為了滿足當下的需求。從它最近的歷史，大家不僅能看到阿茲特克族是如何被納入不同的歷史學框架，同時更重要的是，還有像國家這樣新空間的出現會如何要求進行新的時間計算。1780年，耶穌會傳教士弗朗西斯科·哈維爾·克拉維赫羅採用了十六世紀所建立的歷史說詞，聲稱〈錫古恩薩地圖〉顯示了洪水過後的創世神話，從而證明了墨西哥古代歷史及《創世紀》所敘述歷史之間的殊途同歸。[27]

但是，到了十九世紀中期，該地圖的石板版畫出現在1858年第一本墨西哥國家地圖集中，以用來建立一個不同的年代表──一個關於國家起源的年代表；安東尼奧·加西亞·庫巴斯的《墨西哥共和國地理、統計及歷史地圖集》則因出現在墨西哥歷史上一個重要時刻而引人注目[28]。墨西哥在1821年成功擺脫西班牙統治的戰爭結束之後不久就受到重挫打擊，即1846年至1848年的美墨戰爭及1854年「蓋茲登購地」，導致墨西哥失去或出售一半以上的土地給美國。

在國家領土被戲劇性壟斷後四年，該本《地圖集》就以一張重組領土的國家地圖作為起始篇章：地圖旁邊寫著以文字及圖表排列的國家重要統計數據，即居民數量與種族組成；新的北部邊境可以看到一條橫跨地圖頂部的鮮豔紅線，為「1848年2月2日《拉梅西－瓜達盧佩條約》簽署之後所確立的美墨邊界」。該地圖集無疑是向國內外大眾鼓吹宣傳的墨西哥國家之作，因此它特別注意墨西哥良好的經濟生產力，第一頁的表格便記錄了滿足出口市場的產品數量，如貴重金屬、糖及胭脂紅染料。加西亞·古巴斯的目標，就是解決墨西哥在相關統計及地理資訊方面相對缺乏的問題，而1858年的出版物是他漫長職業生涯中，其五本重要地圖集中的第一本，這其中還包括以西班牙語、法語和英語出版的地理與統計資訊，以及為小學教師編寫的第一本地理論文。[29]

國家地圖集的最末，收錄了〈錫古恩薩地圖〉的彩色石板版畫，其具有與之前現代地圖類似的格式（圖4.12）：地圖圖像佔據整個頁面的中心位置，並以排版的文字為框。這種視覺上的平衡緩和了這幅地圖的怪異之處──這幅地圖不只見證了該國阿茲特克族（及異教徒）的過去，也是在地圖集背景脈絡下，就整體而言，視為國家在現代化進步方面的參與過程；然而，將古老的阿茲

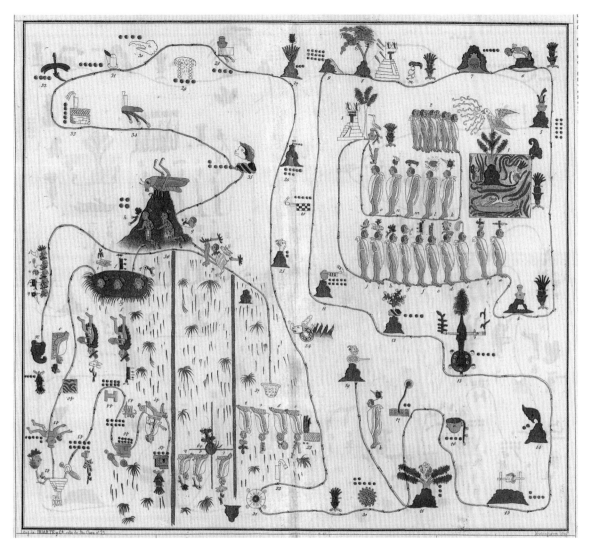

圖4.12〈錫古恩薩地圖〉，石板版畫複製品。摘自安東尼奧·加西亞·庫巴斯所著《墨西哥共和國地理、統計及歷史地圖集》（墨西哥：荷西·瑪利亞諾·費南德斯·德拉雷，1858年出版），第28頁，細部。公眾領域藝術品，照片由大衛拉姆希地圖中心提供，網址請見https://www.davidrumsey.com/。

特克地圖收錄在內，則非常符合國家歷史起源方面的新興敘事。墨西哥的領導人在其他各種可能的國家起源點中，選擇了阿茲特克族的過去，而非在西班牙殖民（或總督）時期，以西班牙征服所作為的傳統起源點。

畢竟在1810年至1820年的墨西哥獨立運動之後，會想把國家的起源定位於1519年至1521年的征服期間，即墨西哥受西班牙王室控制的時期，實在是不太討喜的想法。相較之下，在領導人面臨與美國的悲慘戰爭後、

得負責重建國家的時候，阿茲特克族的軍事能力及其擴張主義政策，顯然更具有成為該國歷史上亮點的吸引力。此外，阿茲特克地圖呈現了通往特諾奇蒂特蘭的古老路線，其古老城市位於墨西哥市之下，即該國毫無爭議的政治暨文化首都。加西亞・古巴斯的石板版畫，以黃色、綠色、紅色、淺棕色、灰色及藍色進行著色，使得該敘事更為明顯易讀；每個敘事情節都伴隨著數字出現，並與一旁的說明文字相契合。

就在國家地圖集中出現〈錫古恩薩地圖〉，把墨西哥國家及其首都固定在阿茲特克族起源點上的同時，這張「異教徒」地圖的組成內容也重新確立了基本的基督教宇宙論。墨西哥在十九世紀是一個以羅馬天主教為主的國家，而今天仍然如此。加西亞・古巴斯要求何塞・費爾南多・拉米雷斯編寫這些內容，而拉米雷斯是（成立於1825年，隸屬其他國家計畫的）國立博物館館長，該博物館至今仍存放著世界上最大的阿茲特克雕塑群。他把讀者的注意力聚焦在圖像上可見的腳印痕跡，並特別強調這幅地圖代表「人類原始傳統所留下的足跡，將美洲與亞洲聯繫在一起，也把散布在全球所有種族聯繫在一起，使其回到創世最初家族中。」[30]〈錫古恩薩地圖〉旨在顯示阿茲特克世界中空間與時間的相互關係，到了十九世紀，則是使墨西哥民族的起源能與阿茲特克族起源及《聖經》的深度時間二者同步，並揭開了地圖與曆法之間，以及時間與空間之間持續不斷的相互關係。

註釋：

1. Norbert Elias, *An Essay on Time, ed. Steven Loyal and Stephen Mennell* (Dublin: University College Dublin Press, 2007), 18.
2. Elias, *An Essay on Time*, 60.
3. Edward Casey, *Getting Back into Place: Toward a Renewed Understanding of the Place-World*, 2nd ed. (Bloomington: Indiana University Press, 2010).
4. 請見 Henri Lefebvre, *The Production of Space, trans. Donald Nicholson-Smith* (Malden, MA; Oxford: Blackwell, 2009). Elias, *An Essay on Time*, 80–83, 同樣也討論到時間與空間的關係。
5. 其概念來自於 François Hartog, *Regimes of Historicity: Presentism and Experiences of Time, trans. Saskia Brown* (New York: Columbia University Press, 2015). 有關阿茲特克族背景內容，請見相關討論於 Federico Navarrete Linares, "Writing, Images and Time-Space in Aztec Monuments and Books," in *Their Way of Writing: Scripts, Signs, and Pictographies in Pre-Columbian America, ed. Elizabeth Hill Boone and Gary Urton* (Washington, DC: Dumbarton Oaks Research Library and Collection, 2011), 176.
6. Catalogued as Français 19031, "Fragments d'André Thevet sur les Indes occidentales et sur le Mexique." 手稿抄錄本曾在《世界日報》上發表，並附有相關介紹，請見 Edouard de Jonghe, "Histoyre du Mechique, manuscrit français inédit du XVIe siècle," *Journal de la Société des Américanistes 2*, no. 1 (1905): 1–41. 艾都瓦德・德榮格認為，法國國家圖書館的手稿是由法國方濟會探險家安德雷・特維所抄寫翻譯的。他認為西班牙文原文是由方濟會的安德烈・德奧爾莫斯所寫，其標題為《墨西哥人的反思》。相關可供參考手稿，請見網站：https://gallica.bnf.fr/ark:/12148/ btv1b9062312t/.
7. Jonghe, "Histoyre du Mechique," 29.
8. 參考來源之字母拼法為「Tlalteuhtli」，但我在此採取較為

傳統的拼法。

9. Jonghe, "Histoyre du Mechique," 29.

10. Jonghe, "Histoyre du Mechique," 30.

11. 哲學家詹姆斯‧馬菲將此項時間性原則稱之為「奧林運動變化」（「奧林 olin」是阿茲特克納瓦特爾語中表示運動的詞）。Maffie, *Aztec Philosophy: Understanding a World in Motion* (Boulder: University of Colorado Press, 2014), 185–260.

12. 有關活人祭「餵養」太陽的論點，阿方索‧卡索在 1927 年曾進行闡述，同時這仍是實務作法上普遍接受的理由。Caso, El teocalli de la guerra sagrada: (*descripción y estudio del monolito encontrado en los cimientos del Palacio Nacional*) (Mexico City: Departamento de Educación Pública, Talleres Gráficos de la Nación, 1927).

13. 安東尼‧阿凡尼調查過已知的曆法，認為西班牙之前的曆法應是方形的，而圓形可能是受到了歐洲曆法的影響。請見 *Circling the Square: How the Conquest Altered the Shape of Time in Mesoamerica* (Philadelphia: American Philosophical Society, 2012).

14. 關於中美洲曆法的詳細介紹請見 Anthony F. Aveni, "Timely Themes: An Introduc- tion to the Measure and Meaning of Time in Mesoamerica and the Andes," in Aveni, ed., *The Measure and Meaning of Time in Mesoamerica and the Andes* (Washington, DC: Dumbarton Oaks Research Library and Collection, 2015), 1–8.

15. 其文字內容讀作：Ce Tochtli / Midi / Vitztla; Ome Acatl / Orient / Tlapco; Yey Tecpatl / Septentrio / Teotlalpa; Naui Calli / Occide´s / Ciuatla；而我把主要內容中的納瓦特爾語拼法給標準化了。

16. 最早的墨西哥原住民地圖歷史學家很快就注意到此種聯繫，其出現開始於 C. A. Burland, "The Map as a Vehicle for Mexican History," Imago Mundi 15 (1960): 11–18. 同時請見 Elizabeth Hill Boone, *Stories in Red and Black: Pictorial Histories of the Aztecs and Mixtecs* (Austin: University of Texas Press, 2000); and Barbara E. Mundy, "Mesoamerican Cartography," in The History of Cartography, vol. 2, bk. 3, *Cartography in the Traditional African, American, Arctic, Australian, and Pacific Societies*, ed. G. Malcolm Lewis and David Woodward (Chicago: University of Chicago Press, 1998), 183–256, 以了解更多地圖史的最新討論。

17. María Casteñada de la Paz, *El mapa de Sigüenza: una nueva interpretación de la Pintura de la peregrinación de los Culhua-Mexitin* (México: CONACULTA-Instituto Nacional de Antropología e Historia, 2007).

18. 依據不同的資料來源，其遷徙就會有不同的時間範圍。請見 Federico Navarrete Linares, *Los orígenes de los pueblos indígenas del Valle de México: los altépetl y sus historias* (México: Universidad Nacional Autónoma de México, 2011).

19. Michael E. Smith, "The Aztlan Migrations of Nahuatl Chronicles: Myth or History?," Ethnohistory 31, no. 3 (1984): 153–86.

20. Barbara E. Mundy, "At Home in the World: Mixtec Elites and the Teozacoalco Map-Genealogy," in *Painted Books and Indigenous Knowledge in Mesoamerica: Manuscript Studies in Honor of Mary Elizabeth Smith*, ed. Elizabeth Hill Boone (New Orleans: Middle American Research Institute, 2005), 363–82.

21. 關於這個把透過民族誌所得到的當代知識與十五世紀手稿內容聯繫起來的研究實例，請見 Maarten E. R. G. N. Jansen and Gabina Aurora Pérez Jiménez, *Encounter with the Plumed Serpent: Drama and Power in the Heart of Mesoamerica* (Boulder: University Press of Colorado, 2007).

22. Dana Leibsohn, *Script and Glyph: Pre-Hispanic History, Colonial Bookmaking and the Historia Tolteca-Chichimeca* (Washington, DC; [Cambridge, MA]: Dumbarton Oaks Research Library and Collection; distributed by Harvard University Press, 2009)；以及 Paul Kirchhoff, Lina Odena G emes, and Luis Reyes García, eds., Historia Tolteca-Chichimeca (México: Instituto Nacional de Antropología e Historia, 1976).

23. Frances Berdan and Patricia Rieff Anawalt, eds., *The Codex Mendoza*, 4 vols. (Berkeley: University of California Press, 1992).

24. Boone, *Stories in Red and Black*, 10.

25. 請見蒙蒂對《納托爾古抄本》的相關討論，"Mesoamerican Cartography," and John Pohl and Bruce Byland, "Mixtec Landscape Perception and Archaeological Settlement Patterns," *Ancient Mesoamerica* 1, no. 1 (1990): 113–31；以及 Manuel A. Hermann Lejarazu, "El sitio de Monte Negro como lugar de origen y la fundación prehispánica de Tilantongo en los códices Mixtecos," *Estudios Mesoamericanos*, Nueva época 10, Jan.–Feb. (2011): 39–61.

26. Alfredo López Austin, *Tamoanchan y Tlalocan* (México: Fondo de Cultura Económica, 1994), 15: "Aún más: la base de la cosmovisión no es producto de la especulación, sino de las relaciones prácticas y cotidianas; se va construyendo a partir

de determinada percepción del mundo, condicionada por una tradición que guía el actuar humano en la sociedad y en la naturaleza."

27. 引用於 José Fernando Ramirez, "Cuadro historico- geroglifico, las tribus Aztecas I," in Antonio García Cubas, *Atlas geográfico, estadistico é historico de la República Mexicana* (Mexico: José Mariano Fernandez de Lara, 1858), sheet 28.

28. García Cubas, *Atlas geográfico*.

29. Antonio García Cubas, *Compendio de geografía universal para uso de los establecimientos de instrucción primaria* (México: Murguía, 1909). On García Cubas's role in nineteenth-century cartography, 請見 Raymond B. Craib, *Cartographic Mexico: A History of State Fixations and Fugitive Landscapes* (Durham, NC: Duke University Press, 2004). 他的地圖集同樣討論於 Magali Marie Carrera, *Traveling from New Spain to Mexico: Mapping Practices of Nineteenth-Century Mexico* (Durham, NC: Duke University Press, 2011).

30. 其西班牙文原文為：「un rastro de las tradiciones primitivas del género humano, que enlazan la América conel Asia, y eslabonan todas las razas diseminadas por el globo, reduciéndolas á la primera familia de la creacion.」García Cubas, *Atlas geográfico*, sheet 28.

5

維若妮卡‧德拉‧朵拉
Veronica Della Dora

掀起時間的面紗：十七及十八世紀的地圖、隱喻及古文物研究

當時間的面紗被揭開，
永恆便隱藏在其中，
儘管該使所有事物敞開，
在我們所思、所說、所為之前，
於時間的廢墟中埋葬如斯
我們的失敗經過我們的時間軌跡
即從此地底下的這些囚牢
我們登上天國寶座
並到我們永恆王者彼處。
永遠高唱哈利路亞。
——喬治‧維瑟，〈為今日當下，
或最後一天〉（1622年）

地圖勾勒出未來，並使過去清晰可見。作為領土上的計畫，它們是尚未到來的事物的視覺呈現；作為歷史記錄，它們為過去的世界打開窗口；城市規劃及領土劃分的地圖有能力去塑造國家，也能夠單純在大家腦海中勾勒出新的空間秩序。歷史地圖確實是有助於將時間轉換為空間。正如奧特利烏斯所寫的「地理為歷史之眼」，即地理使歷史得以具象於世上。[1]在確立過去的地點及事件之際，歷史地圖會把過去呈現在大家眼前。那麼，時間的流逝呢？還有時間本身呢？時間到底能不能被表現出來？

在某種程度上，時間似乎與地圖的表現形式是對立的。克里斯提安‧雅各認為，地圖是「一種客觀的圖像，社會用它來設定世界及其整體的形象，也就是，早已存在的那些事物，超越了身為短暫過客個人的那些

事物。綜觀全局的目光需要一種絕對的同步性；歷史在世界的凝結圖像上走到了盡頭。」[2]繪製地圖是一個認知過程，透過這個過程，就能使我們讀懂世界；這個過程是我們透過整理、馴服並使現實世界具體化，使其易於理解，至少對我們的心智來說是如此。相較之下，時間的定義反而是流動且難以捉摸的，雖然時間可以被測量，卻永遠無法被固定，它似乎拒絕以具象呈現出來；時間逃過了我們的掌握。正如該撒利亞的巴西流在第四世紀寫道：「這不就是時間的本質嗎？在這裡，過去不再存在，未來不存在，而現在在被認識之前就已經溜走了。」[3]

時間流動、時間飛逝、時間運行、時間展開；時間偷走，也治癒一切；時間揭開並掩蓋事物。就像所有無法掌握的事物一樣——而且也許比其他任何事物都還要難把握——我們只能透過隱喻來談論時間。認知語言學告訴我們，隱喻不僅僅是詩意的裝飾，還是我們理解抽象概念的主要方式；隱喻更是人類思維的一部分。隱喻從一個熟悉的（通常是更具體的）經驗領域投射到另一個不熟悉的（通常是更為抽象的）領域，以便闡明某些在抽象領域的事物的意義。[4]越是被視為抽象、不可捉摸的事物，就會有越大量的隱喻為此而生。時間就屬於這個類別。

因為我們不能直接感覺到時間，只能透過隱喻語言來解釋我們與時間的關係。例如，奧古斯丁把幾個世紀的進展說成是一首偉大樂曲，一首無法言喻的名家作品，他因此把時間的流動與音樂節奏聯繫起來。[5]梭羅則把時間比作一條小溪，其「涓涓細流消逝了，但永恆依然存在。」[6]

本章透過這樣一個隱喻，來討論本書關於傳統地圖學媒介上的時空互動主題：面紗，尤其是去探討西方巴洛克地圖學中，「時間面紗」的視覺化。在七至十八世紀，以時間之父的個人化身揭開地球儀的圖像，便成為地圖集及其他作品扉頁的常見特色。這些同樣能作為封面、頁面標題、內頁插圖或簡單的裝飾圖像，所以飛揚的面紗、空中的旗幟、敞開的窗簾，以及有翅膀的小天使掀起的厚重布幕，在地圖及鳥瞰圖中也經常是無所不見。在某些情況下，地圖本身也會以窗簾或舞台布幕的形式為呈現。

這些面紗的目的，就如同其形狀一樣多元。面紗能用來建立期待感，傳達探索正在展開的興奮，吹噓軍事行動的進展，慶祝世界及過去知識的進步。在所有情況下，其功能主要是一種修辭：就像地圖一樣，面紗隱藏，也揭發事物；這是一種為了所見聞、所隱藏事物而生的隱喻。面紗是一層薄物，將現在與過去及

未來隔開；也是一層薄膜，將我們的世界與其他世界分開，但也連接起來。

雖然面紗的隱喻具有跨文化的意義，但在近世早期的歐洲，還是具有特殊的文化意義[7]：它不僅是一種在時間之展開方面的隱喻，也是一種能及時在特定時間內採取知識之特定方式的隱喻。這在十七和十八世紀達到了流行的高峰，並與巴洛克時期典型的戲劇品味相關。然而，更重要的是，其應該連結至實驗科學的興起，以及對於發現、揭開自然界奧秘的重視。動詞「揭開（unveil）」最晚於1590年代進入英語用語（具有「使人明白」的意思），並在1650年代新增「展示」或「展露」的意義。[8]英國哲學家和政治家法蘭西斯・培根提到，實驗史能「從自然物體上摘下面具及面紗，這些物體通常被各種形狀和外表掩蓋和遮蔽。」[9]

更具體來說，面紗也表達了巴洛克宇宙論中，光明與黑暗的辯證關係。最早使用「地圖學面紗」的，是由當時宇宙學的主要倡導者所開創，包括（尤其是）威尼斯的文森佐・柯羅內利。在這種情況下，面紗只是「形而上學啟蒙」文化的一種表現形式，在這種文化中，知識是既「隱藏、神秘，卻又閃閃發光的」。[10]對宇宙奧秘的發現及解讀，連同古文物學的發展都從單純的收藏走向對

過去的研究，就連在文藝復興時期，創新採用古典神話來鑄造徽章的悠久傳統，亦是如此。[11]不意外的是，古代格言「真相為時間之女」在這時期成為整個歐洲最流行的繪畫主題之一，這也同時為科學研究方面的圖標設計提供相關參考，其中更包括了地圖冊。

本章第一節先透過古代傳統背景的研究，以探討「時間的面紗」這項隱喻的家譜學。接著第二節便集中討論在十八世紀早期荷蘭地圖集上，以及其他地理作品封面上對時間之紗的呈現方式。作為世界上最大商船船隊及著名大學的所在地，以及來自鄰國宗教難民的安全避難所，荷蘭在十七到十八世紀中期期間，為歐洲主要的印刷業和圖書貿易中心。[12]荷蘭圖書產出的非凡成就及多樣性清楚地反映在地理作品的數量及品質上，這些作品的封面也成為荷蘭在知識黃金時代的展示窗口。[13]此節也顯示，印於封面的時間之紗是如何形成期待感及進展的敘事，以回應當代對於大發現的迷戀。

第三節的重點則從荷蘭移到威尼斯（歐洲另一個主要的印刷中心），主題也從扉頁移到書本本身，其中討論了地圖中的面紗，以及地圖作為面紗的呈現方式，尤其是柯羅內利的作品。它們顯示了地圖學的面紗是如何與旅遊記錄、地圖集及軍事宣傳書等動態

圖5.1 西奧多‧凡‧圖爾登，《時間揭發真相》（約 1650年）。勞倫斯‧斯泰格拉德美術館。

就像時間一樣，形狀不斷變化，看起來總是一樣，卻又不太一樣。由於織布能夠抽絲與編織，折疊與攤開，儲存與展開，織布似乎適合呈現記憶、收藏過去事件的回憶，也可以對未來開展。因此，第二世紀的羅馬雕像描繪了記憶女神妮莫西妮，即克羅諾斯（時間）的女兒和記憶的化身，她連手指尖都被包住，而在古典世界中，時序三女神荷賴及命運三女神摩伊賴經常被認為是左右人類命運的來源。[14]

《荷馬史詩》的「時運」（kairos）一詞指的是在每個人出生時所測量出來的羊毛或亞麻部分，他們的命運線將以此製成[15]；在維吉爾的《艾尼亞斯紀》中，重複命運的故事就是「再次捲起或滾動它」，就像人們捲起和鬆開線團一樣。[16]因此，生命的流逝採取了編織的形式，其完成就象徵著死亡，即織布自紡織機上被切斷。[17]

十二世紀的哲學家詩人貝爾納杜斯‧西爾韋斯特里斯曾提及「時間之布」，而但丁則把世界比喻為被「時間之剪」割開的衣物。[18]自古以來，時間也視為是土星薩圖恩，並具有人類的形體。在古典藝術中，他以莊重又嚴肅的形象出現，頭被蒙著，手持一把鐮刀，這種圖像在中世紀偶爾會復活。[19]到十六世紀末，關於時間之父的象徵已經有了新

媒體一起運作，並且如何用來加強事件的展開感及空間化的概念，以至於地圖本身也成為了時間的面紗。

時間的面紗

長期以來，織布的隱喻一直用來表達時間的流動性及多樣性，這是因為織布的可塑性很強；垂墜的、折疊的、膨鬆的，織布

的形象及屬性切薩雷·里帕在他頗具影響力的《圖像學》中，則提出了不同的描述：時間一直是一位老人，一時長著翅膀（出自格言「時光飛逝不回頭」），一時穿著繁星斗篷，一時白髮蒼蒼的他頭戴綠色面紗，以表示春天從冬天的雪中重生。[20]在傑佛瑞·惠特尼的《圖詩選》（Choice of Emblems）中，時間被表現成一個肌肉發達的老人，背上長著翅膀（指的是時間的敏捷性），手裡則拿著鐮刀[21]；有時候，他偉大的尊容上還裝飾著時鐘或沙漏。[22]

如果說在古代及中世紀，時間之神克羅諾斯和他的女兒妮莫西妮一樣，都是蒙著面的，那麼在文藝復興時期，他揭開面紗的能力便吸引了學者、藝術家和古董商的想像力。在「時間會展露一切」這句格言中，伊拉斯謨引用了許多關於時間「展露真相」或「把真相顯露出來」等隱喻例子，這些例子可以追溯到品達和索福克勒斯；換句話說，時間所掩蓋的也是其所揭露的。

儘管如此，伊拉斯謨還是將「真相為時間之女」此格言歸於羅馬作家奧盧斯·格利烏斯所說：「有些古代詩人稱真相為『時間的女兒』，因為儘管她可能隱藏了一段時間，但隨著時間過去，她終會現身在光明中。」伊拉斯謨還解釋道：「普魯塔克在其著作《道德小品》中提出了一個問題，為什麼古人習慣蒙著頭向土星獻祭？他認為該問題的關鍵在於，真相經常是被掩蓋且未知的，再由時間所揭開。那是因為，土星據說是時間的創造者及主宰」。在這些經典的引用中，伊拉斯謨也引用了聖經及早期基督教作家，如特土良，運用古典異教文本和聖經一起編織了一幅有關智慧與道德教義的無縫掛毯。[23]

在義大利畫家布龍齊諾所繪《維納斯與邱比特的寓言》*中，時間之父身為象徵道德的傳統角色，以揭發者身份自居，並以粗暴掀起藍色絲質帷幔的動作成為了最早及最戲劇性的視覺表達。在一場微妙的寓言遊戲中，帶著翅膀的時間在真相的幫助下，揭開了隱藏在愛的誘惑背後的惡習與激情；帷幔向後掀開，顯示出潛伏在歡樂與玩笑（前方景象）這些柔和、感性的寓言背後，是嫉妒（左方拉扯頭髮的人）及欺騙（右方獅身女孩頭像）。

正如藝術史家歐文·潘諾夫斯基所解釋的那樣，這幅畫呈現了「一面是愛的歡愉，另一面是愛的折磨和危險，然而歡愉被揭發成為徒勞和謬誤的優勢，而危險和折磨則被顯示成巨大和真正的罪惡」。[24]

透過揭開整個族群的面紗來揭露罪惡，可以理解為「真相為時間之女」這句格言的變體，布龍齊諾也在三年後所製的《清白

＊ 布龍齊諾 1545 年的《維納斯與邱比特的寓言》（An Allegory with Venus and Cupid），收藏於倫敦國家美術館。網址請見：https://www.nationalgallery.org.uk/paintings/bronzino-an-allegory-with-venus-and-cupid

圖5.2　梵蒂岡的聖彼得大教堂內，亞歷山大七世墓碑的細節。照片來源：尚波·格朗蒙，公眾領域藝術品。

者》掛毯中明確表現了這一點。正如藝術史學家費利茲·薩克斯爾和其他人所表示，在整個六十年代，這句格言被挪用於政治和宗教目的；有意思的是，從亨利八世到伊莉莎白一世的英國君主都輪流用其作為新教和天主教的興起。在宗教改革時期，「在不到二十五年的時間裡，這個圖像已經顛覆其含義兩次，並承載此種強烈情感三次。」[25]

　　然而，「時間會展露一切」和「真相為時間之女」始終保留著更廣泛、更抽象的道德內涵，以及超越政治的諺語意義。[26]在接下來的兩個世紀裡，從彼得·保羅·魯本斯、吉安·洛倫佐·貝尼尼到龐培奧·巴托

尼，時間之父拯救並揭開赤裸裸的真相一直是西歐藝術最受歡迎的主題之一。[27]時間的面紗——有時與戲劇性的雲層織物相呼應——顯示了巴洛克對光與影、隱蔽與啟示之間所扮演角色的迷戀。

　　例如，在荷蘭藝術家西奧多·凡·圖爾登於1650年左右所創作的一幅畫中，時間揭去了一塊紅色及金色的布，露出了真相的裸體（圖5.1）。真相手持一個太陽，這是她的傳統特色，照亮了她整個身體，表示她沒有什麼需要隱藏的；她左臂下夾著的一本半開的書，其扉頁上寫著「太陽和時間會揭開真相」；在她腳下的貧瘠土地上，有張面具被

時間的鐮刀刺穿，象徵著謊言會被時間和真相所戰勝。背景中左側一根老舊柱子，則提醒大家時間流逝及人事變遷的短暫性。[28]

時間與真相的瞬息萬變，以及其對世俗事物的戰無不克，都是貝尼尼特別努力表達的一個主題。在他的《時間所揭開的真相》中，真相將她的腳放在一個小地球儀上，代表她對世俗的關切具有至高無上的地位，這個圖像也與格言「真相從大地下出生」（詩篇第85章第12節）有關。揭開真相的行動是該構圖的主題：真相的眼睛向上看，背離地球儀，朝向正在接近她的時間（儘管時間的形象從未實現）；她伸展的手臂向世界展示了太陽，其揭開面紗及迅速脫離地球的過程是一致的。薩克斯爾認為，真相「像新娘一樣渴望揭開面紗的那一刻。」[29]

相反，在亞歷山大七世的墓碑上，真相與其他三種美德（慈善、正義以及謹慎）的寓言一起出現，將太陽緊緊抱在懷裡（圖5.2）。[30]此外，作為永恆的象徵，真相現在絕不能被時間揭開；相反，「四美德」巨大的大理石面紗則永遠覆蓋著死亡和時間。

揭開面紗

大致上去探討「時間」相關代表的族譜，尤其是「真相為時間之女」此格言，有助於我們理解巴洛克扉頁中揭開面紗的圖案的流行性及複雜性。根據潘諾夫斯基的說法，「沒有哪個時代會像巴洛克那樣，對時間概念的深度與廣度、恐怖與崇高如此著迷，在這個時代，人類發現自己所要面對的，是作為宇宙本質而非上帝特權的無限性。」[31]十七世紀的科學革命見證了先前西方思想主宰的瓦解，該主宰即為自我封閉及神聖的亞里士多德宇宙，其令人安心的有限性被「一個不確定的，甚至是無限的宇宙所取代，並被其基本組成與規律的同一性捆綁在一起。」[32]在天秤的另一端，顯微鏡的發明及微生物學的發展，則開闢了一個全新的、同樣未被探索的宇宙。

在十七和十八世紀的解剖學，以及自然哲學論著的扉頁中，真相往往與自我揭開的「自然」混為一體，有時則描繪成伊西斯。[33]由於顯微鏡和望遠鏡的出現，自然界的秘密被揭開也變得清晰可見，真相更是展露無遺，用德國天文學家約翰尼斯·克卜勒的話來說：「人類成為上帝造物的主宰。」[34]時間當然是這個揭開過程的重心，其人格化的具象或許也使其崇高、不可言喻的本質更容易被掌握。然而，與此同時，揭開面紗的動態表現亦傳達了發現過程中，存在於已知與未知之間的緊張關係、人類知識的無限性，以及不斷擴展的視野。正如英國哲學家法蘭西斯·培根在他的《新工具》中所表示：

我們還必須考量到，許多適合闡明哲學的自然界物質已經暴露在我們的視野中，並透過長期的航海及旅行被人所發現，這種例子在我們的時代比比皆是。如果物質世界、地球、海洋及星辰

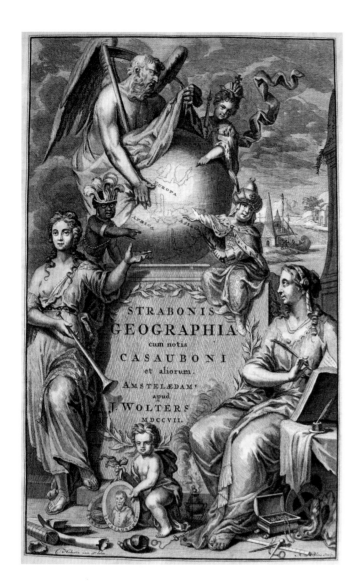

圖**5.3** 約拿斯·沃特斯的《史特拉波的地理學》扉頁（1707年）。佐希亞里奧斯修道院圖書館，阿索斯山。

知識也不例外，它更像是大致上人類知識進展的一種隱喻。培根用古代格言「真相為時間之女」，來描述時間對真相的逐步展現，以及在人類共同的努力下，對於自然及地球相關秘密的緩慢發現。[36]法國數學家布萊茲·帕斯卡後來說：「自然界的奧秘都有所隱藏……但隨著時間從一個時代來到另一個時代，它們便慢慢被揭開了。」[37]

　　漸進式的發現也為十七世紀末及十八世紀某些地圖集，以及其他地理作品的扉頁提供相關圖像參考。在此，一個逐漸揭開面紗的地球取代了自然與真相的位置，地球的附屬性變成了主角及明顯的存在。例如，在荷蘭學者約拿斯·沃特斯的《史特拉波的地理學》版本中（圖5.3），時間的面紗就像一面世界舞台的布幕，從西元前一世紀史特拉波的希臘世界到現在，慢慢揭開來：在此處，帶著翅膀及鐮刀的「時間之父」揭開了歐洲、亞洲和非洲的面紗，年輕女性的寓言則指向其各自的大陸；西半球仍然被籠罩著，提醒大家這部分的世界對史特拉波來說仍然未知不明，歷史則在她的書中耐心地記錄了這些正在發生的事件。就像伊西斯在科學書籍的扉頁上揭開面紗一樣，在這裡，時間的面紗最終揭開了真相，提醒讀者自古典時代以來的人類進步。

的領域，能在我們這個時代得到如此巨大的發展與解釋，反倒是智慧方面的疆界被限制在古人狹隘的發現中，這的確是對人類的不敬。[35]

　　因此能理解，知識是一個既依賴又挑戰先前所發現的過程；正如培根所表示，地理

LE NOUVEAU
THEATRE
DU MONDE.

圖5.4 法蘭斯瓦·凡·布萊斯維克，
〈阿特拉斯、時間之父和宙斯、地圖
學及歷史的寓言〉（1713）。荷蘭國
家博物館，公眾領域藝術品。

　　在構圖底部，可見在焚燒香粉、骨頭、貝殼及其他從過去大發現之旅帶到歐洲的奇異物品中，法國語言學家暨評論家伊薩克·卡索邦的橢圓形畫像，已取代了史特拉波的畫像。

　　在萊頓雕刻家法蘭斯瓦·凡·布萊斯維克1713年為尼古拉·古德維勒的《世界新劇院，皇家地理博物館》所繪製的扉頁上，有一張複雜的圖像在忙碌的港口碼頭上展開，這裡是航海帝國時代裡利潤豐厚的歐洲海上貿易啟航點。「時間」克羅諾斯（在其光頭上立著一座帶有翅膀的沙漏）揭開了亞洲的面紗（可能是指荷蘭東印度公司的商業活動），而「地理學」克羅格拉菲亞則用她的羅盤測量地球上的距離（圖5.4）[38]；所有人都看著「歷史」，他和海王星一起指向「地

圖集」阿特拉斯，後者耐心忍受著天球壓在他肌肉發達的肩膀上。

有的時候，克羅諾斯會與古典神話中的其他人物混在一起，或者被其他人物取代。例如，在范可倫的航海圖集扉頁上，長著翅膀的男童天使在繁忙的海上拉起了天鵝絨般的舞台布幕，海神（以克羅諾斯的方式繪製）則在水手用來定位的天球上掀起他的面紗[39]；或是在西門·范·李文1685年的《荷蘭概論，或有關古荷蘭的起源、進步、傳統、國家及宗教論著》中，「名聲」及「時間」揭開了荷蘭的寓言故事，並告訴克萊歐，即歷史的繆斯（坐在地球儀上）有關荷蘭的光榮故事，而她則勤奮地記在她的書上。

十八世紀上半葉，這種扉頁畫像在荷蘭特別流行。根據律師、雕刻家和作家羅梅恩·德·胡格所說，荷蘭共和國的人民熱衷於收藏精美及稀有的東西，包括插圖絢麗、裝幀豪華的書籍，在他們家裡能看到大量的書籍，而這些書籍的數量……往往是大家會在教授的圖書室裡看到，而非一般人民的書房裡看到。」[40]

除了對稀有的奢華書籍感興趣之外，荷蘭人也對宣傳式的大型插圖作品非常著迷，包括聖經歷史書籍、名人肖像集，當然還有地圖集。這些通常稱作「視覺百科全書」或

「紙上博物館」的厚重書籍，其圖畫及地圖構成了悠久古籍文化的一部分。[41]

十七世紀的古文物學已經有培根式的傾向：這不再是單純的古文物學，而是連接至不斷系統化發現（或揭開）的過去，以反映現在的一種實務現象。正如一位不知名作家所言，嚴肅的古文物學者確實該熱愛古文物，「但這只是從時間的襁褓中抽出面紗，揭開世界的搖籃。」[42]同樣，在培根之後，丹麥學者奧萊·沃姆等先驅考古學家曾警告過，別太過信任特定的作者，因為時間是「所有作者的作者，因此也是所有作者的掌管者。」[43]換言之，如果古文物學家是一個「真相的追尋者」，那麼時間就是一張巨大的無縫面紗，他有道德責任為今世及後代的利益揭開它。

十八世紀的地圖集既是視覺上的收藏品，也是美麗的收藏品，更是為普通讀者提供「歷史傳播」的媒介。[44]查特蘭1719年的《歷史地圖集》第一卷扉頁插圖，便捕捉到這類作品的百科全書性質、其道德化特色，以及「望遠鏡」方法，便是將歷史時間看作一張巨大、無縫的布料（圖5.5）。[45]

在此，克羅諾斯亦以十七世紀繪畫的傳統方式再次出現，他在空中快速飛行，背上背著一個揭開布幕的真相；後者向長著翅

圖**5.5** 查特蘭的《歷史地圖集》（1719年），第一卷扉頁插圖。史丹佛大學圖書館大衛拉姆希地圖中心，巴瑞勞倫斯魯德曼地圖收藏館提供照片，https://purl.stanford.edu/ hd338hb0617。

膀的「名聲」展示了以希臘及伯羅奔尼撒為中心的「世界各國年表」，「名聲」用一個以西班牙為中心的地球儀當作她的桌子，繪製了《歷史地圖》。另一個女性形象（也許是克萊歐）站在地球儀後面，向「名聲」展示了波旁王朝的家譜，該家族對法國及西班牙王位的各種主張在這一時期佔據了大部分西歐地區。右邊的樹枝上掛著羅馬皇帝的徽章；在「名聲」的腳下，有翅膀的小男童坐在廢棄的王冠、權杖及其他王權的標誌中編織了一個月桂冠。

時間扮演著古典世界和現代歐洲之間、歷史的滄桑和人類知識的廣闊視野之間、地球和天堂之間，以及收集和發現之間的調解者。真相和時間以世俗事物的公正裁判自居，高高地飛過地球和海洋的地平線。

這部頗具野心、長達七卷的地圖集於1705年的阿姆斯特丹匿名出版（可能是由胡格諾派出版社的扎哈里亞斯・查特蘭所出版），接著再由他的兒子們修訂再版，可以說是最早明確稱作具「歷史性」的地圖集之一。其副標題宣稱，這是一本「關於歷史、年表學，以及古代和現代地理學的最新入門書，在新的地圖上介紹世界各國及各帝國的建立、統治與衰落等情況。」然而，儘管命名如此，該地圖集卻幾乎沒有什麼原創性。

正如某位當代評論家所觀察，其著重在上個世紀主要的荷蘭地圖收藏，並分享了在地理方面的計畫資訊。[46]其內容都是根據地理位置而非時間順序進行排列，當代世界的地圖甚至還比歷史地圖還要多。就用美國歷史學家沃爾特・戈法特的話來說：

> 歷史性時間比以往任何時候都更加有彈性：四大古代帝國的地圖獨自列出了因侵略導致羅馬帝國滅亡的民族的故鄉；希臘帝國的地圖並未區分出阿爾戈英雄、色諾芬的萬人軍隊、亞歷山大大帝及聖保羅的足跡；羅馬帝國的地圖在其強盛時期，因為補上凱撒大帝在龐貝城戰役所留下之痕跡，以及對於南方及北方危險蠻族所再次提出的評論而更加完整。[47]

更重要的是，《歷史地圖集》這本精美的宣傳式彙編，便是為了滿足著迷於當時新建立殖民地及新發現的一般大眾所製作；遙遠的土地，例如美洲、蒙古、中國和日本，都在這套收藏中佔據了重要位置。這些「揭開面紗」的新世界是同樣敘事的一部分，該敘事始於聖經和古典世界，並由時間之父逐步展開。[48]

地圖集扉頁在這種「不斷發現」的敘事中扮演了關鍵角色，同時也具有其他作用。根據早期現代荷蘭畫家傑拉爾·德·萊里瑟的說法，扉頁的作用是「讓每位讀者得到視覺上的享受，為作者及藝術家帶來榮譽與榮耀，並為書商帶來利益……沒錯，如果是一本糟糕的書，扉頁也無法使它成為一本好書；但也有句格言說得好，如果一件東西包裝得好，就算是已經賣出了一半；因此，確實有必要在所有的事情上追求盡善盡美。」[49]就如同實體空間，扉頁及標題也像舞台布幕一樣使人有所期待，激發了人們的想像力。從某種意義上說，扉頁本身就是一張布幕──一張讀者急於掀開、以發現知識新世界的紙幕或面紗。

地圖學的面紗

當記憶女神妮莫西妮透過遺忘的面紗向後看時，吹響號角的「名聲」希望後代能永遠保存難忘的事情。[50]「名聲」有時與「時間」一起出現，祂掀開或握住面紗與布幕的寓意會用在扉頁及標題上，以描繪出有關未來及紀念的感覺。在書中，頁面標題都會畫有敞開的舞台布幕、飛舞的毯子及張揚的旗幟，好在翻動每一頁時，形成新發現及期待感──就像「名聲」在同一場戲中不同場景大聲宣示一樣。

例如，在尚·夏丹1687年德國版《夏丹騎士在波斯及印度的航海日記》*的扉頁上，「名聲」和「水星墨丘利」所掀起的厚重帷幕在遙遠的地平線上飄揚，這與書中接下來許多飛揚的面紗與毯子相呼應。[51]這些高掛在空中的東西還收錄了下方鳥瞰圖中所呈現的地點名稱，以及這些地點在建築及紀念物方面的地圖及平面圖。這些面紗的作用既具有資訊性，也具有修辭性：很合理的是，地圖（或平面圖）所提供的「上帝之眼」觀點，會透過具有翅膀的信使從天上帶來。

地圖學面紗的運用在十八世紀開始得到重視，其出現在慶祝軍事勝利、宗教權力、或僅僅是國家或使公民自豪的大型地圖上。[52]例如，在法國工程師賽巴斯提安·德潘托1644年的《安古拉公爵於蒙賽內爾指揮路易十三軍隊的輝煌戰役》中，地圖及戰鬥場景的鳥瞰圖，與繡有天主教百合花的華美帷幔並列在一起[53]；領土變成了法國戰爭旗幟，以

＊尚·夏丹1687年德國版《夏丹騎士在波斯及印度的航海日記》（*Journal du Voyage du Chevalier Chardin en Perse & aux Indes Orientales*），收藏於雅典美國古典研究學院的根納底烏斯圖書館。

及法國領土上的戰爭旗幟。這種錯視畫能使製圖者將不同的視角、規模及時間性融合在同一畫面中，在故事中展開故事，製作視覺上的讀畫詩，讓人想起魯本斯的掛毯系列《宗教的勝利》，其同樣是以壯觀的開幕式帷幕中所展開。[54]就像魯本斯的奢華服裝結合對教會的頌揚及對個人政治權力的放大一樣，地圖學的面紗通常具有慶祝方面的功能，紡織品媒介加強了軍事行動及發現過去與新世界所帶來的勝利感和戲劇性。

義大利人文森佐·柯羅內利的作品，把軍事、歷史和地理慶祝活動全部結合在一起，並達到了登峰造極的程度，他是威尼斯共和國官方的宇宙學家，當然也是他那個時代在運用地圖、窗簾和面紗方面最多產、最有創意的實驗者之一。柯羅內利之所以出名，是因為他為路易十四建造兩個不朽的地球儀及大量的地理雕刻作品（總共超過七千幅），他還建立了阿爾戈納帝學院，該學院稱作歐洲第一個地理協會。[55]最有特色的是，柯羅內利為該學院設計的院徽上，有「名聲」在地球上所展開的一張旗幟，上面寫著格言「更遠的地方」，地理以及導航儀器則裝飾著整個畫面，而該畫面有時又夾在一張巨大、展開的帷幕中。地理學家丹尼斯·科斯格羅夫寫道，畫面中的「一艘船架在地球儀上，而下方是海格力斯的棍子與熊皮，代表現代人已經超越了這位最偉大的古典英雄，並超越了以他命名的支柱，到達了地球的盡頭。」[56]

柯羅內利的鉅作《威尼斯地圖集》，其內容便充滿了這種逐步實現全球大發現的修辭，這部多達十三卷的作品是十七世紀荷蘭製圖師休昂·布勞的主要地圖學出版物《地圖集大全》的延續。柯羅內利將古代及當代的地理資訊匯集在一起，將他的鉅作設想為「對宇宙中的帝國、王國、省縣、分區及邊界，加上所有新發現的土地，進行地理、歷史、神聖、褻瀆和政治的敘述，並由許多新出版的地理地圖加以擴展。」[57]《威尼斯地圖集》分享了宇宙學夢想中的整體知識，並提出了一種時間及世界通史的空間化方法；用克斯格羅夫的話來說，它揭開了宇宙學知識「是一種階級表現，從『天主神聖的爾旨承行』開始，透過『造物的秩序』到個別地區及城市（圖像學）、宮殿（景觀學）和河流（園藝學）不同的規模程度。」[58]不同的規模往往會以地圖學面紗及類似物品的方式並列在一起，而在旗幟飛揚、捲簾放下及窗簾飄蕩的同時，揭開了舊地形及新發現。

例如，在非洲地圖上（圖5.6），當一塊寫下所有古代及當代尼羅河起源臆測的布簾

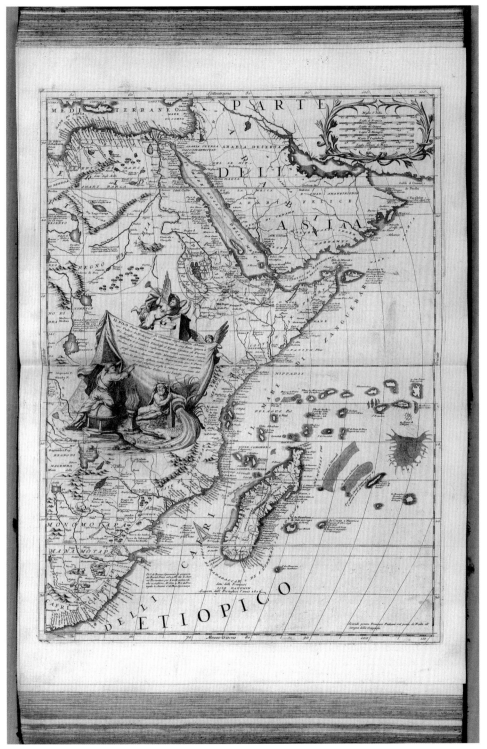

圖**5.6** 文森佐・柯羅內利，《威尼斯地圖集》（1690-1701年）中的非洲地圖細節。資料來源：史丹佛大學圖書館大衛拉姆希地圖中心，https://purl.stanford.edu/gv420dv9515

圖5.7 文森佐・柯羅內利，《威尼斯島嶼地圖集》（1696年）其中的尼薩里（羅德島附近）及熱那亞（科斯島附近）地圖。聖馬可國家圖書館，威尼斯。

晰的古城平面圖，其中每一座宗教建築都被仔細繪製並編號。類似的隱喻在希臘島嶼的相關描述中層出不窮，這些島嶼的輝煌記憶也同樣被「隱沒」在遺忘的面紗之下，原因便是受到鄂圖曼帝國壓迫的現有居民忽視。[60] 曾是聖若望騎士團所在地但現已成廢墟者，即羅德島及其附近的島嶼（圖5.7），則描繪在薄薄的面紗上，彷彿這是本身及其輝煌歷史的短暫記憶，隨時會從頁面上飛走。

柯羅內利的製圖作品，以及以地圖學面紗用於戲劇場景方面，都在鄂圖曼－威尼斯戰爭（1684-1699年）的背景下得到了進一步的重視。這場戰事衝突見證了多國在梵蒂岡主持下所建立起的神聖聯盟，以及威尼斯人奪回了伯羅奔尼撒半島及部分鄰近島嶼，並引發那些受古典神話所啟發的宣傳敘事開始出現空前盛況，而柯羅內利便是其中的佼佼者；在戰爭期間，他的工作室不眠不休地製作了上百張威尼斯人奪下的堡壘與領土的相關地圖及鳥瞰圖。

在他的《史學家回憶錄》和《戰場誌》中，有許多張重新收錄於《威尼斯島嶼地圖集》的版畫，讓摩里亞半島以地圖學舞台之姿出現，並總是從遠處觀察，由威尼斯寓言及斜角處的觀眾所掌握（圖5.8）。戰爭及新征服的土地隨著每一頁的翻動迅速展開，就

被揭開之際，「名聲」正飛過神秘的尼羅河起源。這一幕也正被另一張重要的面紗所平衡，該面紗在封面上形成漩渦，在傾洩的同時半掩蓋了非洲大陸的珍奇動植物species。

面紗也同樣掩蓋了過去。例如，在描述拉文納市的開始，柯羅內利就觀察到「這座城市誕生的記憶是如何被埋沒在古代走向腐壞的陰暗之中，以至於作者無法透過紙張的潔白來呈現其起源，而是進一步用墨水的黑暗來掩蓋。」[59]宇宙學家的任務便是穿透這層引人誤解的黑暗筆墨，將真相公諸於世：在隨附的插圖中，有塊窗簾呈現了一張極其清

圖5.8〈科隆的城市和堡壘〉，摘自柯羅內利的《摩里亞王國及尼格羅龐特及鄰近地區的歷史回憶》（1686年），聖馬可國家圖書館，威尼斯。

圖5.9〈尼格羅龐特王國〉，摘自柯羅內利的《威尼斯島嶼地圖集》（1696），聖馬可國家圖書館，威尼斯。

圖5.10 柯羅內利在其《威尼斯地圖集》（1690-1701）扉頁上的肖像，聖馬可國家圖書館，威尼斯。

像一張張具有節奏感的薄紗，地圖學面紗的作用便是展示領土佔領及威尼斯領土的逐步擴張。

除此之外，地圖學面紗還有具戲劇效果的「布幕」作用，向國內居民展示遠方的土地（圖5.9）。[61]這些色彩絢麗的幻覺所帶來的驚人視覺效果，使讀者產生了錯覺及好奇心，因此大大增加了地圖集的美感及吸引力。即使優先考量到視覺效果，地圖集還是想讓讀者親手觸摸到地圖學面紗上的漣漪與皺摺。[62]同時，這些虛幻的織布也引導著視覺敘事，並添加更多的活力；換言之，時間被表現成織布──透過讀者動手翻閱，成為一種不斷揭開真相的過程。

有意思的是，柯羅內利在他的地球儀上所描繪的，是兩位小天使揭開他本人面容的

過程，就像他的地圖一樣。在《威尼斯地圖集》卷首插畫頁上，這位宇宙學家未有遮掩的身影本身就像一張面紗（圖5.10），他溫和地注視著我們，其右手遮住了北太平洋，使我們無法看到他用圓規所指之處。宇宙學家的手完成了沃特斯在《史特拉波的地理學》的1707年版本中，時間面紗所具有的功能（圖5.3），其保護姿態標示著一個西方思想史上的邊緣時刻：地理大發現時代及宇宙學時代的結束。從現在開始，正如荷蘭的扉頁所提醒我們的那樣，地理發現及地球的秘密將不再由全知全能的宇宙學家來揭開，而是由時間之父獨自揭開。

結論

自古以來，時間的面紗一直包裹著記憶女神和赤裸裸的真相，並在巴洛克時期的歐洲發揮著多重作用：它建立起大家的期望、標示著進步的敘事，並在視覺上及隱喻上呈現了一段具有彈性的歷史；在這個歷史中，不同的時代存在於同一個空間中，就像同一張無縫的織布。因此，面紗亦是一種自相矛盾的物品，因為它交出了進展與同步性，也能同時揭開並隱藏。

面紗變成了地圖，被安放在書裡，它不僅僅是一個視覺上令人信服的隱喻，亦是一種強大的實際工具，透過空間化的表現來產生時間：無論是隨著旅行或戰爭的展開，還是地理發現或世界通史，每當讀者翻閱書頁，依次揭開地圖上的面紗時，時間就會就此上演。時間的面紗可說是召集起眼睛、手及實際媒介之間的合作。

到了十九世紀，當一個幾乎能完全被繪製出來的地球開始縮小時，「時間的面紗」便遺棄了地圖集的扉頁及地圖；在失去了空間特質之後，它變成了一個模糊且多變的實體。在1858年第一次跨大西洋電報通訊所發表的演講中，美國上校約翰・S・普雷斯頓特地宣稱：「空間已經被征服，比太陽神戰車輪子更快的聲音被送到海洋下方及全世界，但時間的面紗在其神秘的褶皺中仍然維持並隱藏著巨大的成果。」[63]跨大西洋電纜的鋪設，代表了一種新的全球地理想像力，其中空間已被馴服，因為跨大西洋的通訊現在已經是即時的了。

然而，時間仍然是無法被掌握的實體：它的皺摺是神秘、隱晦又無聲的。[64]僅僅十年之後，即1868年，倫敦文物學會選擇「時間的面紗」作為其位於皮卡迪利的新大樓入口基石。面紗不再是需要等待身強力壯的時間之父揭開的厚重帷幔，它現在是一種輕柔、幾乎是空靈的存在，揭開了記憶女神的精

緻面容——就好像在專業考古學及地質學時代，籠罩著過去的神秘面紗現在已經變得透明，或者用叔本華的話來說，成為「最薄的面紗」。[65]

註釋：
我要感謝傑若米・布朗，以及「地圖上的時間感」會議主辦方及與會者，感謝他們對本章先前版本的寶貴意見與建議。

1. Walter Goffart, *Historical Atlases: The First Three Hundred Years, 1570–1870* (Chicago: University of Chicago Press, 2003), 38. 有關歷史地圖應該同樣加上「時間地圖」的相關討論請見 Daniel Rosenberg and Anthony Grafton, *Cartographies of Time: A History of the Timeline* (New York: Princeton Architectural Press, 2010) 以及，討論更為廣泛，嵌入時間維度的寓言地圖，例如十八世紀法國和英國的「生活地圖」及「婚姻地圖」，請見 Franz Reitinger, "Mapping Relationships: Allegory, Gender and the Cartographical Image in Eighteenth-Century France and England," *Imago Mundi* 51 (1999): 106–30; and Jeffrey Peters, *Mapping Discord: Allegorical Cartography in Early Modern French Writing* (Newark: Delaware University Press, 2004).

2. Christian Jacob, *The Sovereign Map: Theoretical Approaches in Cartography Throughout History* (Chicago: University of Chicago Press, 2006), 326.

3. Basil of Caesarea, *Hexaemeron*, 6.1.

4. Mark Johnson, *The Body in the Mind: The Bodily Basis of Meaning, Imagination, and Reason* (Chicago: University of Chicago Press, 1987).

5. "Velut magnum Carmen cuiusdam ineffabilis modulatoris" *(Epist. 138.5).* 這段話之相關討論，請見 Pierre Hadot, *The Veil of Isis: An Essay on the History of the Idea of Nature* (Cambridge, MA: Harvard University Press, 2006), 201.

6. Charles Dickens, *Hard Times for These Times* (New York: Hurd and Houghton, 1869), 129; Henry David Thoreau, Walden (1854; repr. New York: Cosimo Classics, 2009), 64.

7. 例如，美國神話學家約瑟夫・坎伯便描述了一尊印度教濕婆女神的雕像，她手持「一團火焰，燒掉了時間的面紗，並開啟我們的心智以望向永恆。」請見 Harry Eiss, *Divine Madness* (Newcastle: Cambridge Scholars Publishing, 2011), 345.

8. 同樣，「發現」一詞在地理大發現時代是葡萄牙人用來表示發現新領土，但在十六世紀末和十七世紀上半葉，則成為英語中的常用語，當時它至少有六個含義，其中包括「發掘」「揭露」或「透露」等。請見 Jerry Brotton, *The History of the World in Twelve Maps* (New York: Penguin Books, 2013), 155–56.

9. James Spedding, ed., *Works of Francis Bacon*, 14 vols. (London: Longman, 1861–1879), vol. 8, p. 257.

10. Denis Cosgrove, "Global Illumination and Enlighten- ment in the Geographies of Vincenzo Coronelli and Athanasius Kircher," in *Geography and Enlightenment*, ed. David Living- stone and Charles Withers (Chicago: University of Chicago Press, 1999), 48.

11. Alain Schnapp, *The Discovery of the Past* (New York: Abrams, 1997).

12. 請見 Paul Hoftijzer, "The Dutch Republic, Centre of the European Book Trade in the 17th Century," EGO [European History Online] (2015), http://ieg-ego.eu/en/threads/backgrounds/the-book-market/paul-g-hoftijzer-the-dutch-republic-centre-of-the-european-book-trade-in-the-17th-century#InsertNoteID_3_marker4.

13. 根據安德魯・彼得格利和亞瑟・德維杜文的說法，「十七世紀的荷蘭圖書世界建立在七個主要市場之上：國家通訊，即發布在七個省105個管轄區的印刷小冊及大報；大學及著名學校的出版印刷；教會書籍（聖經及詩篇）和宗教文學；詩歌及文學；學校書籍；作為出口的小型拉丁文作品；以及新聞。在十七世紀末之前，這些荷蘭所出版超過三十六萬件出版品中，這些就佔了90%以上。」請見 *The Bookshop of the World: Making and Trading Books in the Dutch Golden Age* (New Haven, CT: Yale University Press, 2019), 397.

14. 相關例子，請見 the Louvre sarcophagus (second century CE) and a statue of the same period retrieved near Tivoli, described in *Ennio Quirino Visconti, Il Museo Pio Clementino* (Milano: Bettoni, 1819), 173–74.

15. Richard Onians, *The Origins of European Thought about the Body, the Mind, the Soul, the World, Time, and Fate* (Cambridge: Cambridge University Press, 1954), 344. 同樣請見 Penelope's stratagem to deceive her suitors: by weaving and

unweaving her shroud, she pauses time (*Odyssey*, book 16).

16. Onians, *The Origins of European Thought*, 389.

17. John Scheid and Jesper Svenbro, *The Craft of Zeus: Myths of Weaving and Fabric, trans. Carol Volk* (Cambridge, MA: Harvard University Press, 2001), 159.

18. *The Cosmographia of Bernardus Silvestris*, trans. Winthrop Wetherbee (New York and London: Columbia University Press, 1973), 74; and Dante Alighieri, *Paradise*, 16.7–9.

19. 在 1100 年左右的雷根斯堡圖畫中，時間之神克羅諾斯／薩圖恩戴著一塊飄揚的巨大面紗。請見 Erwin Panofsky, *Studies in Iconology: Humanistic Themes in the Art of the Renaissance* (1939; repr. San Francisco: Harper and Row, 1972), 75.

20. Cesare Ripa, *Iconologia* (Siena: Heredi di Matteo Flori- ni, 1613 [1593]), 298.

21. Donald Gordon, " 'Veritas Filia Temporis': Hadrianus Junius and Geoffrey Whitney," *Journal of the Warburg and Courtauld Institutes 3* (1940): 228–40; and Soji Iwasaki, "Veritas Filia Temporis and Shakespeare," *English Literary Renaissance 3* (Spring 1973): 249–63, at 250.

22. 「（時間）那個頭腦靈活的瘦長高個兒／從不站在原地，而是以最快的速度飛奔／就像他游過或飛過你身旁一樣？／……他的頭上帶著鐘／手裡拿著沙漏。」(*Respublica*, 1553). 這段話之相關討論，請見 Gordon, " 'Veritas Filia Temporis,'" 229.

23. Erasmus, *Adagia*, 2.4.17, in *The Adages of Erasmus, trans. William Barker* (Toronto: University of Toronto Press, 2001), 179–81.

24. Panofsky, *Studies in Iconology*, 89.

25. Fritz Saxl, "Veritas Filia Temporis," in *Philosophy and History: Essays Presented to Ernst Cassirer*, ed. Raymond Kliban- sky and H. J. Paton (Oxford: Clarendon Press, 1936), 197–222 (quotation from 209).

26. 例如，英國劇作家羅伯特・格林寫於 1588 年的浪漫小說《潘朵斯托》副標題是「時間的勝利」，扉頁上標示著「時間之女」。這部作品啟發了莎士比亞的《冬天的故事》，該書其中一個女兒在時間中向她的父親傳授真相。

27. 該主題在歐洲具廣大普及傳播力要歸功於安德烈亞斯・阿爾恰托的《寓言畫》（1542 年，1602 年）、里帕的《圖像學》（1593 年，1603 年）等書籍內容，以及其各種版本與翻譯，包括德克・皮特茲・珀斯於 1644 年所譯之相當具影響力的荷蘭文譯本。

28. Paul Huys Janssen, "Theodor van Thulden: Time Revealing Truth" (http://www.steigrad.com/thulden-time- revealing-truth/). 在其他時候，真相會和繪畫及雕塑的寓言混在一起。例如，在亨利・泰斯特琳 1655 年描繪的《時間在美德之愛的協助下將繪畫的真相從無知的雲層中驅趕出來》中，時間在真相身上掀起了一層雲霧，而真相反過來又揭開了自己及其調色板。尼古拉斯・皮埃爾・盧瓦同樣描繪了《被時間揭開的繪畫和雕塑》的女性寓言（1663 年），而慶祝法國皇家繪畫和雕塑學院成立（約 1648 年）的繪畫中也使用了這一主題。帕羅・德・麥緹斯的《那不勒斯的知識及藝術寓言》（可追溯到 17 世紀下半葉），在畫中嵌入了一幅時間揭開真相的畫。

29. Saxl, "Veritas Filia Temporis," 216–18.

30. 她的右腳放在一個地球儀上。耐人尋味的是，在她的大腳趾和英國之間有一根刺，以提醒細心的觀察者，關於聖公會的擴張給教宗帶來的痛苦。

31. Panofsky, *Studies in Iconology*, 92.

32. Alexandre Koyré, *From the Closed World to the Infinite Universe* (Baltimore: Johns Hopkins University Press, 1957), 2.

33. 在荷蘭博物學家和顯微鏡專家安東尼・范・雷文霍克的《解剖學》（1687 年）正面插圖上，時間（右邊的老人）和好奇心所持有的顯微鏡鏡頭，形成了畸形的伊西斯揭開布幕的畫面。大家可以將其與人體解剖表作有趣的比較，有時也會以自行解剖的女性身體作為真相的寓言。請見 Jonathan Sawday, *The Body Emblazoned: Dissection and the Human Body in Renaissance Culture* (London and New York: Routledge, 1996); and Raphaël Cuir, *The Development of the Study of Anatomy from the Renaissance to Cartesianism: Da Carpi, Vesalius, Estienne Bidloo* (Lewiston, NY: Edwin Mellen Press, 2009).

34. Hadot, *The Veil of Isis*, 129.

35. Basil Montagu, *The Works of Francis Bacon, Lord Chancellor of England*, 3 vols. (Philadelphia: Carey and Hart, 1844), vol. 1, p. 358. 恰好，培根 1640 年的《論神聖與世俗學術的精通與進展》的扉頁插圖顯示，小船居於一條開放的地平線之中，其上方掛著一個帷幔。

36. 相對於古典派作者，例如塞內卡所使用的公式具有獨特的道德意義（「為了駕馭憤怒，一旦不能立即反應，則必須給自己多點時間，因為時間終會揭開真相」），或是十六世紀的宗教與政治撥款（Hadot, The Veil of Isis, 179）。

37. Hadot, *The Veil of Isis*, 176.

38. Nicholas Gueudeville, *Le nouveau theatre du monde, ou La*

geographie royale (Leiden: Chez Pierre van der Aa, 1713).

39. *Le grand atlas de la mer ou monde Atlantique* (Amsterdam, 1680). 同樣的主題也出現在弗蘭西斯科‧普列馬提喬的《天體》（1552 年）中，天體的星冠寓言代替了時間，天體則代替了地球。

40. Jean C. Streng, "The Leiden Engraver Frans van Bleyswyck (1671–1746)," *Quaerendo* 20, no. 2 (1990): 111–36 (quotation from 114).

41. 安特衛普製圖師亞伯拉罕‧奧特利烏斯是第一部印刷地圖集（1570 年）的作者，他本人也是一個收藏家；十七世紀的大型地圖集是私人收藏的一部分，也用來作為實際的作品集。例如，一位名叫勞倫斯‧凡‧德姆的阿姆斯特丹律師，便在其收藏布勞的《大地圖集》（1662 年）副本書頁之間，插入了 1,800 多幅城市景觀、海景、建築草稿、人誌學印刷品及畫像等等。請見 Diane Dillon, "Consuming Maps," in *Maps: Finding Our Place in the World*, ed. James R. Akerman and Robert W. Karrow Jr. (Chicago: University of Chicago Press, 2007), 296.

42. Schnapp, *Discovery of the Past*, 233.

43. Schnapp, *Discovery of the Past*, 164.

44. Goffart, *Historical Atlases*, 22.

45. Châtelain, *Atlas historique, ou nouvelle introduction a l'histoire, à la chronologie & à la géographie ancienne & moderne: Représentée dans de nouvelles cartes, où l'on remarque l'établissement des etats & empires du monde, leur durée, leur chûte, & leurs differens gouvernemens. . . ,* 7 vols. (Amsterdam: Châtelain, 1705– 1720). 有關該作者作品更為深入的問題，請見 Goffart, *Historical Atlases*, 132.

46. Goffart, *Historical Atlases*, 132.

47. Goffart, *Historical Atlases*, 133.

48. 「在十九世紀『一般』或『通用』地圖集與『歷史』地圖集仍然具有相同地位，以至於歷史地圖集在其所新增的意義——即歷史專業地圖集方面——有時會與一般地圖集及其所熟悉、發散的傳統慣例產生衝突。」(Goffart, *Historical Atlases*, 23).

49. 引用於 Streng, "The Leiden Engraver," 115.

50. Aleida Assmann, *Cultural Memory and Western Civilization: Functions, Media, Archives* (Cambridge: Cambridge University Press, 2011), 39.

51. Jean Chardin, *Des vortrefflichen Ritters Chardin* (Leipzig: Gleditsch, 1687).

52. 一個有趣的例子出現在阿塔納奇歐斯‧基爾學的《中國圖說》（1667 年）的扉頁上；後來的例子包括約翰‧克里斯多福‧穆勒二十五張豪華的波西米亞地圖（1720 年）中插入的布拉格景色（也描繪在窗簾上），以及各種城市地圖，例如安東尼奧‧艾斯皮諾薩的九張馬德里地形圖（1769 年），以及喬凡尼‧巴蒂斯塔‧諾利與皮拉奈奇所共同製作的著名《羅馬地圖》（1748 年）。在這些城市地圖中，地圖學的面紗就像一種從古代神話的輝煌廢墟上所剝下的「外皮」。這些地圖的相關討論，請見 Peter Barber and Tom Harper, *Magnificent Maps: Power, Propaganda, and Art* (London: British Library, 2010), 70–73; 以及 Brigitte Marin, "Il Plano Topografico di Madrid di Antonio Espinosa de los Montoros (1769): monarchia riformatrice, nuovi saperi della città e produzione cartografica," in *Le città dei cartografi: Studi e ricerche di storia urbana*, ed. Cesare De Seta and Brigitte Marin (Naples: Electa Napoli, 2008), 148–68.

53. 此地圖相關討論，請見 Alberto Dragone, *Segni e sogni della terra: Il disegno del mondo dal mito di Atlante alla geografia delle reti* (Milan: De Agostini, 2001), 127.

54. 有關該掛毯系列的日期，請見 Anne T. Woollett, "Faith and Glory: The Infanta Isabel Eugenia and *the Triumph of the Eucharist*," in *Spectacular Rubens: The Triumph of the Eucharist* (Los Angeles: Getty Publications, 2014), 11.

55. Denis Cosgrove, "Global Illumination and Enlightenment in the Geographies of Vincenzo Coronelli and Athanasius Kircher," in David N. Livingstone and Charles W. J. Withers, eds., *Enlightenment Geographies* (Chicago: University of Chicago Press, 2000), 37.

56. Cosgrove, "Global Illumination," 41.

57. Vincenzo Coronelli, *Atlante veneto*, vol. 1 (Venice: Domenico Padovani, 1690), title page; English translation from Cosgrove, "Global Illumination," 39.

58. Cosgrove, "Global Illumination," 39.

59. Vincenzo Coronelli, *Isolario, descrittione geografico-historica, sacro-profana, antico-moderna, politica, naturale, e poetica. Mari, golfi, seni, piagge, porti, barche, pesche, promontorj, monti, boschi, fiumi . . . ed ogni piu esatta notitia di tutte l'isole coll'osservationi degli scogli sirti, scagni, e secche del globo terrac-queo. Aggiuntivi anche i ritratti de' dominatori di esse. Ornato di trecento-dieci tavole geografiche, topografiche, corografiche, iconografiche, scenografiche a' maggiore dilucidatione, ed uso della navigatione, et in supplimento dei 14 volumi del Bleau. Tomo 2. dell'Atlante veneto,* pt. 1 (Venice: A'*

Spese Dell'Autore, 1696), 69.

60. Coronelli, *Isolario*, 163.

61. Veronica della Dora, "Mapping ʻMelancholy-Pleasing Remains': Morea as a Renaissance Memory Theater," in Sharon E. J. Gerstel, ed., *Viewing the Morea: Land and People in the Late Medieval Peloponnese* (Washington, DC: Dumbarton Oaks Research Library and Collection, 2013), 455–75. 有意思的是，繪在布料上的島嶼及城市變成了類似戰爭旗幟的戰利品，比如威尼斯人在科羅尼俘虜一位奧斯曼帝國人（柯羅內利為其單獨繪製了兩幅版畫）。這些作品中，地圖的方向亦反映了其戰略重要性，例如，尼格羅龐特和克里特島便以水平方向為描繪，並佔據整整兩頁的篇幅。

62. David Weimer, "Look but Don't Touch: Eighteenth- Century Cartographic Illusions of Tactility," paper presented at the International Conference on the History of Cartography, Belo Horizonte, July 9–14, 2017.

63. *Report of the Dinner Given by the Americans in Paris, August the 17th, at the "Trois Frères," to Professor S. F. B. Morse, in Honor of His Invention of the Telegraph, and on the Occasion of Its Completion under the Atlantic Ocean* (Paris: E. Brière, 1858), 16.

64. 1847 年，法國考古學家布雪‧德彼爾特也使用了類似的比喻：「在這條大發現之路上，我們還在出發點。那麼，為什麼說我們已經到達了航程的終點呢？只因為我們已經揭開了面紗的一角，所以就必須作出結論，以表示已經看到面紗所掩蓋的一切了嗎？」（引自 Schnapp, *The Discovery of the Past*, 372）。另外，請見約翰‧布雷迪（John Brady）：「在時間連綿不絕的幽暗包裹下，像死亡一樣模糊，像墳墓一樣沉默，遺忘在那裡持續她闇黑的統治，在薩魯姆的孤獨平原上皺起了黑暗堆。然而，在這裡就別用古典的眼光去追尋科林斯式的美」：請見 "Stonehenge," in John Brady, *Varieties of Literature* (London: Geo. B. Whittaker, 1826), 237.

65. Robert Wicks, *Schopenhauer* (Oxford: Blackwell, 2008), 77.

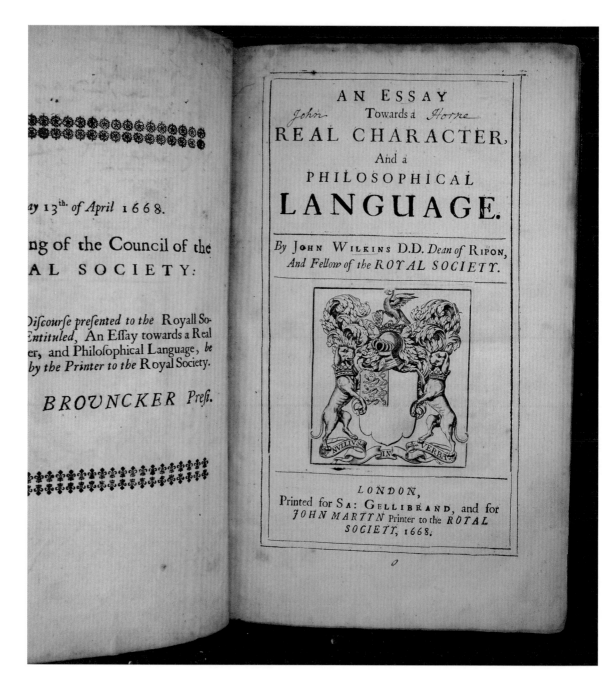

圖6.1　約翰・威爾金斯，書名頁，摘自《關於真實字符的論文》，1668年。該副本先前為約翰・霍恩・托克及查爾斯・凱・奧格登收藏。加州大學洛杉磯分校，威廉・安德魯・克拉克紀念圖書館。

6

丹尼爾·羅森堡
Daniel Rosenberg

語言地圖

　　在歐洲十七及十八世紀中，把語言看作是概念地圖的想法是相當重要的事，當時認為構建良好的分類法是哲學及自然哲學的首要任務。在此時期，米歇爾·傅柯提出了一項著名的論點：詞語本身構成了「一張桌子，知識在這張桌子上『被』展示在一個與其本身同時代的系統中。」[1]十七世紀最引人注目的實際詞語表，即是1668年由倫敦皇家學會的博學創始人約翰·威爾金斯所提出的「真實字符」系統。[2]

　　威爾金斯在其《關於真實字符的論文》中認為，這種人工語言系統與拉丁語、法語或英語等「既定語言」相比，具有相當重要的優勢（圖6.1）。[3]相較這些語言，威爾金斯的系統更顯得紮實、有規則及合理，因此不僅易於學習與使用，而且還是闡明事物和思想之間的關係，以及區分邏輯好壞的工具。該系統的核心是一張字根分類表，依照該表原則上就能構建出宇宙中每一種思想和事物的表達方式，包括現有的和可能的宇宙（圖6.2）。[4]

　　威爾金斯的表格從一開始就是其系統的評估重點，例如法國語言理論家約瑟夫·瑪麗·德格朗多於1800年出版的《符號與思考的藝術》一書中便表示，該系統表所依據的術語概念，其安排是任意的；威爾金斯應該要對世界進行分類，而他卻只是在對世界進行劃分。就德格朗多看來，威爾金斯的做法還是屬於語言的製圖師而非自然哲學家的做法。他寫道：

　　　　劃分與分類的不同之處在於，後者是基於其所希望分配對象的緊密屬性，而前者則是遵循某種規則，以達成這些對象所注定成就的某種目的。分類法將思想分配成屬、種及科；而劃分則將其分配至或大或小的區域中。分類是植物學家所採用的方式；而劃分則是地理學的教學方式。[5]

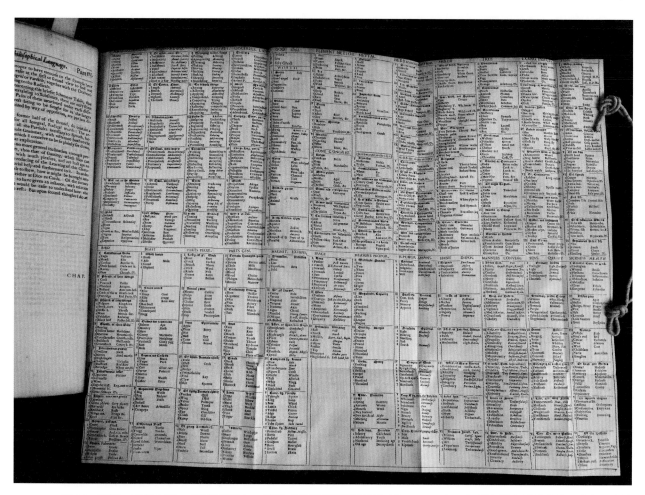

圖6.2 約翰・威爾金斯，〈部首簡表〉，摘自《關於真實字符的論文》，1668年。加州大學洛杉磯分校，威廉・安德魯・克拉克紀念圖書館。

德格朗多有意以此為批評，但是他對威爾金斯的看法也能從字面上來解讀，並作為另一種問題的基礎：如果威爾金斯正從事地圖學相關專業，那又是什麼樣的地圖學？

我們所知的部分答案：威爾金斯的看法不同於德格朗多，他在《關於真實字符的論文》所列出的詞語表中，試圖為內文中的樹狀圖分支添上葉子。這個分類的「整體系統」是德格朗多所偏好的那種階層框架，但是，正如德格朗多所精確表示，當威爾金斯列出其實際詞語表時，其結果比他最初系統所顯示的還要混亂（圖6.3）。這並沒有造成威爾金斯的困擾，因為對他來說，這個系統只是草稿，其主要目的不是為了要命名宇宙萬物，而是為了列出一套基本詞語，像組合玩具一樣，從這些詞語中組裝出大家所需要

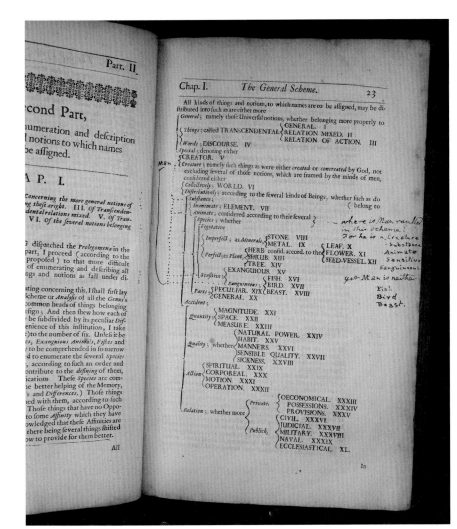

的字詞。

　　這種方式在系統中納入了遊戲。一方面，威爾金斯的選擇是合理、百科全書式的，並由一個具有層級的「整體系統」為引導[6]；另一方面，有關該系統的適當性，與其說要依賴字根基本分類法在哲學方面的完整性，不如說它們相當具有組合和重新組合的潛力，就像威爾金斯在其早期論文《水星、秘密和迅速的信使》中所討論的密碼一樣。[7]

　　換句話說，這些基本詞彙的設計，既是為了表達關係（如威爾金斯所說的差異、對立、相似性等等），也是為了命名事物，而且就它們被設計成名字的方面而言，這些名字也是關係的自然表達。這算是為有抱負的分類學家提供學術機會，也就是威爾金斯的合作對象，如自然哲學家法蘭西斯‧威盧比

及約翰‧雷都曾主動抓住這些機會。這樣的設計也提供了幾乎無止盡的選擇。[8]

這是威爾金斯體系的某一方面，而豪爾赫‧路易斯‧波赫士在1942年的文章《約翰‧威爾金斯的分析性語言》中，便已經指出這點。[9]在威爾金斯保證對語言進行徹底的縮減之後，他的論文中就開始出現許多需要用新語言來表達的詞語，從維納斯之鏡（Venus Looking-Glass，又稱異檐花）、布里斯托紅色剪秋羅（Bristol Nonesuch）、毛黃連花（Yellow Loose Strife）到山羊金龜子（Goat-Chafer）、嚙蟲（Death Watch）、母牛（Lady-Cow）、藍魔蟲（Barble）、白楊魚（Gudgeon）和班斯提克（Bansticle）[10]……為了突破胡言亂語的僵局，大家絞盡腦汁想盡各種方法，並且在隨後幾世紀中，為了符合目的而設計出各種新的命名方案，其中安東萬‧拉瓦節和卡爾‧林奈的科學命名法，則是相當的成功。[11]

威爾金斯的系統建立在一個基本的分類框架之上，從「範疇」到「屬」到「類」再到「種」。每層分類無論在何種情況下，都算是「屬」的非正式分類，並具有一個發音表；每四十個「屬」當中，就有一個會以英語之子音及母音的組合為表示，具有密切相關的「屬」（通常隸屬於同一個範疇）亦會擁有相同的字首子音。[12]同樣的模式也適用於「類」及「種」。

然而，威爾金斯的主要貢獻並非是該分類法本身，儘管他在這方面付出了大半的努力，並產出某些實用性；其貢獻反而在於闡明一套原則，任何可能的命名系統都會依據這些原則，以顯示出各自的邏輯及品質。威爾金斯寫道：「雖然該原則除了此作用之外，不該再有其他用途，但考量到那些常見的惡作劇，以及在相關不重要句子的偽裝下，人們很容易受到欺瞞，因此該原則在這個時代還是非常值得大家努力研究。」[13]那麼，威爾金斯系統的特殊優點，便是它能揭開隱藏在語言中的本體性系統，特別是那些「刻意的、神秘的、深刻的，並用大量膨脹的詞語所表達的概念。」[14]這在分類學的闡述中也經常發生，就在其所有不一致、冗贅及奇特之處。

當然，這正是威爾金斯吸引波赫士的地方。在有關威爾金斯的文章中，波赫士提到了「中國百科全書」的著名故事；同樣，這也是吸引傅柯的原因，他的《事物的秩序》也重新提及了波赫士的中國百科全書故事。[15]波赫士如此寫道：

> 我已經注意到威爾金斯的任意性……顯然，沒有什麼宇宙的分類不

是任意及推測來的，原因很簡單：我們不知道宇宙是什麼……我們必須更加深入；我們必須有所質疑，在這個頗具野心的字中，其固有的、有機的、統一的意義方面並不存在宇宙。倘若真的存在，我們也必須猜測其目的；我們必須猜測上帝秘密字典中的詞彙、定義、詞源及同義詞。但是，就算不可能參透宇宙的神聖計畫，也無法阻止我們勾勒人類的計畫，即使我們知道後者都是暫時存在的。[16]

大家越是仔細研究威爾金斯的詞彙，其組織邏輯就越是脆弱，而類別也越是相互堆疊。如果有人想在威爾金斯的詞彙表基礎上，為十七世紀的英國繪製一張概念圖，當然會有很多相關素材，舉例來說，他的詞彙表中有關「國家批准的謀殺形式」——砍頭、剝皮、解剖、投石、射擊、壓迫、沉塘、刺殺、掏空、飢餓、折磨、窒息、活埋、淹死、活燒、釘死及車裂——皆代表了一個高度細分及規範的文化框架。[17]雖然他的「整體系統」在程度上令人印象深刻，但越接近個別詞語，這個系統就越不像一種分析法，反而更像某種語言。

值得注意的是，在他自己的層級系統中，威爾金斯沒有為地圖或圖表這兩個詞語找到合理滿意的歸宿；事實上，他把這兩個詞放在一個「異質堆中」，他稱之為常見異質素材，其中還包括牛的供給、傷口治療及寫作工具[18]，地圖和圖表便在這一「堆」中與其他種類的視覺裝飾物歸成一類。就像謀殺形式的方式，這些都能喚起大家對時代的回憶，威爾金斯將圖片、肖像、雕像、繪圖、表格、景觀、圖像、投影、圖案、分析、掛毯、琺瑯、圖像、雕像、木偶、偶像、巨像和十字架等都列入其中[19]，他認為——其系統也呈現了此項事實——每種符號的系統在某些方面必須是任意性的。但提到另一種情況，即「制度化的語言」也幾乎完全如此。[20]

因此，雖然威爾金斯的系統中是有些令人意外的元素——倒也沒有波赫士所想像或德格朗多所擔心的那麼有意思——從背景來看，這部著作因 其本身的實用主義而引人注目。以威爾金斯的話來說，這個系統是「形而上的」，因為它需要透過某種形式類比在宇宙中進行相關操作，而不是因為被包含在微觀宇宙之中。威爾金斯運用語言中的結構，如對立及相似性，來對該詞典所具有事物之相同類型的關係進行編碼[21]；也就是說，若我們想把威爾金斯的計畫看作是一種語言的地圖學，我們必須把它看作是一種特殊、

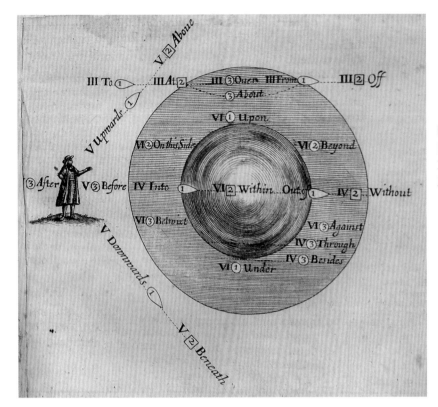

圖**6.4** 約翰‧威爾金斯，〈地方介詞圖〉，局部，摘自《關於真實字符的論文》，1668年。加州大學洛杉磯分校，威廉‧安德魯‧克拉克紀念圖書館。

具建設性的地圖學，即一種闡明關係的工具，把事物放在地方上，並把這些地方組織起來，使之得以標註位址。我們或許能把這種工具視為一種語言「程式」，在這詞語兩種意義上皆是如此。

現代評論家安伯托‧艾可認為，這項威爾金斯的論文特點是具有遠見的。艾可表示，在威爾金斯的系統中，複雜的事物與思想出現在組織系統中多處，不僅合理，而且還有其必要性。這並不代表該系統是錯的，反而使它顯得更有用，加上考慮到資訊設計方面的最新發展，更使得該系統具有前瞻性。艾可問道：

如果我們把威爾金斯系統中的缺陷看作是其預言性的美德呢？如果把威爾金斯看作他在隱約摸索「超文字」的概念，一個我們最近才為之發明名稱的概念，那又會如何呢？「超文字」是一種電腦的程式，其中的每一個節點或元素都要透過一系列的內部參照物與許多其他節點互相連接……如果是這種情況，許多系統的矛盾就會消失，而且威爾金斯也會被認為是一位思想的先驅，可以對複雜資料進行靈活及多元的組織，這種思想將在下個世紀及未來世紀持續發展。22

無論大家是否完全同意，艾可的鼓動呼應了解讀威爾金斯的重要傳統，從十八世紀的約翰‧霍恩‧托克到二十世紀的查爾斯‧凱‧奧格登，就如劉禾所論證，他們將威爾金斯的方法理解成與符號機器的運作相關的組合方式。[23]

如果按照這個思維走下去，大家不把威爾金斯的系統看作是一個靜態的位置排列，而是一種對於可能認識論路徑的探索，或者看作是潛在的運行模式，那又會如何？[24]我們是否需要放棄他的語言學理論和地圖學之間的類比？或者我們可以想像一個不同的製圖框架，也許更多的是舞動式，而非輿圖式的，也就是他全部思想所隸屬的這個框架？

為了檢視把威爾金斯系統持續視為是一種地圖學的優點，大家不妨更仔細去看《關於真實字符的論文》的視覺策略，特別是該書中的圖表；這些圖表不多，但都很美，而且很有說服力。其中大多數是表格，包括部首的系統，其他則是威爾金斯為配合其系統所發明的書面字符，這些都是書名中所提到的「真實字符」。每個字都對應於字庫中的一個字根，另一個則顯示了人類發音器官在發出聲音時的不同位置。

有幅圖像與所有這些都大不相同，即威

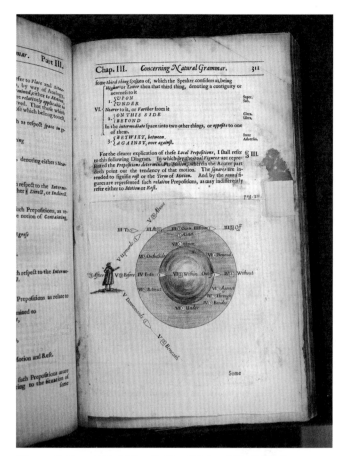

圖6.5　約翰‧威爾金斯，約翰‧霍恩‧托克收藏副本，1668年《關於真實字符的論文》中的〈地方介詞圖〉。加州大學洛杉磯分校，威廉‧安德魯‧克拉克紀念圖書館。

爾金斯稱之為〈地方介詞圖〉的圖表。[25]值得注意的是，這是威爾金斯唯一一次試著直接繪製部分的語言或語言功能的圖表，因此它在這裡具有特殊的重要性；也因為這個原因，吸引了許多後來的語言理論家的注意。〈地方介詞圖〉幾乎完全被複製到英國十八世紀偉大的語言學巨擘托克的《飛翔的話語：珀利的分歧》（二卷，1786年1805年）

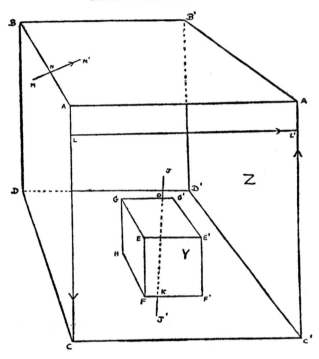

DIAGRAM OF DIRECTIVES

THE PREPOSITIONS SPATIALLY EXPLAINED

AT JJ' passes through Y at O	IN Y is in Z
ABOUT G,G',J are about O	OFF MN is off BB'AA'
ACROSS MM' is across BA	ON Y is on DD'CC'
AFTER M' is after M	OUT KJ' is out of Y
AGAINST LL' is against A'C'	OVER BB'AA' is over Y
AMONG G' is among G,J,E'	THROUGH JJ is through Y
BEFORE M is before M'	TO LL' is to A'C'
BETWEEN AA' is between BB' and CC'	UNDER DD'CC' is under Y
BY J is by D'	UP A'C' is up from CC'
DOWN AC is down from AA'	WITH GG' is with EE' in Z
FROM LL' is from AC	

圖6.6　杳爾斯·凱·奧格登,〈指示圖〉,摘自《基礎英語:一般概論》,1930年。加州大學洛杉磯分校,威廉·安德魯·克拉克紀念圖書館。

金斯的愛好者,他擁有霍恩·托克的威爾金斯論文副本,奧格登在其中空白處曾標註,該地方介詞圖被裁掉了,以便複製到霍恩·托克自己的書中(圖6.5)。

　　威爾金斯的介詞圖在很多方面都非常奇怪。我們之前已經把他的超大字表視為是一種概念性地圖,但我們在此所見到的卻是完全不同的東西——一個看起來像人類可居住空間的圖像。在圖6.4中,我們看到一個穿著像十七世紀牧師的人站在一片草地上(也許他就是威爾金斯本人,除了擔任皇家學會的秘書外,他還是英國聖公會的牧師和神學家,從《關於真實字符的論文》出版的1668年開始擔任切斯特的主教,直到1672年去世,享年58歲)。他的右臂彎置於在腰臀上,左臂向前打手勢,並向兩個巨大的同心球的方向稍稍抬起,似乎漂浮在太空中。

　　在這個人的周圍、球體的對面及上方,有二十四個字。由此可見,這張圖長得有些類似於地圖,與威爾金斯的字根表完全不同的東西:它呈現了二十四個英語介詞,如「之內」(within)、「之間」(betwixt)、「之上」(beyond)等等,這些介詞就該人和它們之間的關係,以地圖的形式繪製於一個概念系統中。並非所有威爾金斯系統中的介詞都出現在此;在他的部首字中,威爾金

之中,而且也是該作品中唯一的圖表。[26]這張圖也成為了後來許多圖表的基礎,包括1930年代奧格登及艾弗·瑞恰慈的《基礎英語》著作中所出現的前言圖表。[27]

　　奧格登和瑞恰慈在減少詞彙方面比威爾金斯作得更多,他們將英語詞彙提煉到只剩下八百五十個單字。奧格登是霍恩·及威爾

斯納入三十六個介詞，因此只有與空間問題最密切相關的介詞會出現在圖表中。一個世紀後，霍恩・托克在他對該圖表的評論中提出，威爾金斯很可能將他的所有三十六個介詞都放入圖中，因為最終所有介詞都來自空間觀念。[28]

同樣的概念在奧格登於《基礎英語》的解釋中得到了驗證，他將所有的介詞重新定位成指示詞（方位符號），並將其數量進一步減少到二十一個（圖6.6）。

在他自己的圖表及說明中，威爾金斯也提及，介詞中的時間符號化可能只是空間符號化的一種特例。[29]大家能在圖6.4左邊看到這點，「之後」（after）這個詞定位在小牧師的後方，「之前」（before）這個詞則定位在他前方。在威爾金斯的新語言中，就像一般英語用法一樣，這些詞——「之前」及「之後」——可以毫無差別地用來表示時間和空間位置。[30]

當然，這其中一項含義，便是時間就和空間一樣，理應能用某種地圖學來表現，而這種圖像就是關鍵。在威爾金斯之後的一個世紀裡，正如安東尼・格拉夫頓和我在其他地方所論述，這種直覺是歷史學家、天文學家、氣象學家、經濟學家和其他學者所廣泛發展，而他們的工作都受益於代表時間的圖

像系統[31]；有些語法學家同時也對這個問題進行探討，產生了有趣的時間及時態的視覺化現象。[32]

時間地圖——如按時間順序排列的時間軸——被視為具有潛在的視覺性語法，以及語言的流動被視覺化成線性圖的可能性概念，主要發展於八、九世紀；後者的概念中則經常能見到威爾金斯的影子。[33]就所有相關者而言，威爾金斯的圖表算是早見於歷史上，因為在他那個時期，真正像這樣的圖表並不多。[34]在該圖表中，威爾金斯很明顯不僅在研究如何繪製語言圖，也在研究如何在這樣的圖中想像空間及時間維度。

在他的圖表中，威爾金斯的小牧師舉止很凝重，他似乎在指著什麼，但又沒有真的指向任何東西；他的角色與周圍的文字、形狀有所相關，但他似乎又對它們視而不見。若他能看見眼前這兩個漂浮的球體，他會怎麼想？

這張圖表的關鍵就是那些字，透過它們的位置——就如書寫文字的位置——以顯示出它們所說的內容。[35]而且這些字皆是動態的，它們在圖表中舞動：「往上」（upwards）及「往下」（downwards）、「之內」及「之外」（out of，不在範圍之內）、「越過」（over）、「靠著」（about）及「離」

（off）。大多數的字都是在右邊圓圈所界定的水平帶狀中開始移動，「上方」（above）和「下方」（beneath）都試著逃向它們所命名的地方。圖表中每個介詞都以寶石形狀作為裝飾：圓形、方形或水滴形。水滴形旁邊的字代表具動作的介詞；正方形旁邊的字是靜止的介詞；圓形旁邊的字有時代表靜止，有時則具有動作。

在中間，「之內」及「之外」二字被困在一種相互引力之中，後者雖然具有水滴形標誌，卻仍在中心球體之內；其他字則環繞在周圍附近。「上」（upon）是在中心球體上方；「下」（under）是在其下方。在右上角，「在這邊」（on the side）；在左上角，「在以外」（beyond）。「進入」（into）有其水滴形標誌，正試著離開到已經是「之外」的地方；「之間」（betwixt）與「相對」（against）相對。此外，還有「通過」（Through）坐落在右下方，「向」（to）、「在」（at）、「越過」、「靠著」、「從」（from）及「脫離」，跳過了圓圈的頂部，就像石頭穿過水面。

這些球體佔了威爾金斯在其「整體系統」所列舉介詞類別中的三個：那些「一般空間」（第III類）、「包含關係」（第IV類），以及「所說的」事物（第VI類）。與小牧師有關的介詞，則是像威爾金斯所說的

「事物的想像部分」（第V類）有關，分別是「往上」和「往下」，即某人或某物所可能採取的方向，以及「上方」和「下方」，便是它們可能的最終位置；最後，便是最基本的時間介詞——「之後」和「之前」——就像呼拉圈一樣繞在小牧師的腰間。若沒有這些介詞，他根本就很難往上走、往下走，或是往其他地方走。

威爾金斯在他的圖表中真的需要小牧師嗎？如果沒有他，這張圖不好表現；然而，隨著時間過去，他已不再流行了。在十九世紀，有位模仿威爾金斯的語法學家，則用一隻眼睛取代了人[36]；到了二十世紀，奧格登在所呈現的圖表中，則完全刪去了人的因素。[37]但即使在這些後來出現的圖表中——只用一隻眼睛也非常清楚表達了這一點——還是有必要理解相對位置及觀點，介詞在這部分體現了威爾金斯在語言方面所強調的重點，即是專注於該圖表往往會消失的部分。即使有其他事物可以代替小牧師，但他的功能還是很重要。

大家又該如何從圖表史及地圖史的角度看待這一切呢？首先，仔細研究威爾金斯的介詞圖，可以看出威爾金斯的計畫在當時是多麼具有挑戰性。威爾金斯所嘗試的符號繪製圖幾乎沒有先例可循，那些我們今天得以反思的各種語言教育學相關的語法圖都是後

來的發展，而且其中有些還仰賴了威爾金斯著作的先例；同時，威爾金斯確實有可供參考的語言視覺化之處——從寓言到樹木到圖表——都與他所嘗試者有著明顯的不同。

第二，威爾金斯的圖表提醒了我們，空間的呈現在本質上是具關係性的——這是威爾金斯圖表的主要觀點之一——而這項事實被烘託於語言之中。正如劉禾所建議，當奧格登從他的威爾金斯圖表版本中抽出人的形象時，他很明顯想要把語言描繪成一種物質技術，更具體來說，當作一種代碼。[38]這種軌跡早已呈現在威爾金斯的著作中，儘管正如其作品及奧格登作品之比較所顯示，他還沒有準備好，偽裝成維拉斯奎茲的樣子，用奧格登或傅柯的方式邀請其讀者進入機器裡。[39]

一如前述，威爾金斯的小牧師所在之處是一個奇怪的世界，有方向但沒有角度可言，也沒有根據；圖中的小牧師看起來夠真實，但他所看到的景象並不真實。他在頁面上不協調地望向兩個同心圓的方向，這兩個同心圓的陰影就像天文學著作中的行星球體，它們漂浮在一個非空間中，在他上方及下方延伸開來。當然，一切也都被文字所覆蓋。

想像一個現實世界的場景，就像威爾金斯的小牧師發現自己所處場景一般，也是有可能的事。他或許站在懸崖邊，看著一個巨大的漂浮球體[40]，但這不是威爾金斯所追求的。威爾金斯在人像及圖解球體之間所構建的視覺關係，也不是像文藝復興時期天文學書籍中的肖像，具有寓意或裝飾性。在那些書中，人像從一個不同於主圖表本身的視覺空間，解釋了圖表的內容；在這裡，人像就是圖表。

威爾金斯也明確將他的圖表與同時代的內科醫師羅伯特・佛勞德等人出版的寓言式宇宙圖區分開來，後者試著傳達一種帕拉塞爾蘇斯式*的概念，即人是宇宙秩序中的微觀宇宙。威爾金斯在1654年的《學術報告》明確提及這項區別，他與合著者賽斯・沃德在該報告中首次敘述了他們如何實現十四年前《關於真實字符的論文》裡的一些想法。[41]

就我們在佛勞德著作中所見到的人像而言，我們不妨說威爾金斯的圖表是去中心化的：圖表裡的人像與其說是地圖的主題，不如說是它的羅盤方位圖，而充分理解這點，可是非常重要的事。威爾金斯的小牧師並沒有提出本體論或現象學的主張，他不是宇宙的中心，也不是我們觀望宇宙的鏡頭；他是

＊ 帕拉塞爾蘇斯（Paracelsian）為十五世紀的瑞士醫生與煉金師，結合了醫學與煉金術，創立化學與藥理，也就是現代醫療化學的基礎。他自認醫術高超，比古羅馬醫學家凱爾蘇斯（Celsus）更偉大，因此自稱「帕拉塞爾蘇斯」，意即「超越凱爾蘇斯」。

具方向性的指針，一把鑰匙，一個地圖上的圖例。

　　為了使得該主張具有圖形參考點，不妨看一下這個〈羅盤方位圖〉，其來自1542年獻給亨利八世的十六世紀波特蘭航海地圖集，即法國航海家尚・羅茨的《航海地圖集》*（或稱《羅茨地圖集》），該著作以一種優雅及傳統手工的方式，完成威爾金斯以簡潔又明快的風格所進行的工作，即是在羅盤中心安置一個具指向性的人像以作為方向指引。[42]端看威爾金斯的圖表及其相關工藝品，就算這顯示該方法——僅管是抽象且無地方性的　威爾金斯的圖表仍有賴具象世界及實體代表二者才得以為人所理解，而在該種情況下的導航，則未在這二方面有任何特定理論上的重點。

　　再看看圖6.4的小牧師，他站在那裡，左手舉起，右手放在腰臀上，這種動作在手勢手冊稱為「常見說話姿勢」；威爾金斯的演講者使用的是左手，儘管手勢手冊一般會建議使用右手。從這裡開始，只要將位置的細微變動及適宜說話時機進行結合，就能創造出近乎無限的效果。艾伯特・M.・培根在1881年的《手勢手冊》中，只透過放下斜躺的手列出一些可能性：「這些是知識的基本原則」；「這些東西肯定是真的。」[43]起點還不算太壞。

　　總之，威爾金斯的圖表或許會使大家想起其他描繪具有修辭意義的人體位置圖，無論是相對於本身，還是相對於周圍，而該抽象空間就如吉爾伯特・奧斯汀於1806所寫年的《手勢或有關修辭的論文》，或是操縱著VirtuSphere虛擬現實控制器的人所描繪的圖像（圖6.7）[44]。後者透過電腦介面將空間的投影變成文字：操縱者抬起頭來，就能看到上方所編碼的虛擬事物；向前走一步，漂浮的操縱者就會到達、穿過並超越面前所投射的任何事物。在虛擬現實中，相對這裡所提出的整體問題而言，我們正處於一個陳述的空間。我們在那裡所擁有的，與其說是一張地圖，不如說是一件用於探索的工具。有鑑於此，我們也應該能注意到在這些圖像中，具有以人體作為指針的堅持。這是具指示功能的人，而不是表達比例的維特魯威人。

　　當然，我們也可以在威爾金斯的語言圖，以及其所處時期各種科學圖之間建立起

---

* 尚・羅茨的《羅茨地圖集》（*Boke of Idrography* 'The Rotz Atlas'），1542 年。大英圖書館索書號：Royal MS 20 E IX, f.4r。網址請見：http://www.bl.uk/manuscripts/Viewer.aspx?ref=royal_ms_20_e_ix_fs001r

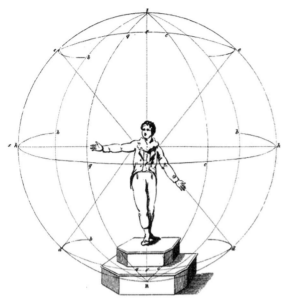

圖6.7　吉爾伯特・奧斯汀，〈修辭方位圖〉，摘自《手勢或有關修辭的論文》，1806年；以及VirtuSphere虛擬現實控制器，紐約，賓漢頓，照片由VirtuSphere, Inc.授權提供。

圖6.8　約翰・威爾金斯，〈齒輪圖〉，透過乘法運作便能輕易移動任何想像得到的重量，摘自《數學戲法：或透過機械幾何學得以實現的奇蹟》，1648年。費城圖書館公司。

有用的關係，加上威爾金斯處於英國科學界的中心，有利於認識新的視覺傳統。他除了進行自己的研究，如測量標準、輸血、永恆運動、捕鯨叉及車廂設計等各種議題，他還與當時大多數重要的英國科學家有密切聯繫，包括羅伯特‧虎克等圖形先驅。虎克於1665年出版的《顯微圖譜》便收錄了許多透過顯微鏡所觀察到的美麗圖形，將空間思維推向了新的維度。[44]即使威爾金斯近身參與了虎克的計畫，大家也能清楚看到，威爾金斯的圖表完全不像那些透過顯微鏡觀察所描繪的著名圖形。

事實上，威爾金斯的介詞圖也與其以往的圖畫不同，這些圖畫並不是大家在〈地方介詞圖〉中所見的那種概念性計畫的直接先例。然而，在威爾金斯早期有關力學和運動等議題方面的著作中，有一些有趣的細節採用了與小牧師有關係的指示裝置，包括其1648年的《數學戲法：或透過機械幾何學得以實現的奇蹟》中漂浮的手和頭（圖6.8）。[46]這些圖像的主題是「裝置」，並描繪得很簡單，但因為它們有時是假設作用，而且總是有其功能性，所以該圖像會在空間中具有一種運動的信號，以打破畫面的一致性，使其得以訴說些什麼。

因此，這裡至少有一項家族相似性：

威爾金斯的裝置圖及其語言圖都是工程圖。雖然介詞圖具有分析的成分，但大家必須記得，儘管圖上簡單標示著英語單字，但這並不是一張英語圖，而是他所發明的語言圖，也許正是因為這個原因，威爾金斯才可以比當代的語法學家率先想像出一張語言示意圖。而工程是一種製造行為，大家越是深入追問這個問題，就越能清楚地看到，威爾金斯把他的語言視為一種機器，而他的圖，就像他的書一般，是該機器的說明書。

另一種思考威爾金斯的圖表的方式，便是借用約翰‧班德及麥克‧馬利南的觀點，以觀察這種抵制模仿的呈現方式：圖表的力量很強大，因為它根據本身結構的內在邏輯發揮作用。圖6.4的「上方」表現了與其他呈現字詞相對的至高性，以及為大家指引方向的小牧師。該圖表整體來說所想要表達的是，該系統僅作為「某種系統」為運作。例如，「上方」只有在與圖表中具同等關係性的「下方」相對時才有意義，「之前」和「之後」也是如此。那麼，這便是小牧師的第二個角色：除了引導大家進入這個系統之外，也使大家身處在這個系統中，儘管這有些容易也無法自我察覺。班德及馬利南建議大家把圖表看作是一個「研究對象」，他們寫道：

我們認為圖表是視覺上的描述方式，對模仿來說沒有什麼共識可言，「模仿」的意思是把內容擺在那裡，就好像隸屬於一個與我們的世界相鄰又相似的世界。我們對圖表的看法，便是在功能方面與洛林・達斯頓及彼得・蓋利森所討論的十八世紀末地圖集中的「研究對象」一致。他們寫道：「如果研究對象不是原來的本質，那麼就還不算是概念，更不會是推測或理論；它們是形成概念和相關應用的素材。」[47]

當然，班德及馬利南在此特別提到了十八世紀狄德羅和達朗貝爾的《百科全書》，其中的圖表——除了〈初步論述〉中著名的樹狀圖之外——大多都是具體的事物而非抽象的概念。然而，出於某種原因，這種倒是比較有說服力。

班德及馬利南認為，《百科全書》的視覺圖解會形成讀者在視覺平面上的體驗。一方面，這些圖版表現出強烈的概念統一性：從異質元素之中，它們呈現出一種功能性的集合，《百科全書》中最有創意的插圖不是去呈現大自然——其中很多還是使用威爾金斯同時期的圖像——反而是要表現藝術及工業。正如歷史學家雷蒙・賓所表示，《百科全書》提出了社會、政治及認識論方面的論點。[48]就我們的目的而言，更重要的是《百科全書》也形成了有關其本身作為一個資訊系統的論點，正如羅蘭・巴特在1964年的《插圖百科全書》中所說。巴特寫道：

我們甚至能更加清楚說明，百科全書圖像中的人被簡化成什麼——在某種意義上，便是他身為人的本質：手。在很多（以及還算漂亮的）插圖中，從身體截取下來的手，在著作附近移動著（顯得其輕盈感很是極端）；這些手無疑是工匠世界的象徵（我們再次注意到的是傳統、幾乎沒有機械化的行業，而蒸汽機也還在視線之外），從桌子（巨大、平坦、光線充足、經常被手所包圍）的重要性就可以看出；但除了工匠精神，手必然是人的歸納符號……因此，在其所表現的直接狀態中，《百科全書》不斷強調要熟知物品的世界（即其主要內容），方法就是加入對「人」的執迷。然而，在圖像的字母之外，這種人性化代表著一種極其微妙的智慧系統：百科全書的圖像具有人性，不僅因為有「人」呈現在其中，同時還因為這形成了一種資訊結構。[49]

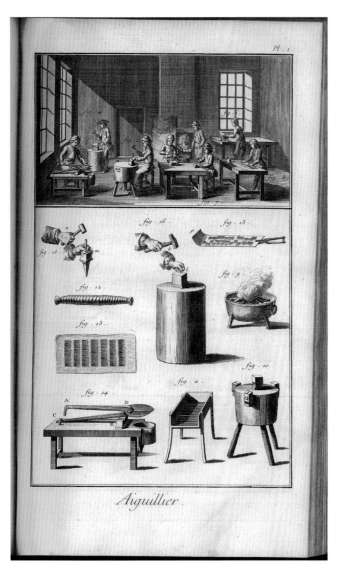

圖6.9 德尼・狄德羅及尚・勒朗・達朗貝爾，〈製針圖〉，《百科全書或科學、藝術及手工藝大全》，1751-1772年。費城圖書館公司。

《百科全書》的插圖透過扁平化、分割及重組空間的方式，以實現這種特定的資訊效果，進而定義出一個既獨立又得以分解，既立足於社會又沉默無聲的認識論空間。

《關於真實字符的論文》以及《百科全書》的圖表，都表現出班德及馬利南在其他地方所說的「混合」組織（圖6.9）。[50]在《百科全書》的插圖及同時期的相關著作中，混合結構是垂直的（場景在頂部，元素在底部）；而在威爾金斯的著作中，則是橫向的（場景在左邊，元素在右邊）。兩者混合的功能多半相似，透過打破空間的圖像一致性，圖表建立起將圖像當作資訊來閱讀的規範。在威爾金斯的著作，大家還能更進一步看見：這不僅僅是將視覺對象進行編碼的問題，這是在空間進行編碼的呈現方面，其本身所代表對象的問題。

巴特在《百科全書》的插圖中所發現的結構性效果，是從兩種視覺字彙的並列對照所產生，一種是配景圖式的字彙，另一種則是意合式的字彙。在插圖的頂部，大家經常會發現某種正在使用的主題場景；下方則會發現場景的元素被擠壓成某種虛空感。當然，威爾金斯整個的計畫是意合式的：產生一個龐大的文字清單。然而在他的圖表中，空間的抽象配置就是全部；比起《百科全書》的插圖，威爾金斯圖表中的元素並無法萃取出來，仍然保留其本身的視覺價值，因為相對的空間狀態正是插圖所要描繪的。在威爾金斯的圖表中，視覺間隙比任何可能

圖6.10 科洛姆·湯姆林森，〈小步舞的常規順序圖〉，摘自《透過閱讀及人像解釋的舞蹈藝術》，1735年。費城圖書館公司。

呈現的事物更重要；或者，也許更好的說法是，它們正是所要呈現的事物。

如何對空間關係進行編碼的問題並不限於語言；相反，正如威爾金斯的圖表所顯示，空間關係的圖形表現在某些方面比語言更為基本。這也是百科全書一派對於其插圖所明確提出的一項論點：在這些圖像中，特別是在工匠工作的呈現方面，《百科全書》巧妙地描繪出各種關係及實務現象，但能以語言盡力表達的也只是部份而已。

其中最具有說服力的例子，便是舞蹈編排的圖解。在七、八世紀的舞蹈描述中，經常會見到人像（圖6.10），然而它的功能卻是模糊的：在有些情況下，其傳達的是身體的姿勢；在其他情況下，則是比例。後者主要是作為舞蹈編排的衡量標準，而不是圖像的主題；它們只是描述舞蹈編排的工具，透過這些工具，舞蹈編排最終才得以實現。

在這個意義上，圖表人像即是一種代碼的化身：他們代表舞蹈編排圖不是一種描述性地圖，而是一套指令。[51]

這種舞蹈符號的抽象性及插圖人像的現實性，其之間存在的張力，讓人不得不聯想到威爾金斯〈地方介詞圖〉的核心張力。〈地方介詞圖〉的張力以古怪的方式，出現於居處在符號世界中的人像，所有這些都是它論證的一部分，告訴大家其描繪的是空間，而非地方，以及——重要的是，但也是最難以捉摸的——它所描繪的事物是「關係」。在威爾金斯的圖表中，具象及圖形抽象性的混合體正是重新對視覺領域進行編碼，其具有多種觀點，也為使用資訊的視覺表現方面建立了一個新的規範。同時，該圖表也算是一種在符號工具用於製圖的探索作法方面的觀點。

註釋：
本文研究由加州大學洛杉磯分校的威廉‧安德魯‧克拉克紀念圖書館，以及柏林的馬克斯‧普朗克科學史研究所所贊助。先前版本曾在史丹佛大學的大衛拉姆希地圖中心及耶路撒冷希伯來大學的〈文藝復興與近世早期論壇〉上發表。

1. Michel Foucault, *The Order of Things: An Archeology of the Human Sciences* (New York: Vintage, 1970), 74.

2. John Wilkins, *An Essay Towards a Real Character and a Philosophical Language* (London: 1668).

3. Wilkins, *Essay*, "Epistle to the Reader," ii.

4. Wilkins, *Essay*, 19:「在建立某種哲學文字或語言時，首先要做的便是公正地列舉出所有需要命名的事物及概念。」

根據個人的計算方式，威爾金斯的基本術語在 2030 個（安伯托‧艾可）及 4194 個（羅德里‧路易斯）之間。Umberto Eco, *The Search for the Perfect Language* (New York: Blackwell, 1995), 245; 以 及 Lewis, "The Same Principle of Reason: John Wilkins and Language," in William Poole, ed., *John Wilkins (1614–72): New Essays* (Leiden: Brill, 2017), 192–94. 相較之下，《牛津英語詞典》第二版則對超過十七萬個單詞進行了相關定義。"How Many Words Are There in the English Language?" Oxford Dictionaries, https://en.oxforddictionar- ies.com/explore/how-many-words-are-there-in-the-english-language/（瀏覽日期：2018 年 9 月 28 日。）

5. Joseph-Marie Degérando, *Des signes et de l'art de penser: considérés dans leurs rapports mutuels* (Paris: Goujon fils, 1800), vol. 4, 399–400. 同時請見 Eco, *The Search for the Perfect Language, 258*; 以 及 Mary M. Slaughter, *Universal Languages and Scientific Taxonomy in the Seventeenth Century* (Cambridge: Cambridge University Press, 1982), ch. 4.

6. 威爾金斯的分類系統有許多未曾預料到的相關應用，最著名的便是其對彼得‧馬克‧羅格特（1805 年）詞庫的影響。Barbara Shapiro, *John Wilkins 1614–1672: An Intellectual Biography* (Berkeley: University of California Press, 1969), 222.

7. John Wilkins, *Mercury: The Secret and Swift Messenger* (London: 1641).

8. Shapiro, *John Wilkins*, 213.

9. Jorge Luis Borges, "The Analytical Language of John Wilkins," in *Other Inquisitions, 1937–1952*, trans. Ruth L. C. Simms (New York: Simon & Schuster, 1968), 101–5. 波赫士的文章於 1942 年 2 月 8 日首次發表在阿根廷報紙《國家報》上。

10. Wilkins, *Essay*, 102, 127, 143.

11. 例如 Wilda Anderson, *Between the Library and the Laboratory: The Language of Chemistry in Eighteenth-Century France* (Baltimore: Johns Hopkins University Press, 1984).

12. Wilkins, *Essay*, 415.

13. Wilkins, *Essay*,「書信」：「……那些以哲學的角度來看，並根據文字真實性及國家重要性呈現者，將會顯示出不一致及矛盾之處。而那些偽裝的、神秘的、深刻的概念，以大量的言語表達出來，好讓某些人能依此建立名聲，若是經過這樣的檢驗，就會發現，這些要不是胡說八道，就是非常平淡無奇。」

14. Wilkins, *Essay*, 5.

15. Foucault, *Order of Things*, xv–xviii.

16. Borges, "Analytical Language," 104.

17. Wilkins, *Essay,* 270.

18. Wilkins, *Essay,* 263.

19. Wilkins, *Essay,* 263.

20. Wilkins, *Essay,* 453:「至於拉丁文語法，依照一般的教學方式，在學校的嚴格要求下，我們要花上好幾年的時間，不免心生厭倦和煩惱，才能達到尚可接受的水準。其主要原因並非是在語言哲學方面具有大量不必要的規則，以符合屬於它們的反常現象及例外情形，其得以估算到的難度，還有佔了三分之一學習痛苦指數的必學單字；根據這些計算，達到習得拉丁文所需付出的努力，大概等同於學習四萬個單字的痛苦。」

21. Wilkins, *Essay,* 20.

22. Eco, *Perfect Language,* 258–59.

23. 劉禾寫道：「對《基礎英語》的設計者奧格登來說，簡化語言學習實務以促進國際商業間的交流和政治，只是推廣《基礎英語》的部分原因，而不是唯一的原因。他將很多統計領域的同步進展視為是計畫直接理論的推動力。」從實務角度來看，奧格登在實施這種嵌套方面會體現在他所謂的「圓形監獄」中，意即語言之輪，展示了基礎英語中的單字如何透過一個機械式裝置有意義地組織起來。正如劉禾所認為，奧格登的「圓形監獄」跟《格列佛遊記》的拉格多寫作機沒有任何相似之處。「這絕不是一個任意的比較，因為在電腦發明之前，奧格登對詞彙的統計運算就已經預設了語言的技術性觀點。」Lydia Liu, *The Freudian Robot: Digital Media and the Future of the Unconscious* (Chicago: University of Chicago Press, 2011), 90–1, 93.

24. 請見 Michel de Certeau, *The Practice of Everyday Life* (Berkeley: University of California Press, 1984), 91–130.

25. Wilkins, *Essay,* 311.

26. John Horne Tooke, *Epea Pteroenta, or, the Diversions of Purley,* 2 vols. (London: J. Johnson, 1786, 1805), vol. 1, p. 249:「所有抽象關係的名稱（如其所稱）要不取自物件形容詞的常用名稱，要不取自常用動詞的分詞……威爾金斯似乎已留意到這種情形，就在他想透過人像來解釋地方介詞之際……但由於他的注意力受限於思想（就這點，洛克先生便成為他的追隨者），他忽略了文字的語源學，即它們的符號，以及其秘密隱藏之處。」

27. C. K. Ogden, *Basic English: A General Introduction with Rules and Grammar* (London: K. Paul, 1932).

28. Horne Tooke, *Winged Words, or the Diversions of Purley,* 2nd ed. (London: J. Johnson, 1798), pt. 1, 454.

29. Wilkins, *Essay,* 309–11. 有關十七世紀的視覺劇目，請見本書維若妮卡・德拉・朵拉所撰第五章。

30. 有關當代空間與時間之間的類比例子，請見 George Lakoff and Mark Johnson, *Metaphors We Live By,* rev. ed. (Chicago: University of Chicago Press, 2003).

31. Daniel Rosenberg and Anthony Grafton, *Cartographies of Time: A History of the Timeline* (New York: Princeton Architectural Press, 2010).

32. 相關例子，請見 Joseph W. Wright, *A Philosophical Grammar of the English Language* (New York: Spinning & Hodges, 1838), 76.

33. 有關時間，請見 Brantley York, *An Analytical, Illustrative, and Constructive Grammar of the English Language* (Raleigh: W. L. Pomeroy, 1860), 82. 有關更多早期文法圖表，請見網站 Coffee & Donatus: Early Grammars and Related Matters of Art and Design, http://www.coffeeanddonatus.org.

34. 有個長久的比喻傳統，即是把語法研究描繪成語法、邏輯及修辭三學科的組成內容之一，例如德國人文主義者格雷戈・萊施 1503 年的教科書《瑪格麗特哲學》，以及波西米亞教育理論家約翰・阿摩司・康米紐斯 1658 年的《世界圖繪》；語法在知識樹中得到了抽象的處理，例如在法國人文主義者克里斯多福・德薩維尼 1587 年的《博雅教育全表》。這兩個主題有個有趣的變化，語法大師的比喻性人像被描繪成他的紀律開關，其出現於記憶系統中，包括湯瑪士・穆爾納 1509 年所出版《邏輯記憶術》，即一種傑出的教育卡片遊戲。大約在威爾金斯時期，大家開始看到沃爾特・翁所謂語法元素的「準圖解」表現方式，亦如約翰尼斯・布諾在 1651 年的《寓言及圖片中的新拉丁語法》。就如同穆爾納的遊戲，布諾的著作內容亦多半是記憶性，而非分析性的。同樣請見 Walter J. Ong, "System, Space, and Intellect in Renaissance Symbolism," *CrossCurrents* 7, no. 2 (Spring 1957): 123–36; 以及 "From Allegory to Diagram in the Renaissance: A Study in the Significance of the Allegorical Tableau," *Journal of Aesthetics and Art Criticism* 17, no. 4 (June 1959): 423–40. 有關早期現代性的「表格化」語法，請見 Ray Schrire, "Shifting Paradigms: Materiality, Cognition and the Changing Visualization of Grammar in the Renaissance," *Renaissance Quarterly*（即將出版）。

35. Michel Foucault, *This Is Not a Pipe* (Berkeley: University of California Press, 1982).

36. William Casey, *Gramatica Inglesa para uso de los españoles*, 2nd ed. (Barcelona: Piferrer, 1827), folding chart. 請見 http://www.coffeeanddonatus.org.

37. Ogden, *Basic English*.

38. 一如艾可所解釋的，萊布尼茲明確闡述了符號機器的可能性。正如劉禾所指出，強納森‧史威夫特也曾如此諷刺道。Eco, *Perfect Language*, 269–92; and Liu, *Freudian Robot*, 40, 93.

39. 有關維拉斯奎茲 1656 年的畫作《宮女》，見傅科《事物的秩序》第 16 頁：「也許在維拉斯奎茲這幅畫中，存在著古典意象的表現方式，並且向大家呈現開放式空間的定義。事實上，這種表現方式在此以所有的元素來呈現其本身，包括其圖像、其所提供的視野、其使人所見到的面孔，以及使其成為某種存在的姿態。但是，在大家眼前同時聚在一起並展開的這種分布情形之中，從每個角度都能明顯看到的，是某種必要的虛空感：這種必要的消失是其本身的基礎，在於其所相似的人，以及在於該人眼中只是某種具相似性者。這個主體——即相同者——已經被省略了，而表現方式，最終會從阻礙的關係中解脫，以最純粹的形式來呈現自己。」正如劉禾所指出的，整個問題在奧格登時期有了引人入勝的新面向，其中有些面向也在奧格登《基礎英語》的合著作者艾弗‧瑞恰慈的某篇論文中有所發展，該論文題為〈人際溝通：語言的意義〉，發表於 1951 年有關模控學的梅西會議上，而在該場會議上，克勞德‧夏農也展示了他著名的迷宮演算機械鼠。Liu, *Freudian Robot*, 84–97.

40. 在《阿斯泰利克斯歷險記》某集漫畫中，就有個場景看來如此，即一艘狀似以漂浮球體的宇宙飛船造訪高盧。Albert Uderzo, *Asterix: Le ciel lui tombe sur la tête* (Paris: Albert René, 2005).

41. John Wilkins and Seth Ward, *Vindiciæ academiarum containing some briefe animadversions upon Mr Websters book stiled, The examination of academies* (Oxford: 1654), 46. 同樣請見 Shapiro, *John Wilkins*, 207.

42. Jean Rotz, *Boke of Idrography*, British Library, Royal MS 20 E. IX, fol. 4, the Rotz Atlas (1542). 同樣請見 Michael Wintroub, *The Voyage of Thought: Navigating Knowledge across the Sixteenth-Century World* (Cambridge: Cambridge University Press, 2017).

43. Albert Bacon, *A Manual of Gesture; Embracing a Complete System of Notation Together with the Principles of Interpretation and Selections for Practice* (Chicago: S. C. Griggs, 1881).

44. Gilbert Austin, *Chironomia, or, a Treatise on Rhetorical Delivery* (London: T. Caddell and W. Davies, 1806). Virtusphere VR controller, by Virtusphere, Inc., Binghamton, NY.

45. 在《顯微圖譜》中，虎克證實道，「在我們這個時代中，本國所創造出來的發明，幾乎全都是在（威爾金斯的）協助下以某種方式完成。」而《顯微圖譜》的問世僅僅比威爾金斯的《關於真實字符的論文》早了三年，就他本身的書而言，情況也正是如此。Shapiro, *John Wilkins*, 201–3.

46. John Wilkins, *Mathematical Magick: or, The Wonders That May Be Performed by Mechanical Geometry* (London: 1648).

47. John Bender and Michael Marrinan, *The Culture of Diagram* (Stanford, CA: Stanford University Press, 2010), 33; 以及 Lorraine Daston and Peter Galison, "The Image of Objectivity," *Representations* 40 (Autumn 1992): 85.

48. Ray Birn, "Words and Pictures: Diderot's Vision and Publishers' Perceptions of Popular and Learned Culture in the *Encyclopédie*," in Marc Bertrand, ed., *Popular Traditions and Learned Culture in France from the Sixteenth to the Twentieth Century* (Stanford, CA: Anma Libri, 1985).

49. Roland Barthes, "The Plates of the Encyclopedia," in *New Critical Essays* (Berkeley: University of California Press, 1980), 28–29.

50. Bender and Marrinan, Culture of Diagram, 42. 工程圖相關討論，在此比較 John Law, *Aircraft Stories: Decentering the Object in Technoscience* (Durham, NC: Duke University Press, 2002); 以及舞蹈與語言之間類比的相關討論，則比較 Susan Leigh Foster, *Reading Dancing: Bodies and Subjects in Contemporary American Dance* (Berkeley: University of California Press, 1986).

51. 參照本書芭芭拉‧蒙蒂於第四章探討阿茲特克及中美洲地圖中，對於創造世界的定義——以行走劃出邊界、向外射箭範圍等描述。

第三部分

美 國

1776年美國革命家待辦的諸多任務之一，便是為其年輕的國家制定新的地圖制度。在1776年以前的時代，殖民主義及帝國主義的地圖種類繁多，而現在則出現了一種新類型：美國地圖。

今日，我們倒是對這類型的地圖習以為常，試問還有誰沒有使用過這樣的地圖呢？本部分提醒我們，美國地圖並不是一個明顯的計畫；相反，它出現於歷史上某個特殊時刻。正如本部分中蘇珊・舒特的文章所顯示，在充滿敵意的國際外交背景下，這些地圖在頁面上投射出一個歡樂的願景，即新生共和國的擴張必然會向橫跨大陸的未來前進。她表示，美國民族主義的強大計畫一直是高度製圖性的，因為經常是以空間術語來進行想像，如弗雷特里克・傑克遜・特納1893年著名的《邊界論》將國家的故事連結至其在時間及空間上的成長。特納的《邊界論》反過來揭開一個更大的事實：美國地圖中的時間元素時常是展望未來——有待解決、征服、吸收、吞噬或消除的空間。

不過，即使在這個面向未來的國家，過去仍然牽動著美國的地圖。卡洛琳・維特爾的文章呈現了十九世紀的美國人如何逐漸擺脫令人討厭的「新世界」稱號，歐洲的菁英長期以來一直用這個稱號，來論證美國的生命形式是曾經萎縮的新事物，是來自其歐洲祖宗的粗劣版本。美國人在一個世紀的時間裡反駁了這些論點，其中部分便是利用地質學，來證明美國實際上具有地球上最古老的土地。接著，他們利用這些事實為其新國家公園進行洗禮，使其發出令人敬畏、來自遠古的溫暖光芒。

詹姆斯・阿克曼所著一章，則透過研究其所謂的「時間旅行」，對這個年輕的國家進行深入的了解：從觀察過去事件（在這種情況下，主要是美國戰爭）的地形來發展對這些事件的見解。他呈現了美國戰地旅遊地

圖是如何適應一系列的新交通技術，而每種技術都改變了人們在時間和空間中的移動經驗，舉例來說，在蓋茨堡戰役的地圖上標記徒步旅行，與標記汽車的速度與隔離程度，根本是個完全不同的問題。

這三篇文章全都提及了進一步的研究方向，以便大家能夠更加理解，美國地圖是如何在長久以來，靜靜地超越具主流地位的西進－邊界－進展的敘事。本部分中的文章表示，許多美國地圖也認同其他構成人類經驗的獨特時間性。從維特爾的「意識流」圖表便試著顯示一個人的連續思想之間，其界限逐漸消失；到舒特的西部地圖中不斷增加的人口密度；再到阿克曼的文章中，蓋茨堡戰役以人為中心的環狀圖：這些全都顯示，在特納1893年的演講〈美國歷史中的邊界意義〉，其所頌揚的領土進步意識形態，背後還潛藏著其他豐富、引人注目的時間性。因為很多的數位歷史都集中在美國，所以這些文章也呼籲未來的研究人員多多考慮其他方面的時間性。

7

卡洛琳・維特爾
Caroline Winterer

第一批美洲深度
時間地圖

十九世紀最具變革性的新思想之一，即是深度時間（deep time）。大約在1800年和1900年之間，美國人及歐洲人開始爭論，地球的歷史延伸到過去幾百萬年、甚至幾十億年，這遠遠超過依字面意思解讀聖經所顯示的大約六千年的地球年齡。深度時間誕生於新興的地質學學科，但很快就移轉到生物學、語言學、人類學、考古學、古生物學、心理學、文學及藝術。深度時間在1800年還只是一種預感，在一個世紀後卻徹底改變了思想。[1]

然而，儘管深度時間很受歡迎，但它也非常難以概念化：到底要如何才能掌握數千年的概念，更不用說數百萬年了？長時理論（long chronology theory）的早期擁護者，一再驚嘆於人類大腦得以掌握如此長久時間跨度的能力。一位美國地質學家指出，早期的地球是「一個年代遙遠到讓人無法想像的時期」，而另一位則認為時間跨度是「無法計算的」[2]；英國當代也抱怨道，早期的地球是「難以想像的久遠」，是一個「難以理解的廣闊」時代，人類「努力以想像力去掌握也是徒勞無功的。」[3]

這裡有個兩難的問題：深度時間是一個無法被構想的主要新概念，因此它也出現了一個新的認知問題，其與長期存在的基督教永恆觀念完全不同。基督教神學家一直以來都認為，上帝存在於空間和時間之外：神聖的永恆是無法被看見，也是不變的。這種想法對人類來說非常陌生，因為人類處於可見及無常世界的生活經驗之中，以至於永恆成為一種將神性歸諸美好、神秘及不可理解的範疇。到了十七和十八世紀，「自然狀態」的新理論為人類社會找到了一個世俗的終點，從而使永恆性準自然化。但大家普遍認為，「自然狀態」是一種有用的虛構想像，

正如尚·雅克·盧梭所說，自然狀態[1]不再存在，也許從未存在過，而且可能永遠不會存在。」[4]

相較之下，深度時間從來就不是一種有用的虛構想像，其擁護者堅持認為，它的假說建立在最堅固的事實之上——岩石；他們指向懸崖峭壁、化石和熔岩流，以證明深度時間是真實存在的。岩石及化石能觀察、測量、收集及繪製，不僅記錄了歲月的流逝，而且似乎也揭開了歷史發展的普遍規律：從一個更原始的時代到一個更先進的時代，從一個爬行三葉蟲的原始世界到一個有鐵路建築的人類現代星球。深度時間立足於新的信念，即世界共享（或應該共享）的單一、統一、線性並漸進的時間[5]；而可見的、物質性的、可改變的深度時間，會因此與基督教的永恆相反。然而，深度時間仍然是一個非常龐大的概念，以至於像神性一樣不可理解及令人敬畏，因此它的第一批擁護者，主要任務便是找到非神學、自然主義的方式，以解釋人類的思想是如何理解遠超過人類生活經驗範圍，甚至可能超過大腦理解能力的時間流逝。

本篇文章檢視了深度時間流行初期，在地質學、心理學及美國風景繪畫等三個領域的發展。這三個領域在今天看來都不是顯學族群，但在當時都是新興學科，並因此隸屬於最前衛的探索模式，面對著有關人類、地球和上帝，一切全新且令人不安的想法。他們具有共同的態度、情感、隱喻及視覺策略，並在大量的流動性時刻，存在於地圖與非地圖、藝術與非藝術、科學與非科學之間[6]；對於理解的共同追求，也使他們開創了混合地圖、藝術、科學和文字的新式圖像。事實上，他們是最早使用「視覺化」（visualize）這個新動詞的發展者之一，來描述運用圖片說明抽象概念的作法。[7]

同時，他們也敢於面對延長日曆所帶來的一些棘手問題：地質學上的長時理論現在取代了《聖經》，成為地球變化的主要故事，並使得上帝的歷史意義變得不重要了；深度時間似乎既可以從經驗上驗證，但也完全超出了人類心智得以完全掌握的能力。地質學家、科學家及風景繪畫家都想知道，現今被認為已經進化了數百萬年的人類大腦及心智，是如何理解時間並在時間中運作。他們更面臨著大腦在歷經漫長時間的進化，卻基於某種原因而無法完全掌握深度時間的問題；他們為「視覺化」努力說服大家，使那些對於時間擷取特性難以理解的心智，能夠明白時間的運作。十九世紀所出現的深度時間圖像，其背景便是基於這些重點考量。

第一批深度時間擁護者，並沒有完全使其新概念成功成為得以想像的想法。他們開創了一整套的示意圖、地圖、繪畫，以及大家今天仍在使用的相關圖表，然而就像那些十九世紀的科學家及藝術家一樣，即使接受了我們的大腦也在深度時間的過程中進化的想法，我們仍然持續要與自己完全無法掌握的深度時間問題搏鬥。儘管深度時間的近乎無限性依然頑強抗拒著完全的理解，但相關的視覺化作品依舊不斷湧現。本篇文章檢視了第一批美國人，是如何開始走上今日大家依然持續前進的艱難道路。

地球地層中的深度時間

大家可以從地質學家開始，因為有關深度時間的想法，最早從地質學家那裡出現。一位具有詩人情懷的地質學家大衛・戴爾・歐文，便是最早提出如何讓深度時間被人腦所理解的美國思想家之一。

歐文出生於1807年，在航行到美國之前曾在蘇格蘭、英國及瑞士接受教育，他成年後大部分時間都住在印第安納州的新哈莫尼鎮。1825年，他的父親，即威爾斯社會改革家勞勃・歐文，買下了這個小鎮，他夢想著創造出烏托邦式的社區，讓所有人的教育及科學探索都能蓬勃發展。儘管這種歐文式

的社會經驗很快就失敗了，但新哈莫尼鎮在之後的幾十年間，重新成為了先進教育及科學研究的中心。當時有些傑出的科學家也曾在此停留，包括英國地質學家查爾斯・萊爾及昆蟲學家托馬斯・塞伊。在大衛・戴爾・歐文漫長的職業生涯中，新哈莫尼鎮的知識溫室仍然是他的常駐基地，他主導了中西部各州的首次地質調查，這些調查是由冀望能利用寶貴的煤炭、礦物及礦床的州政府所發起。從1830年代到1860年他過世為止，歐文曾主導印第安納州、肯塔基州、阿肯色州、威斯康辛州、愛荷華州及明尼蘇達州的首次地質調查。[8]

歐文的調查建立在新興的共識之上，即北美是一塊時間的分層蛋糕，一塊稱之為「地層」的岩石分層所組成的大陸。這個術語是從英國和蘇格蘭引進的，為當地的礦物學家及化石獵人，如威廉・「史層塔」・史密斯等人所推廣的新興地質學科學方法，並迅速在北美流行起來。[9]不同於二維平面的時間軸線，即將發生的事件以點表示者，地層代表著三維空間的時間水桶[10]；每層岩石分層都不是單一的事件，而是一個過程，英國地質學家查爾斯・萊爾把這種發生於其中的沈積過程，稱為巨大的「時間量」。相較歷史記載中以人類為中心具有道德意義的事件，

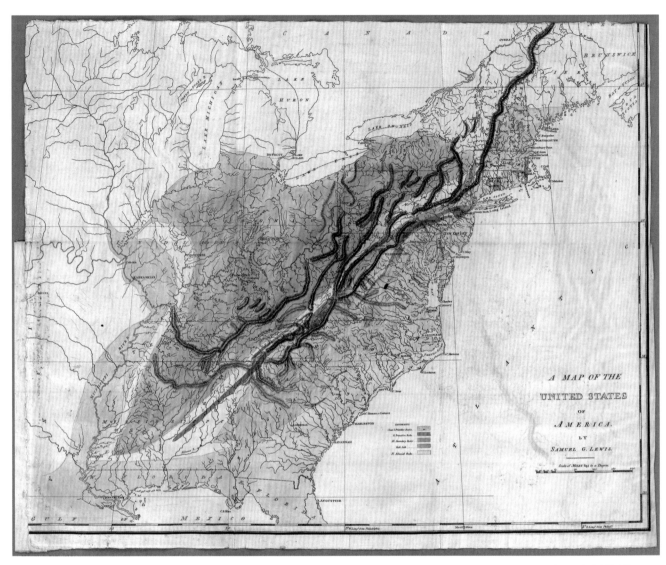

圖7.1　1809年美國第一張「地質」地圖，並以不同的顏色表示不同年代的地層。山繆‧G.‧路易斯繪製的〈美利堅聯邦共和國地圖〉。摘自威廉‧麥克盧爾，〈對美國地質學的觀察，對地質地圖的解釋〉，《美國哲學會論文集》第6卷，1809年：411-28。圖片來源：史丹佛大學圖書館，大衛拉姆希地圖中心，https://purl.stanford.edu/dk539gf3381。

地層因此訴說了一個令人心慌的故事：地球難以想像的漫長過去，充滿了各式各樣的過程，但除了歐洲及美國許多地質學家認同的史前大洪水（或越來越多的洪水）之外，基本上沒有任何有意義的事件。

大衛‧戴爾‧歐文個人受到蘇格蘭出生的地質學家威廉‧麥克盧爾很大的影響，他是最早想像美國是由地層構成的人之一；作

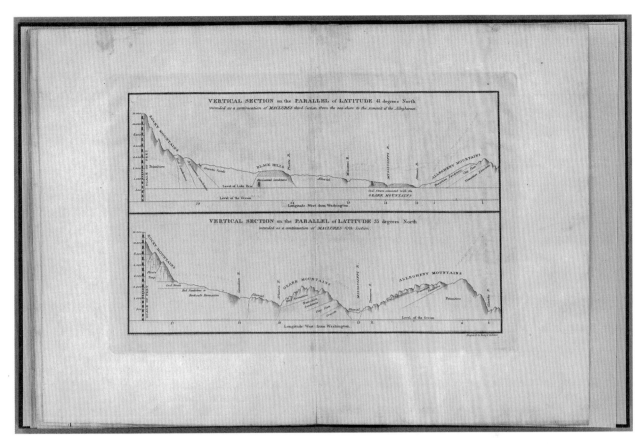

圖7.2 在這幅1822年的早期斷面圖中，觀眾能見到揭開面紗下的北美洲時間分層。埃德溫‧詹姆斯及史蒂芬‧郎，〈北緯41度線上的垂直斷面〉。摘自《1819年及1820年在史蒂芬‧郎少校指揮下……從匹茲堡到洛基山脈所進行的探險》（費城：凱利及利亞出版商，1822年）。圖片來源：史丹佛大學圖書館，大衛拉姆希地圖中心，https://purl.stanford.edu/by969kx4302。

為美國第一位專業地質學家，麥克盧爾也是曾在新哈默尼居住過一段時間的科學名人之一。1809年，他出版了第一張自稱為美國的「地質圖」，其領土範圍延伸至阿帕拉契山脈以西的地區（圖7.1）。

麥克盧爾的地圖之所以稱為「地質」，是因為那些代表不同年代的彩色帶狀岩層，從最古老的「原始岩層」到最新的「沖積層」。麥克盧爾堅持認為，地質學的目的是研究岩石在廣大全景中的「相對位置」，以便看到「大自然偉大又奇特的輪廓」；研究若聚焦在遺世孤獨的岩石上，就像「肖像畫家停留在漂亮臉蛋上某顆偶然冒出的痘痘」。但是，麥克盧爾拒絕推測岩石形成及變化的「相對時間期」，他說道：「這種猜測超出了我的能力範圍。」[11]

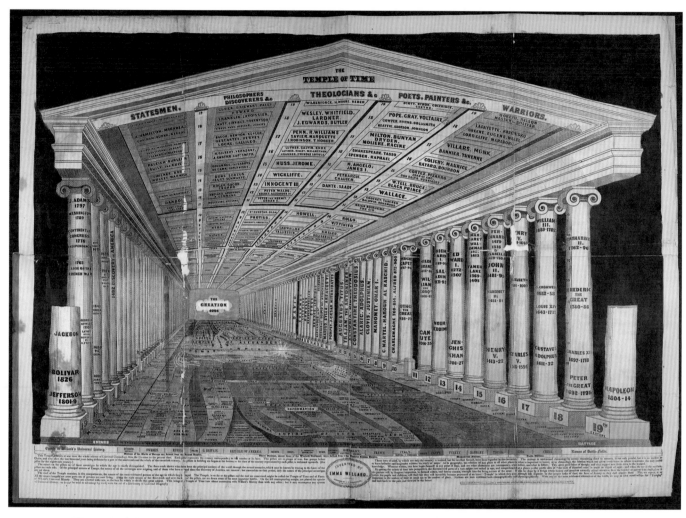

圖7.3 教育家艾瑪．維拉德在她的「時間殿堂」中，用一張圖片呈現了創世以來的世界歷史。艾瑪．維拉德，《維拉德的時間地圖：歷史指南附錄》（紐約：巴諾出版商，1846年）。圖片來源：普林斯頓大學圖書館，善本及特殊收藏部門。

麥克盧爾的地圖為使用岩層作為地圖基本結構的一系列新地圖打開了大門。[12]在埃德溫．詹姆斯和史蒂芬．郎受到麥克盧爾啟發而繪製的1822年地圖（圖7.2）中，宛如有把刀切開了北美洲的地層蛋糕[13]：橫軸衡量空間（從華盛頓特區向西的經度），縱軸則測量時間（以英尺為單位，從海平面向上，從最古老的地層到最新的地層）。從1820年代開始，所謂的「斷面」創新視覺效果迅速流行起來，以呈現北美地區不斷深化的時間。

歐文的文章時常會有太多華麗詞藻，以及讚嘆響尾蛇生活方式的題外話問題，在他

所寫的地質報告中，他認為人類的思想會因為「超越人類時代的黑暗深淵」之沉思而變得豐富；他堅持一種準先驗主義的信念，即幸福在於對自然的沉思。在所有的自然科學中，他特別指出地質學是最為「崇高的」，因為它能使大家認識「久遠的時代」和「過去的存在」[14]；「過去時代」的化石使得人類「能進行思索，並將數百萬年前大量出現於石炭紀的海洋中的魚類、軟體動物及珊瑚還原至我們的認知中。」[15]這樣悠久的時間在一個世紀之前尚不為人所知，所以歐文想尋找新的解釋方法，使人類心智得以明白「一段遙遠到無法想像的時期。」[16]

歐文並不是本世紀中葉唯一一個開發視覺化新方法，以使得長時理論更容易被人理解的美國人。教育家艾瑪·維拉德的〈時間殿堂〉（圖7.3），便是闡明在空間中呈現時間複雜性的最佳工具。

維拉德這樣描述了她的時間殿堂：「稱為時間殿堂的精密計時者，或宇宙的精密計時者，是一項藉此得以空間衡量時間的發明，並讓自世界誕生以來的所有時間都能一下子顯示在人們的眼前。由於其計畫的一致性，大家很容易就能理解及記憶。」她希望透過「將時間流納入視角，並加入光與影」，就能將歷史時間的概念「縫入人類心智的

生命紋理。」[17]

維拉德本人拒絕接受全新又偏長的編年表，她認為《舊約》是「關於世界創造的唯一有效權威」，她的「時間殿堂」便給了這個堅定、已知創造起點的想法一種明文方式：在遠處的牆上寫著「創世4004」（The Creation 4004）的字樣。所有的歷史都是從這個已知的起點開始的，維拉德認為，其他人或許會給創世設定一個早於基督出現四千年、「更為久遠的日期」，而他們就能透過擴大延長「時間殿堂」到「更遠的地方」以作為調整。[18]

他們也確實延長了。雖然在維拉德的時間殿堂裡，創世的時刻是可見、可知又具體的，但像歐文這樣的地質學家，現在卻得面對創世時刻早已走入不確定之中的情況。他們所面臨的挑戰是要創造新技術，將長長的日曆及其神秘的起點——也因此是不可見——視覺化。

1843年，歐文在美國地質學家和博物學家協會（現為美國科學促進會）一篇名為〈地質繪畫及插圖〉的論文中，解釋了一種新的視覺方法的輪廓。維拉德的建築式隱喻已經不復存在；歐文的方法是奠基於對景觀本身的觀察及測量，並由地質學家連續幾個月暴露在惡劣的環境而來，因此，速度在現場

CASTELLATED APPEARANCE OF LOWER MAGNESIAN LIMESTONE, UPPER IOWA.

圖7.4 這是歐文1852年地質調查中，諸多小型「地質繪畫」之一。許多畫作是根據美國原住民所提供的資訊進行創作的，其中有些人的名字會在文中提到。〈上愛荷華州低鎂質石灰岩的城堡式外觀〉。摘自歐文等人合著的《威斯康辛州、愛荷華州及明尼蘇達州的地質調查報　：附部分內布拉斯加地區》（費城：李平考特出版社，1852年）。圖片來源：史丹佛大學圖書館，特殊收藏部門。

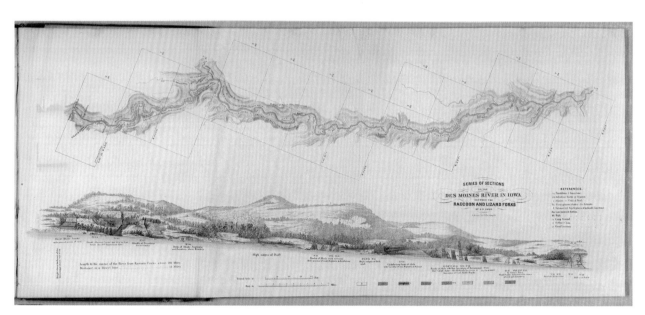

圖7.5 這幅1852年的得梅因河插圖，以多種方式表示時間和空間。〈愛荷華州得梅因河系列斷面圖，浣熊河及蜥蜴河之間岔口〉。摘自歐文等人的《威斯康辛州、愛荷華州及明尼蘇達州的地質調查報　：附部分內布拉斯加地區》（費城：李平考特出版社，1852年）。圖片來源：史丹佛大學圖書館，大衛拉姆希地圖中心，https://purl.stanford.edu/pj744tc9737。

是至關重要的。歐文解釋道，在短短四個月的地質野外工作中，他畫了「近八百個有機遺跡的形象，其中包括註記及地層，此外還有兩張大型地質圖。」[19]（歐文所說的「畫」不僅僅是指他自己畫的，還包括美國原住民資訊專員，他們幫助他尋找並正確描繪景觀的特徵。）[20]他大力鼓吹其水彩畫方法具有許多優點：這些畫便宜、快速、容易修正，在燭光及日光下同樣清晰，而且容易攜帶。

除了這些實用的優點外，歐文認為他的畫作與威廉·湯普森·羅素·史密斯（出生於蘇格蘭的美國大西洋中部風景畫家）的「美麗風景」相比，他的更勝一籌[21]；他經常使用「風景」一詞來描述他所看到的東西，彷彿將勘測工作同時視為一項審美及科學計畫。這種訴諸想像力的主張，也正是查爾斯·萊爾本人在1830年里程碑式的《地質學原理》第一卷中所認證的。萊爾認為，人類的思想和精神將是發現廣闊時空的偉大工具：「雖然我們只是地球表面的寄居者，被束縛在空間的一個點上，只能持續片刻的時間，但人類的思想不僅能夠計算出凡人肉眼無法看到的世界，還能追溯至人類出現之前、無限久遠年代的事件。人類的思想是「自由的，就像精神一樣。」[22]

歐文的小型「地質繪畫及插圖」大量出現在他1852年的《威斯康辛州、愛荷華州及明尼蘇達州地質調查報告》之中，這是迄今為止在美國進行過最宏偉的地質調查活動（圖7.4）。該報告目的主要是經濟取向：為了政府的開發尋找煤炭及礦床。歐文注意到他的贊助者目的，所以在報告一開始，他就為任何所納入的「純猜測性」資訊而道歉，而不是只為了「嚴謹實用及商業目的」而調查。[23]但這份長篇報告卻經常轉為對長時理論及神奇化石的遐想，歐文如此寫道：「對岩石中有機遺跡的研究的確是一項最美妙迷人的研究」。[24]這些小型繪畫，正顯示早期的深度時間圖像是如何結合美學及科學。

歐文有些圖像會將古岩石的新「斷面」景觀，與現有景觀繪畫類型結合起來，從而開拓了新的視覺領域。歐文對愛荷華州得梅因河的視覺化（圖7.5），便呈現了其試著透過實驗視覺技術來捕捉深度時間的事實。

正如標題〈得梅因河系列斷面圖〉所暗示的那樣，這幅圖像至少結合了四種視覺慣例：「斷面」視圖（河岸以地質層的顏色編碼）；風景畫（河岸上方的山坡）；鳥瞰河的頂部，帶有花俏的描述，讓人想起早期的測繪傳統（「美麗的草原」）；最後在頂端隱約可見一張傳統地圖，標示著得梅因河的緯度及地貌。

不僅僅是空間，時間也從多個角度被呈現：觀賞者站在該河畔的當下，看到的會是緩緩流動的藍色河水及茂盛樹林，陡峭河岸上的彩色地層則揭開了「超出我們已知概念所無法把握的」的遙遠過去。[25]這幅圖像結合了科學和哲學的動機，一方面顯示煤層位置的實際經濟需求，另一方面則是對深度時間的遐想。

歐文在自己的地質報告中作出謹慎結論，但在接下來的幾十年裡，其他科學家卻越來越誇張，認為美洲比歐洲更古老，美國西部某些地方「很可能是在這個大陸上任何地方，甚至是世界上最古老、蘊藏化石的岩層地帶。」[26]歐文將藝術與科學、景觀與地層、奇蹟與實用性、現在與過去結合起來，他的得梅因河斷面圖代表了暗示深度時間存在的早期努力。在下一節中，我們將看到跟歐文同時代的新一批專業心理學家，針對無法理解悠久過去的深度，又該如何處理理解上的問題。

人腦中的深度時間

對心理學家來說，長時理論帶來了新問題，即解釋人類的思想是如何在漫長的時間中演變。在十八世紀的世界裡，人類的思想不知從何時開始，在經歷不同階段的進步

後，「野蠻人」的「原始」思想得以從文明思想分離出來，讓現在研究大腦的學生不得不面對地質學家的嚴峻現實問題：所有地球上的生命很可能在數千年內，甚至數百萬年內都已經有所變化。

心理學家和其他理論家都急於將心理學確立為基於事實研究的實證科學，而非空談猜測，他們堅稱人類的大腦及其最高成就——自我意識的心智——是由更原始的生命形式，經過數個世紀演變而來的。這些較低下的形式存在於頭部低處的大腦「低層」結構中，而人類的抽象推理能力，則正位於人類隆起頭骨上方，其「較高」區域的創新部位上大放異采。這項術語同時具有空間性及規範性，其代表著從原始的古代漸進式發展成現代的光榮盛景，但是人類心智該如何理解時間的流逝，尤其是深度時間？為了這項研究計畫，思想家們設計了新的圖表，這些圖表就跟地質科學家的圖表一樣，都是基於對「地層」的預設條件之上：也就是說，用空間來表現時間。

心理學家對於時間的新想法，在一定程度上受到地質學家的激發。萊爾他的《地質學原理》中，把接受深度時間作為「科學進步的特徵」來進行宣傳；他勾勒出了一個場景，即人類或許能把地球所塑造災難性事

件的遙遠記憶，傳遞給更為優秀的現代傳承者。萊爾用普魯士探險家暨自然學家亞歷山大・馮・洪保德所描述之南美洲「野蠻且未開化」的部落為例，說明了古代思想如何仍能塑造現代人的思想：「一個野蠻部落的迷信會傳遍所有的社會進展階段，直到它們對哲學家的思想產生強大的影響。他或許會發現，從地球表面以往變化的遺跡，顯然證實了從粗野獵人那裡流傳下來的信條，他驚恐的想像力描繪了那些可怕的洪水和地震的景象，同時使他所知的整個地球遭到破壞。」

在「地質學的現代進展」一節中，萊爾解釋人類的社會進步使現代科學家能夠掌握深度時間：「透過對這些主題的考量，大家的思想慢慢地、不經意地從想像中的災難及混亂的畫面中退出，如困擾著早期宇宙論者的想像力中的災難。大量發掘出來的證據，則證實了沉積物質的安靜沉澱及有機生命的緩慢發展。」[27]

英國哲學家赫伯特・史賓賽是首位提出將人腦納入進化的框架，並解釋人腦如何理解時間流逝的理論家。作為像是卡爾・馬克思和約翰・史都華・彌爾那樣的大局觀系統論者，史賓賽企圖將一切——宇宙、地球、所有生命以及人類社會——納入一項極重要的思想：進化。早在查爾斯・達爾文出版的

《物種起源》之前，史賓賽就以進化論者的身份廣為人知，他的出版物不僅論證了有關深度時間的進化現實，同時也論證了進化是一種進步，其提升不斷往現代歐洲人所展現的完美方向前進。史賓賽1855年的《心理學原理》將進化論應用於人類心智的研究，努力使心理學成為一門基於經驗證據的科學，而非「僅僅是意見的集合」。[28]他將心智描述成一個實質對象，隨著時間的推移，從原始的神經束進化到現代人類大腦所具有的非凡複雜性。他也把現代歐洲人的「已開發」頭腦與野蠻人及古希伯來人的「未開發」頭腦區分開來，而後者在沒有進步概念的協助下蹣跚前行。[29]

由於時間及空間是史賓賽大腦進化模型的關切重點，他不得不與伊曼努爾・康德的主張進行搏鬥，即時間感及空間感會構成先驗知識，也就是獨立於感官經驗而產生於心智的知識。在康德1781年的《純粹理性批判》中，他認為空間及時間並不以外部現實為存在，而是心智本身將空間及時間的理解強加於一個人對世界的體驗。心智儘管能掌握一個沒有任何東西的空間，卻無法想像不具有空間的情形；而心智儘管能想像空乏的時間，也無法想像完全不具時間的狀態。

康德生活在深度時間興起之前的十八世

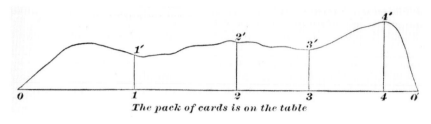

圖7.6 威廉‧詹姆斯對於「意識流」的視覺化，運用類似於地質斷面的視覺技術來表現了一個思考中的大腦。威廉‧詹姆士，《心理學原理》，共2卷。（紐約：亨利‧霍爾特出版社，1890年，第2卷，第279頁。圖片來源：史丹佛大學圖書館，特殊收藏部門。

紀，所以顯然還沒有解決心智對時間和空間的感知會如何隨時間演變的問題。不過，關於康德對空間和時間的先驗概念卻使史賓賽感到惱怒，他的《心理學原理》便試著駁斥這項概念。[31]針對康德主觀空間及時間的概念，史賓賽堅持認為時間和空間是真實的，而大腦體驗這一現實的方式會隨著時間的推移而變得更加複雜。早期人類只能用時間來想像空間（例如，這裡和那裡之間的距離是三天的路程）；相比之下，進化的現代人就能用空間來想像時間（鐘面上五和六之間的距離代表一個小時）。「這些事實會被視為是具有相當大的意義，」史賓賽寫道，「*在早期，以及未開發的國家中，人們應該是用時間來表達空間；而之後，作為進步的結果，他們應該就會用空間來表達時間。*」[32]

人腦不斷進化的想法，使得心理學家轉往地質學家也曾運用有關地層及分層的相同隱喻。到了十九世紀末，英國傑出的神經學家約翰‧休林斯‧傑克森認為，神經系統形成了一種「演化階級」[33]：按照有機進化的規則，從同質性到異質性，大腦是由神經層組成的，從最低的、最不複雜的（如脊髓）上升到最高的、最不穩定的、最複雜的，也就是意識主宰之區域。傑克森是個唯物主義者，他把這些最高的大腦中心稱為「意識的解剖基質」。[34]傑克森認為，精神錯亂的產生是大腦從不穩定的最高中心退化到陰暗區域，他稱之為「解體」。

與傑克森同時代的美國學者昌希‧萊特，則更進一步的推動了進化論。受到達爾文的影響，萊特試著解釋人類最重要的能力——自我意識，即自我對思考的意識——是如何從大腦有機進化的過程中出現，而不是由它預先決定。他寫道：「所有自我意識的行為，無論多麼簡單，在人類於動物世界開始第一個自我意識行為之前，都不可能先被實現；但這種行為很可能早就有潛在存在的動機或原因。」[35]對舊有結構及力量來說，自我意識是一種截然不同的全新運作方式，並從過去進化的深淵中，突然地、戲劇性地、不連續地出現。

美國心理學家威廉‧詹姆斯也同樣專注於從進化的角度來解釋心智思考詹姆斯相當認同傑克森的說法，因此在1890年《心理學原理》中引用了大腦神經層模型，並表示應該對大腦採取「嚴格的實證主義」，而非形而上學的觀點。詹姆斯也和傑克森一樣把大

腦視為思想的「機械基質」，並提倡繪製大腦的「完整圖表」。[36]他還受到喬治·羅曼斯1888年的《人類的精神進化》的影響，而該書認為人類的思想是在「行星時間的深淵」中進化的。

大腦可能在漫長的時間內演化成了一塊宛如蛋糕分層的神經層，但詹姆斯如何解釋個別思想的連續性，隨著時間過去而構成「思考行為」？詹姆斯把思考行為稱為是心理學的「第一項事實」，而且他也嘗試以經驗去解釋它；要達成這點，他就必須面對「感官」問題，即個別思想會構成一種不間斷的連續性。大家不會把思考看作是一連串獨立的大腦狀態，就像火車上的車廂一樣排列，而是會看作是一種不斷流動的想法。這使詹姆斯把思想比喻成一條溪流，並創造了「意識流」或「思想流」一詞。[38]雖然意識流是由無數個暫時的大腦狀態所組成，但它消除了思想之間的斷裂，提供了思想會不斷流動的印象。大腦就像地球一樣，都是隨著時間過去而沉澱成層次分明的地層所構成；心智就像地球一樣，也會有被河流長期侵蝕切割的地層。

為了闡述意識流，詹姆斯創造了一張圖表，顯示大腦在思考「桌子上有一疊牌」這句話（圖7.6）：橫軸代表時間，每一個點標誌著一個瞬間；縱軸代表思考內容；圖表所出現的五個階層，每一層都代表詹姆斯所說的「瞬間出現於心智中的標的物」。詹姆斯認為，儘管圖表中的每個瞬間都呈現獨立且特定的狀態，但實際上卻仍然無法與其他所有瞬間分割開來，正如他所說的「它們就如同溶化的觀點一般相互交融」。在句子的結尾處，圖表在右邊變得更高了，這是因為感受到句子內容的最終方式比句子開始時「更充分、更豐富」[39]。也就是說，當你思考完這個完整句子時，你不再只有想著一疊，或甚至不再只是一疊牌，而是想著這疊牌躺在桌子上。

詹姆斯就認知方面創造了一個與地質層十分相似的隱喻，兩者都使用了時間及空間的「斷面」（或「橫斷面」）來顯示時間展開的過程。在現代進化的人類大腦中，意識像溪流一樣流動，每條獨立的思考都是獨特、與眾不同的，但最終會與其他所有思考相連，形成一個完整的思想。思考的橫斷面揭開了獨立的思考終會統一於其總體思想之中，就像岩石的橫斷面會揭開一個由特殊化

石及岩石所組成的「系統」一樣，正如英國地質學家羅德里克・麥奇生在其有影響力的1839年作品《志留系》中所論述者。[40]「在任何瞬間去消滅一個人的心智，」詹姆斯解釋其圖表，「在尚未完成的情況下把其思考切開，然後檢視這種突然形成的橫斷面所呈現的現象；你會發現的不是說話過程中的直白文字，而是塞滿整個想法的詞。[41]

就像地質學家一樣，心理學家試著理解在岩石和大腦的實質結構中，深度時間所具有新的及令人讚嘆的時間可能性。這兩個族群都渴望有一門基於他們所謂的物質「事實」和「資料」的新科學，而不是基於形而上學的猜測。在這兩個族群看來，人類經過深度時間的演化似乎也提供了一項合理的解釋，即為什麼直到現代，深度時間才開始被人理解。因為只有現代的大腦，即是已從簡單的野蠻演化到複雜的文明之後，才能真正掌握大腦是如何理解時間的流逝。圖表、示意圖、斷面圖及其他圖像都向大腦本身解釋了已進化、現代的、掌握了時間的心智，以自我意識去領會各種時間、包括深度時間的能力，也因此成為其自我實現的解釋，解釋了有關深度時間及進化過程，其二者在產生現代文明大腦方面的真實性。

深度時間與風景畫

深度時間的視覺魅力也延伸到了風景畫。在十九世紀，風景畫以美國繪畫的典型風格出現，藝術家們在對自然的描繪中，加入了有關上帝賦予美國的歷史重要性及其超凡宗教意義的訊息；地質學是這個民族主義計畫重要的組成部分。美國畫家創造了巨大的畫布，描繪出令人敬畏的地質奇蹟，如優勝美地和大峽谷。到了1860年代，哈佛大學的路易士・阿格西等科學家宣稱，「新世界」是所有世界上最古老的地方，是「各大洲中的長子」[42]；美國風景畫家透過嚴謹精確的岩層描繪，以呼應來自地質學最激勵人心的想像力。當時一位藝術評論家更稱這些畫為「岩石肖像」。[43]

但是，藝術家們對地質學的全新關切，正好強調了關於繪畫一個永遠令人沮喪的局限性：雖然圖像可以捕捉到不連續的片段（如中世紀的三聯畫），或時間的依序流逝（如威廉・詹姆斯在思考一段句子的心智圖表），但它卻無法捕捉到時間的流動性質。德國哲學家暨藝術評論家戈特霍爾德・萊辛在其1776年的著作《拉奧孔》中，區分了時間及空間藝術：「時間中的傳承是詩人的事，空間中的共同存在則是藝術家的事。」[44]到了十九世紀下半葉，電報及火車已經使速度，甚至是遠距離的

同步性變成了常態，畫家們現在能更加敏銳感受到他們描繪時間流動的能力，更不用說運動本身了。[45]

馬丁·強生·海德1862年的《喬治湖》*便表現了深度時間的發現對美國景觀傳統的影響。海德是美國知名的哈德遜河畫派風格，專長描繪海景、海岸線和沼澤地[46]，也是眾多描繪喬治湖的藝術家之一。喬治湖是紐約一個熱門旅遊景點，位於阿第倫達克山脈的褶皺中，其他表現形式還包括約翰·威廉·卡西勒（1857年）、阿什·布朗·杜蘭（約1860年）、約翰·F.肯塞特（幾幅1860年代和70年代完成）的畫，以及一些來自庫里埃和艾夫斯印刷商的版畫。這些藝術家將喬治湖描繪成一座寧靜的自然美景，以及七年戰爭及革命戰爭中的戰場。

相較之下，海德的喬治湖是一張來自深度時間的明信片，寬度為其高度兩倍的湖面全景，乍看是典型的風景表現方式。在碩大的天空中，午後的雲彩融化在低矮山丘上，三艘船幾乎未曾驚動冰冷的湖面。仔細一看，就會發現這是一幅岩石肖像畫：事實上，這是一幅岩石肖像家族，每塊岩石都是一塊獨特的個體，並構成更大的族群。一塊巨大張裂的淡紅色岩石從右邊凸出來，像桌面一樣光滑，其側面及頂部擠滿了各種顏色及大小的條紋岩石；地衣附著在右前方的大方石上，該石塊與另一個較小的石頭一起躺在這個不太真實的地方。延伸到左邊的海灘，則有個布滿岩石的三角楔形物，被些許灌木叢所截斷。在一根漂流木的周圍，參差不齊的石頭像墓碑一樣從沙子裡探出頭來。

岩石家族敘述了喬治湖古老的過去；海德在畫這個湖的時候，其地質歷史正因作為冰河時代的產物而成為焦點。1840年代，路易士·阿格西提出了「冰河時期」這項頗具爭議的觀點，以解釋其原生國「瑞士」那些奇特的高山特徵[47]；到了1860年代，冰河理論正逐漸為國際所接受，而現在倒已經沒有什麼疑問了，正如一位擁護者所說，整個北美「已經被冰河作用弄得傷痕累累、滿目瘡痍的了。」[48]根據冰河理論家的說法，大量的冰層曾經覆蓋了地球大部分地區。當冰封紐約的冰河再次融化時，融雪將山峰刮成光滑塊狀，掉落成低矮的沙堆及石堆（冰磧石），把冰河融雪困在這些冰磧後面，形成喬治湖

* 馬丁·強生·海德，《喬治湖》（*Lake George*），1862 年。馬克西姆·卡洛利克遺贈，波士頓美術館收藏編號 64.430。網址請見：https://collections.mfa.org/objects/33800

這樣的大水池，並將大石塊隨機散落在其不太可能會出現的地方（冰河侵蝕物）。

這項冰河理論之所以具有爭議，部分原因是因為這破壞了統治者的共識，即地球在誕生之際為一顆火球，隨著時間過去而冷卻。冰河理論打開了一扇大門，讓大家認知到氣候可能會波動，在漫長的歲月中變冷、變暖、再變冷。現代的氣候變遷概念（也許稱為氣候變異性更好），就是在這個時候誕生的。

路易士‧阿格西在1860年代初造訪了喬治湖，就跟海德一樣，他為喬治湖海岸線所具有的地質可能性所感動。造訪結束後，他發表了一篇標題為〈志留紀海灘〉的流行文章，他在文中想像喬治湖的海岸線正呈現出一隻絕跡世界的化石腳印形狀。[49]文章標題裡的「志留紀」一詞由英國地質學家羅德里克‧麥奇生在1830年代所創造，即是代表最古老的地質時期之一。[50]當時，淺海覆蓋了地球，充斥著原始的海洋生物，如螃蟹狀的三葉蟲，具有一雙奇怪的現代眼睛，望著這個新生的星球，而從志留紀海洋中隆起的小塊陸地仍然沒有任何生命跡象。志留紀成為第一批史前景觀插畫師最喜歡的主題，1866年一張圖像顯示，神聖的光芒照亮著一片堆滿三葉蟲屍體的志留紀海灘（圖7.7）。

阿格西是許多對志留紀感到興奮的美國科學家之一，因為他們在美國的志留紀岩石中，發現了三葉蟲大軍的遺跡；這裡有進一步的證據表示，新世界可能比舊世界更古老。對阿格西來說，志留紀海灘同樣是一堂宗教課程。作為達爾文進化論的反對者，阿格西支持多元獨立造物的觀點，他強調讀者應該重視志留紀海灘，因為這正顯示了上帝孜孜不倦、不斷造物的證據。在志留紀時期，整個地球早期的土地只是一片海灘，是第一批陸生動植物從全球海洋中出現的脆弱階段；就像伊甸園一樣，志留紀海灘顯示了上帝在創造及再造地球生命方面無盡仁慈的能量。阿格西建議道：「那麼，我們要記得，在志留紀時期，世界只要是高於海洋，就是一片海灘，讓我們在那裡尋找上帝所創造、生活於海邊的生物，而不是去貶低其造物事業，或是說祂先以微薄或吝嗇的方式撒下生命的種子，只因為我們找不到會呼吸空氣的動物，畢竟在當時並沒有合適的大氣來餵養牠們的肺，沒有陸地植物的昆蟲，沒有沼澤的爬行動物，沒有樹的鳥，沒有草的牛，總之，所有的生物都還未具有其生存的基本條件。」上帝對新石器時代的三葉蟲給予了極大的關愛，就像祂對現代人一樣。若不是對他們的世界情有獨鍾，祂還會為了什

圖**7.7**　三葉蟲被沖上了志留紀這片原始海灘。路易・菲基耶，〈志留紀的理想景觀〉，摘自《大洪水前的世界：收錄古代世界二十五個理想景觀》。翻譯自法語版本。（紐約：阿普爾頓出版，1866年），92。圖片來源：史丹佛大學圖書館，特殊收藏部門。

麼原因多看一眼呢？

　　為了充分體會神祇的仁慈，現代人更應該仔細研究那些早期世界的奇特生物，傾聽牠們的訊息。「我們的地殼是一個巨大的墓地，」阿格西寫道，「那裡的岩石是墓碑，底下埋葬的死者在上面寫下了他們自己的墓誌銘。」[51]

　　海德的《喬治湖》中，那片廣大又充滿細節的海灘，是大家了解深度時間的窗口。墓碑狀岩石讓觀眾想起一個消失的世界，或許是一個冰封世界，也或許是個更早的世界，三葉蟲被沖到陽光下的海灘，迷失在古代的深淵裡。在每片海灘上，經過漫長的歲月，上帝一次又一次地創造新的生命。

　　對於那些在深度時間的可能性方面，開啟想像力的人來說，海德《喬治湖》裡的

圖7.8 這張比較近期的深度時間視覺化圖像，顯示了地球的歷史，就像一顆蜷曲的鸚鵡螺化石；箭頭處標示著至今地質歷史的終點。約瑟夫‧格雷姆、威廉‧紐曼及約翰‧史塔西，〈地質學時間螺旋——通往過去的道路〉（1.1版），美國地質調查局一般資訊產品58號，海報，1張，2008年，資料來源：http://pubs.usgs.gov/gip/2008/58/.

地質學便是一種多元、同步的時間性體驗。首先，觀眾會以一個單一、不間斷的瞬間去理解這幅畫，就像詹姆斯用他的意識流觀點所主張；第二種時間性，則是從湖中划動的小船和天空中飄過的雲彩所顯示：時間會慢慢流逝，但理解上仍然有如日常生活中的時間。最後，前方岩石肖像中的深度時間，則展現出第三種時間性，展望地球的過去是如此遙遠悠久，以至於超越了人類的理解力，並觸及了神聖的永恆本身。[52]

結論

阿根廷作家豪爾赫‧路易斯‧波赫士在1975年的《沙之書》中，述說了一個故事：有個人買了一本無限長的書，起初他對於封面之間的書頁會不斷增加這件事很著迷，但最後卻因為找不到開頭與結尾而感到很驚恐。「如果空間是無限的，」他絕望地說道，「我們就有可能在空間的任何一點上。如果時間是無限的，我們就有可能在時間的任何一點上。」[53]他宣稱這本書是畸形的，並把它藏在國家圖書館裡。

我們或許能說，《沙之書》是在十九世紀首次寫成的。因為在擺脫了《聖經》年表的限制，地球的過去正延伸到一個久遠到無法理解的時代，這是一個沒有已知起點、沒有可見終點的世界。但是，科學家、藝術家和其他參與其誕生者並沒有逃避深度時間的恐怖，反而挺身而出，努力去理解他們所不理解的事物。在這過程中，他們創造了一系列令人不安的圖像，以訴說其渴望理解無法理解的事物的急迫感；在理解行動終結之際，他們總結了自己的想像力。他們用墨水及顏料，製作了美麗的紙上世界，其中充滿了奇特的生物及奇異的觀點，很多都是用絢麗的色彩來呈現。他們的後代今天都還活著，和我們生活在一起，最近一幅地質學時間插圖便顯示了這一點（圖7.8）。

我們仍然很難掌握深度時間。約翰‧麥克菲在1981年創造了這個專業術語，他說，深度時間使想像力太過震撼，以至於「到了癱瘓的地步。」[54]但深度時間也使我們充滿驚嘆，而且在理解行動終結之際，我們也會發起自己的想像力。因此，十九世紀留給我們的是困境，而非解決方案，這或許是值得紀念而非悵然的原因。

註釋：

1. 民族學及語言學對地質深度時間的相關應用，請見 Thomas R. Trautmann, "The Revolution in Ethnological Time," *Man*, n.s. 27, no. 2（June 1992）: 379–97. 在更廣大的歐洲思想中，有大量關於深度時間的文獻；主要的闡述包括：Paolo Rossi, *The Dark Abyss of Time: The History of the Earth and the History of Nations from Hooke to Vico* (Chicago:

University of Chicago Press, 1984); Stephen J. Gould, *Time's Arrow, Time's Cycle: Myth and Metaphor in the Discovery of Geological Time* (Cambridge, MA: Harvard University Press, 1987); Martin Rudwick, *Bursting the Limits of Time: The Reconstruction of Geohistory in the Age of Revolution* (Chicago: University of Chicago Press, 2005); 以 及 Rudwick, *Worlds Before Adam: The Reconstruction of Geohistory in the Age of Reform* (Chicago: University of Chicago Press, 2008). 近 來 思 考深度時間重要性的相關專書，請見 Marcia Bjornerud, *Timefulness: How Thinking Like a Geologist Can Help Save the World* (Princeton, NJ: Princeton University Press, 2018).

2. David Dale Owen, "Scientific Pursuits: Introduction to Geology," *Quarterly Journal and Review* 1 (Jan. 1846): 44; and Jacob Green, *The Inferior Surface of the Trilobite Discovered: Illustrated with Coloured Models* (Philadelphia: Judah Dobson, 1839), 10.

3. Herbert Spencer, *Essays: Scientific, Political, and Speculative*, 3 vols. (1858; repr. New York: D. Appleton and Co., 1892), vol. 1, 230; Charles Darwin, *On the Origin of Species by Means of Natural Selection*, 3rd ed. (London: J. Murray, 1859), 282; 以及 Charles Lyell, *Travels in North America in the Years 1841–42*, 2 vols. (New York: Wiley and Putnam, 1845), vol. 1, 42.

4. Jean-Jacques Rousseau, *A Discourse on Inequality*, ed. Maurice Cranston (1755; New York: Penguin, 1985), 68.

5. 關於前現代的時間概念（循環的、多價的、不連續的），請見 Keith Moxey, *Visual Time: The Image in History* (Durham, NC: Duke University Press, 2013); 以及 Denis Feeney, *Caesar's Calendar: Ancient Time and the Beginnings of History* (Berkeley: University of California Press, 2008).

6. James Elkins, "Art History and Images That Are Not Art," *Art Bulletin 77*, no. 4 (Dec. 1995): 553–71; Dennis Cosgrove, "Maps, Mapping, Modernity: Art and Cartography in the Twentieth Century," *Imago Mundi 57*, no. 1 (2005): 35–54; Ann Shelby Blum, *Picturing Nature: American Nineteenth-Century Zoological Illustration* (Princeton, NJ: Princeton University Press, 1993), 3–19; 以 及 Donald A. Schon, *Displacement of Concepts* (1959; repr. London: Tavistock Publications, 1963).

7. Chauncey Wright, "Evolution of Self-Consciousness," *North American Review* 116, no. 239 (April 1873): 247: "The forces and laws of molecular physics are similarly related to actual human intelligence. Subsensible properties and powers can only be empirically known, though they are 'visualized' in the hypotheses of molecular movements and forces."

8. 關於大衛・戴爾・歐文所有傳記細節，都來自於華特・布魯克菲德・亨德里克森，*David Dale Owen: Pioneer Geologist of the Middle West* (Indianapolis: Indiana Historical Bureau, 1943).

9. William Smith, *Strata Identified by Organized Fossils, Containing Prints on Colored Paper of the Most Characteristic Specimens in Each Stratum* (London: W. Arding, 1816).

10. Charles Lyell, *Principles of Geology, Being an Attempt to Explain the Former Changes of the Earth's Surface, by Reference to Causes Now in Operation*, 3 vols. (London: John Murray, 1830–33), vol. 1, 89.

11. William Maclure, "Observations on the Geology of the United States, Explanatory of a Geological Map," *Transactions of the American Philosophical Society* 6 (1809): 427.

12. 這是為了將這些新地圖與那些基本上為「現代」製圖平面上顯示古代特色的舊地圖區分開來。相關例子請見「古董塑像」（印地安築丘）Lewis Evans, *A Map of Pensilvania, New Jersey, New-York, and the Three Delaware Counties; by Lewis Evans* (n.p., 1749).

13. Edwin James and Stephen Long, "Vertical Section on the Parallel of Latitude 41 Degrees North," in *Account of An Expedition from Pittsburgh to the Rocky Mountains, Performed in the Years 1819 and 1820 . . . Under the Command of Major Stephen H. Long* (Philadelphia: H. C. Carey and I. Lea, 1822), David Rumsey Map Collection, David Rumsey Map Center, Stanford Libraries.

14. Owen, "Scientific Pursuits," 40–46.

15. David Dale Owen, Joseph Leidy, J. G. Norwood, C. C. Parry, Henry Pratten, B. F. Shumard, and Charles Whittlesey, *Report of a Geological Survey of Wisconsin, Iowa, and Minnesota: And Incidentally of a Portion of Nebraska Territory* (Philadelphia: Lippincott, Grambo, and Co., 1852), 94.

16. Owen, "Scientific Pursuits," 40–46.

17. Emma Willard, *Willard's Historic Guide. Guide to the Temple of Time; and Universal History, for Schools* (New York: A. S. Barnes & Co., 1849), 15, 12.

18. Willard, *Willard's Historic Guide*, 17.

19. David Dale Owen, "Abstract of the Proceedings of the Fourth Session of the Association of American Geologists and Naturalists," *American Journal of Science and Arts* 45, no. 1

(1843): 136, 137.

20. 「蘇必略湖南岸部分的外觀及輪廓，在下面的片段中得到了確切的描述，這是根據艾伊迪－畢－圖克（Aindi-bi-tunk），即某位血統純正的齊佩瓦印第安人的要求所繪製的草圖。」In Owen et al., *Report of a Geological Survey*, xxxiii.

21. Owen, "Abstract of the Proceedings," 137.

22. Lyell, *Principles of Geology*, vol. 1, 191.

23. Owen et al., *Report of a Geological Survey*, xiii.

24. Owen et al., *Report of a Geological Survey*, 94.

25. Owen et al., *Report of a Geological Survey*, 205.

26. Owen et al., *Report of a Geological Survey*, 50.

27. Lyell, Principles of Geology, vol. 1, 8, 10, 82.

28. Herbert Spencer, The Principles of Psychology (London: Longman, Brown, Green, and Longmans, 1855), 4. 更多十九世紀腦部科學相關資訊，請見 (in a large litera- ture) Edwin Clarke and L. S. Jacyna, *Nineteenth-Century Origins of Neuroscientific Concepts* (Berkeley: University of California Press, 1987); and Robert Richards, *Darwin and the Emergence of Evolutionary Theories of Mind and Behavior* (Chicago: University of Chicago Press, 1987).

29. Spencer, *Principles of Psychology*, 231, 246.

30. Immanuel Kant, *Critique of Pure Reason, ed. and trans. Paul Guyer and Allen Wood* (Cambridge: Cambridge Universi- ty Press, 1999), 7–8; 以及 Stephan Körner, *Kant* (1955; repr. New Haven, CT: Yale University Press, 1982), 34, 36.

31. Spencer, *Principles of Psychology*, 52–65.

32. Spencer, *Principles of Psychology*, 246.

33. J. Hughlings Jackson, "Remarks on Evolution and Dissolution of the Nervous System," *Journal of Mental Science* 33, no. 141 (April 1887): 29.

34. Jackson, "Remarks on Evolution," 31, 32; J. Hughlings Jackson, "On Epilepsis and on the After Effects of Epileptic Discharges," in *The West Riding Lunatic Asylum Medical Reports*, ed. J. Crichton Browne and Herbert C. Major, vol. 6 (London: Smith, Elder, and Co., 1876), 267.

35. Chauncey Wright, "Evolution of Self-Consciousness," *North American Review* 116, no. 239 (April 1873): 247.

36. William James, *The Principles of Psychology*, 2 vols. (New York: Henry Holt, 1890), vol. 1, 6, 81, 30.

37. George John Romanes, *Mental Evolution in Man: Origin of Human Faculty* (London: Kegan Paul, Trench & Co., 1888), 2.

38. James, *Principles of Psychology*, vol. 1, 224. 「意識流」一詞最早出現在 1884 年的一篇文章中，詹姆斯批評了大衛・休謨的觀點，即心智是一種名為「想法」，其形狀不一的獨立實體所凝聚的現象。請見 Stephen Kern, *The Culture of Time and Space*, 1880–1918 (1983; repr. Cambridge, MA: Harvard University Press, 2003), 24.

39. James, *Principles of Psychology*, vol. 1, 279, 280.

40. Roderick Impey Murchison, *The Silurian System*, 2 vols. (London: John Murray, 1839), vol. 1, 6.

41. James, *Principles of Psychology*, vol. 1, 282.

42. Louis Agassiz, "America the Old World," in *Geological Sketches* (Boston: Ticknor and Fields, 1866), 1.

43. Henry T. Tuckerman, *Book of the Artists: American Artist Life* (New York: Putnam, 1867), 557. 同時請見 Rebecca Bedell, *The Anatomy of Nature: Geology and American Landscape Painting, 1825–1875* (Princeton, NJ: Princeton University Press, 2001); 以及 Angela Miller, *The Empire of the Eye: Landscape Representation and American Cultural Politics, 1825–1875* (Ithaca, NY: Cornell University Press, 1993).

44. Gotthold Ephraim Lessing, *Laocoön. An Essay upon the Limits of Painting and Poetry. With Remarks Illustrative of Various Points in the History of Ancient Art*, trans. Ellen Frothingham (1776; Boston: Roberts Brothers, 1887), 109.

45. Kern, Culture of Time and Space, 20–22.

46. Theodore E. Stebbins Jr., with the assistance of Janet L. Comey and Karen E. Quinn, *The Life and Work of Martin Johnson Heade: A Critical Analysis and Catalogue Raisonné* (New Haven, CT: Yale University Press, 2000), 37–39; 以及 Theodore E. Stebbins Jr., *The Life and Works of Martin Johnson Heade* (New Haven, CT: Yale University Press, 1975), 36–41.

47. Louis Agassiz, "The Glacial Theory and Its Recent Progress," *Edinburgh New Philosophical Journal* 33 (April–Oct. 1842): 217–83.

48. James Geikie, *The Great Ice Age, and Its Relation to the Antiquity of Man* (New York: D. Appleton and Co., 1874), 381.

49. Louis Agassiz, "The Silurian Beach," in *Geological Sketches* (Boston: Ticknor and Fields, 1866), 29–63.

50. 為了向朋友亞當・塞志維克致敬——後者曾為「寒武紀」（拉丁語裡的「威爾斯」）地質時期命名——麥奇生為這個較為年輕地層的命名為「志留紀」，該命名來自曾抵抗羅馬人入侵的凱爾特部落志留族（Silures）。「在發現歷史上因保衛偉大的卡拉塔庫斯而聞名的志留族，其

曾居住的地區含有大量規律分布且年代久遠、尚未有相關描述的沉積物，我將它們命名為『志留系』（Silurian System）。」（Murchison, *The Silurian System*, vol. 1, v).

51. Agassiz, "Silurian Beach," 37, 31.

52. 1860 年代的其他岩石畫作，也曾觀察到其漫長的年代順序。1864 年，一位評論家在評論威廉・史丹利・哈瑟汀的納漢特海岸畫作時寫道：「阿格西說道，納漢特的岩石是地球上最古老的岩石，而且它們是火山岩的起源。哈瑟汀先生在他的畫中充分表現了其特徵，而且只要曾走過這些巨大粗糙的紅色岩石，並看著海浪在岩上拍打，就能從他的畫中找到他所描繪的那個地方。」*Watson's Weekly Art Journal*, quoted in Bedell, *Anatomy of Nature*, 121.

53. Jorge Luis Borges, "The Book of Sand," trans. Norman Thomas de Giovanni, *New Yorker* (Oct. 25, 1976): 38–39.

54. John McPhee, *Basin and Range* (New York: Farrar, Straus & Giroux, 1981), 21.

8

蘇珊‧舒特
Susan Schulten

從地方變成過程：
美國時間地圖的起源

新的美利堅共和國成立於1776年，並致力於建設一個更美好的未來，然而國家的團結及擴張實際上都與持續努力繪製過去有關。在十九世紀及二十世紀初，一系列的地圖精心繪製了屬於美國的全新故事，在不斷擴大的領土上展開，原住民被清空、被「進步」的無情力量給填滿。最終，這些地圖開始就其本身的因果關係進行試驗，以表現在空間中展開大規模進程，其重要意義就跟傳統的歷史主題，例如戰爭及條約一樣。這種新的製圖思維聚集在1932年的《美國歷史地理地圖集》之中，這是二十世紀在繪製美國歷史地圖方面最具企圖心的成就。本文描述了促成這本偉大彙編的時間性思維演變，以及預期歷史GIS在我們這個時代興起的變化。

《美國歷史地理地圖集》歷時三十年，是美國最早受過專業訓練的歷史學家之一的心血結晶。在世紀之交，約翰‧富蘭克林‧詹姆森製作了一本由兩大部分組成的圖冊，既能回答有關美國歷史的現有問題，也能引發新的問題。該圖冊將從精選的檔案地圖開始——一百多幅圖像，以仿真複製品方式重新製作——從十五世紀的波特蘭航海圖到十九世紀的西部調查圖，但地圖集的核心是更為重要的第二部分，由五百幅原創地圖組成，旨在探索美國的政治、社會、經濟和領土發展。其中一種系列地圖，追蹤1800年至1928年的金融資本的分布情況；而另一種系列地圖，則計算過去民權時代到大蕭條時期土地價值的變化模式。這些全都是為了證明地圖學的力量，不僅能刺激及支持對歷史事件的分析，還有對「過程」的分析。

詹姆森所計畫的特定範圍及規模，代表這是一本突破性的出版物——這是最近建立的檔案中，由近來才剛組織起來的學科領域學者持續進行研究的結果。（該地圖集首位編輯是另一位專業地理學家查爾斯‧奧斯卡‧保林，他為實現詹姆森計畫的願景付出

了多年的努力;約翰·柯特蘭·萊特,即該國最早的學術地理學家之一,亦受邀來協助完成該計畫)。

這些人讓該地圖集處於社會科學學術的先鋒地位,不過真正使其計畫脫穎而出的原因,反而是編輯們的知識野心。在某個特別值得注意的評論中,萊特認為「若是這些地圖能直接呈現於書頁上,而無須使用投映機、捲軸和螢幕等輔助設備的話,理想的歷史地圖集或許能成為一部動態影像地圖。」[1]

直到幾十年後,萊特的願景才完全實現;到了二十一世紀,動態圖像或動畫地圖才成為一種數位人文主義者得以運用之技術。然而,他的預言也提醒了我們,將紙本地圖轉化為時間工具的努力並非新鮮事;事實上,正如本章所顯示,嘗試以地圖同時捕捉時間及動態的試驗,可以追溯到美國的早期時代。

郵局繪製的郵件地圖

在美國,最早繪製時間地圖的嘗試源自於對管理的實際需求。1792年的《郵政服務法》大幅擴張了國內郵件服務的運作及範圍,在偏遠的邊境地區設立了新的郵局,並將郵件投遞視為是一項聯邦義務。該法案將郵局轉變為一個活動軸心,使得郵務人員成

為新國家政府最為顯眼的代表。郵局範圍的擴大促使其首席公務員之一,小亞伯拉罕·布拉德利在1796年繪製了整個郵件網路地圖;其結果是迄今為止最詳細的國家地圖,並且強調了時間及動態。布拉德利的目標從他對資訊的選擇中便能看出:就在大多數當代製圖師強調邊界及地形特徵時,他卻將通訊視為重點。他的圖像顯示了沿大西洋海岸的主幹線,其分支延伸到紐約州西部、緬因州、佛蒙特州及南部邊界區域。透過強調定居點是如何以郵政交通連接起來,布拉德利的地圖也間接傳達了一些關於空間上生活經驗的重要資訊:定居點密集的地區擠滿了節點及路線,顯示出頻繁與大量的互動;而定居點較稀疏的地區,則顯示出較少的互動。

為了解釋資訊是如何在這個系統中流通,布拉德利在地圖的右下角插入了一張細部圖(圖8.1)。經過一連串蜿蜒路線,這張插圖追蹤了往返於緬因州北部及喬治亞州南部的郵件在冬夏二季投遞的時間,讓讀者了解每個季節中南向及北向路線的規律步調。透過將該圖與大地圖進行三角對比,讀者就能掌握全國主要路線上任何特定路段的整體郵政速度。這樣的地圖仰賴於對郵件投遞資訊的觀察與整合,從視覺上整合空間與時間;布拉德利透過出版這樣的地圖,確立了

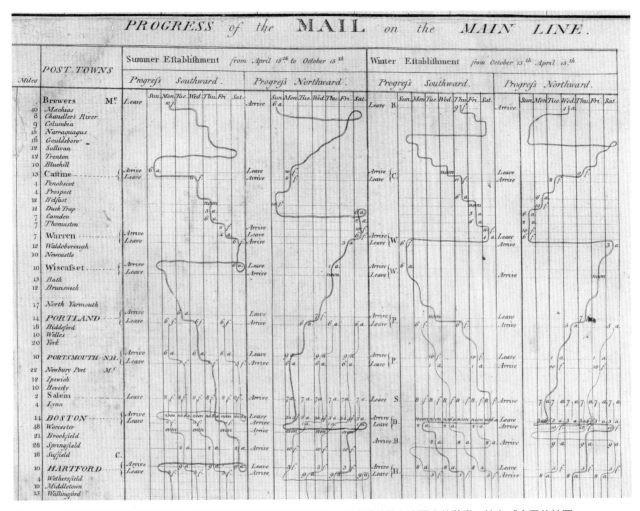

圖8.1 布拉德利的郵件投遞圖細節，該圖與他的地圖可同時運用，以追蹤時間和空間中的移動。摘自《小亞伯拉罕‧布拉德利的美國地圖：有關郵政道路及其距離》（1796？年）。94 x 88公分，資料來源：美國國會圖書館。

聯邦政府最早的責任之一：致力於定期規劃資訊的投遞路線，以作為一種統一新生共和國的方式。[2]

艾瑪‧維拉德描繪美國國家歷史盛況的地圖

在1790年代，在郵件投遞方面的擴大努力，確實滿足了美國獨立後統一共和國的關鍵需求，同樣重要的是，這也同時在努力培養公民意識及國家認同；到了1780年代，諾亞‧韋伯斯特已經開始主張一種獨特的「美國」式英語，而傑迪迪亞‧莫爾斯則堅持讓國家的年輕人向像他這樣的「本國國民」學習地理。正如美國獨立影響了語言及地理的

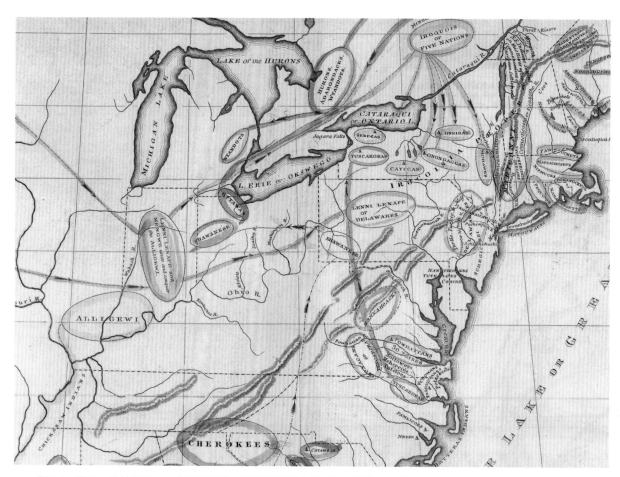

圖8.2 艾瑪·維拉德於1828年所繪製的本國移民地圖（部分）。這與她在描繪歐亞文明史方面，其呈現條理分明的時間變化不同，她在此地圖中將幾個世紀的時間折疊在一個平面上。摘自《維拉德的美國或美洲共和國歷史系列地圖》（紐約：蓋勒格及懷特出版，1829年）。28 x 31公分。圖片來源：史丹佛大學圖書館，大衛拉姆希地圖中心。

研究一樣，它也改變了歷史的意義，教育家們在革命之後，開始將過去的歷史重新塑造成新美國近期歷史的前奏。

　　艾瑪·哈特·維拉德即是這種新美國歷史最有力的倡導者之一，她是一位有遠見的教師，並正好活在女性受教育機會迅速擴大的時代。[3]維拉德致力於灌輸歷史和地理知識於記憶之中，她嘗試使用視覺記憶工具，因為在她看來，視覺比語言更重要。

　　歷史確實發生過；而如果學生能夠將過去的事件置於地理環境中，則更有可能保存這些知識。因此，維拉德的教科書中充滿了圖像工具，特別是地圖，例如在1820年代初，她為威廉·伍德布里奇的總體地理學貢獻了一幅古代世界的時間圖。為了幫助記憶，維拉德將古羅馬的歷史畫成了一條大河

的形狀，被征服的文明在不同的地方顯示為支流。雖然是一種天馬行空，但她在繪製時間地圖方面努力創新。這個河流的主題也被用來隱喻廢除奴隸貿易的過程，對於維拉德及廢奴主義者來說，河流的主題展現了一種信念，即時間是逐步展開，就像理想的社會改革一樣。[4]

隨後，維拉德在她1828年的《美國史》中，把注意力從古代移到美國的過去。她和以前的學生一起設計了獨立出版的「系列地圖」，以配合《美國史》的文字內容，不僅創造了美國首次出版的學校歷史教科書，也創造了該國的第一部歷史地圖集。經過多次再版，這些獨立出版的地圖受到簡化並收錄於後來的教科書版本。

維拉德設計她的地圖是為了敘述美國的故事；每一幅連續的圖像都描繪了其對國家的貢獻或國家的遺產，將過去的混亂轉化為系統化的軌跡，其轉折點正是美國革命。結果，這本地圖集不僅把「美國」設定成一種概念，並且也視為是領土的發展過程。在維拉德的地圖集中，美國歷史在空間和時間方面皆有其發展，最終達成獨立及國家實踐的目的。[5]

維拉德將歷史看作是國家的逐步實踐，這種觀點蘊含在她的地圖集結構中。地圖集以一幅橫跨北美東半部的「原住民流浪」地圖作為開端（圖8.2），具方向性的箭頭則標示出較大的原住民族之間的一般遷移模式，將幾個世紀的遷移壓縮成一張緊湊的圖像中。值得注意的是，維拉德將這張「概要式地圖」與隨後幾種系列地圖區分開來，以展現她大致上所認同的信念，即美國原住民存在於國家歷史之前的一項類別中。以不同時間的標記方式增加州邊界（用虛線標記），來提醒學生，原住民的土地最終會被一個完全不同的社會所主張、佔有並居住。[6]

同樣的觀點在文字內容中也再次受到強調：原住民的生活在序言中有相關的討論，第一章則以克里斯多福·哥倫布的到來作為開端。維拉德為了說明美國歷史上的這一事件所繪製的地圖，以十六世紀歐洲著名的地理大發現及定居地為特色。就跟概要式圖像一樣，這幅「首張」地圖將一個漫長的時代壓縮在一張紙上，透過對每一次主要航行的時間進行追蹤，並指出歐洲人對北美洲競相的主張，保留了一個更精確的時間性次序。維拉德還納入了失敗的殖民活動——漢弗萊·吉爾伯特1578年的專屬權，即英國在北美最早的權利主張——以呈現其所持歷史的觀點，因為其這了及了英裔美國人的定居事實；如此一來，即使維拉德承認了荷蘭及西

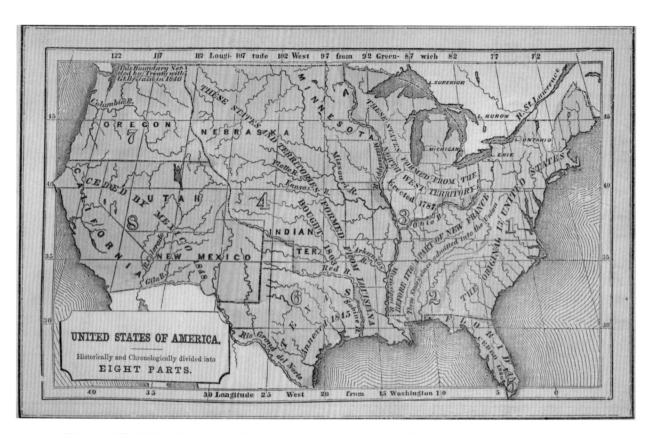

圖8.3 維拉德是率先將國家領土收購，視為是文明進步歷史中必經之路的人之一。摘自維拉德，《美國歷史的最後幾頁：包括加州個別歷史》（紐約：巴諾出版商，1853年）。11 x 17.5公分。

班牙的航行到來，她也暗示了一個必然的英國未來。相反，隨著歐洲人對內陸地區的滲透在之後的地圖中逐漸佔有主導地位，本土原住民佔領的跡象也慢慢被消除；如此一來，她的地圖集便站在真正勝利者的立場，展現了殖民地地理圖，透過她自己祖先的雙眼來框定美國生活的最初階段。作為英國定居者的驕傲後裔——她稱之為「古老清教徒血液中的菁英」——這位頗具影響力的教育家有效地將美國歷史描繪成了她個人民族的承襲敘事。[7]

該歷史地圖集的成功更促使維拉德開發其他圖像工具，以幫助學生理解並記憶歷史與地理的相互依存關係。她在1835年設計了一幅相當亮眼的「民族全景圖」，在一張紙上展示了所有的人類歷史。自十八世紀中期以來，時間軸及時間圖表已經大量可見；到了十九世紀初，歐洲和美國也都出現了將時間描述為河流的作法。[8]維拉德獨樹一格之處，在於其圖像的立體感及流動性。

她以三點透視法畫出了被視覺化的時間，用不斷擴大的流動方式走向讀者，在前

景中更為現代留下了充足的空間（並暗示最新的歷史對讀者的生活更具意義）。作為地圖及編年史的混合體，這種戲劇性的圖像更使得過去成為一種全景圖，將學生提升到一個遙遠、神祇一般的位置，從那裡他們能看到人類的生命戲劇在接下來幾個世紀中展開演出。

1840年代，維拉德以類似的方式製作了〈時間殿堂〉（圖7.3）來教授世界和美國歷史。這件受古典時代啟發的工具，使學生得以將過去的歷史看成一座網格狀的三維結構建築：沿著側牆的柱子標示著時間從圖像後方到前方的行進（每根柱子即代表一個世紀），而殿堂的寬度鬆散地代表地理空間；在天花板上，學生們便要在適當的時間位置上把個人繪製上去。維拉德希望她的〈時間殿堂〉能像地圖具有經緯度一般去整合空間和時間。按照她的想法，天花板上將寫滿「那些偉人的名字，他們之於歷史而言，就如同城市之於地理」；地板上同樣會刻上象徵進步的事件，隨著時間的推移，讀者便會越來越注意到最新的過往事件。在〈時間殿堂〉的說明中，維拉德認為地圖本質上是一種圖像語言，她堅持認為「用空間來表現時間，就跟以空間來表現時間一樣具有科學性和理解性」。幾年後，她自信地聲稱：「我在歷史方面發明了地圖。」[9]

就在艾瑪‧維拉德發現，自己在不久後經歷了美國前內戰時期的地震事件，便急忙將最新的消息納入她的歷史之中。她不止一次評論道，時間本身似乎變快了，這是運輸技術的進步及國家快速西進的產物；這些發展從根本上改變了她對時間的理解。[10]由於她的美國歷史內容具有及時更新的需求，倒也為思考過去對現在的影響創造了一條明顯的脈絡。1849年，她出版了《美國歷史的最後幾頁》，敘述美墨戰爭及《瓜達盧佩—伊達爾戈條約》大幅擴張了領土範圍。在該書1853年的版本中，維拉德自豪地加入了大陸擴張的示意圖，分為「八個按時間順序排列的部分」，從最初的十三個殖民地一直延伸到1848年的西部收購（圖8.3）。對於當代讀者來說，這幅地圖可能顯得很普通，因為我們對於它的視覺動態早已司空見慣，但維拉德是最早以這種方式繪製國家領土擴張圖的美國人之一，她將一段動盪不安的暴力歷史描繪成一段有次序的割讓、收購及購買的過程。這種敘述美國領土擴大的良性模型，至今仍是高中歷史課本的固定內容，並成為威廉‧藍金（在本書中）所提及「折疊動畫」的主要例子。（見P.36）

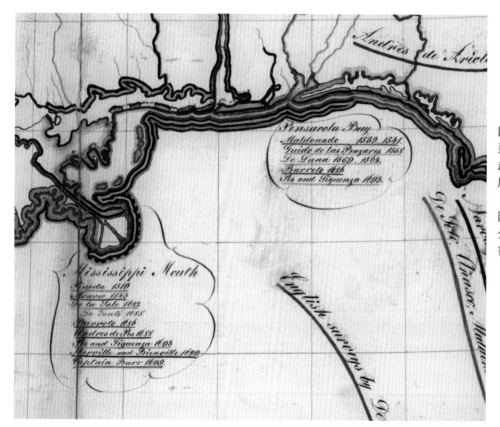

Pensacola Bay
Maldonado 1539 1541
Guido de las Bazares 1558
De Luna 1559 1561
Parrote 1686
Pes and Siguenza 1693

Mississippi Mouth
Pineda 1519
Moscoso 1543
De la Sale 1682
De Tonti 1685
Parrote 1686
Andres de Pes 1685
Pes and Siguenza 1693
Iberville and Bienville 1699
Captain Barr 1699

Andres de Ariola

English surveys by De

圖8.4　約翰·喬治·科爾把連續性的探索行動交疊在一起，以顯示地理大發現的進展及知識的偶然性。科爾，《探索墨西哥灣的進展地圖》（1856年）。49×87公分。圖片來源：美國國會圖書館。

約翰·喬治·科爾繪製地理知識的進展地圖

　　在艾瑪·維拉德作為教育家的影響力達到頂峰之際，她到歐洲參加了1853年的世界教育大會。在倫敦的時候，她碰巧遇見即將前往美國的約翰·喬治·科爾，他是一位研究北美探險活動的德國學者；為了精進他的研究，科爾花了數年時間，不厭其煩地複製他在歐洲各地檔案館所發現的地理大發現原始地圖。

　　這種檔案製圖對維拉德來說是一種新的方法，她對科爾的博學及收藏印象深刻。

雖然在此之前，她顯然沒有考慮過古地圖，但科爾很快就說服了她，讓她相信古地圖的重要性。在大多數美國人只看重地圖的準確度的時候，科爾提出了另一個觀點：「過時的」地圖不應該被丟棄，而應該視為有價值的歷史證據，即記錄領土擴大、主權轉移及地理知識累積的素材。事實上，當他遇到維拉德時，科爾正準備將一千多份地圖手稿帶到美國，以說服國家領導人，地圖學相關素材應該要保存、歸檔，並作為國家歷史的基礎性文件而受到珍視。在歐洲，維拉德很快就給國務卿寫了一封信，表示支持這方面的

作業。

　　約翰·科爾的美國之行，最終也影響到了地圖收藏方面的實務情形。他在1856年於史密森尼學會的一次長篇演講中，重新提出美國科學促進會所提出的建議，即是建立一個聯邦地理圖書館。雖然這樣的圖書館直到該世紀末才被組織起來，但科爾在其他方面也十分具有影響力。

　　在維拉德等人的熱情支持下，國務院聘請科爾複製他所擁有的474幅與北美探險相關的仿真地圖。此時收集到的副本正好為圖表及地圖的新大廳播下了種子——這也是後來國會圖書館地理及地圖部的重心所在。儘管這批收藏品在數十年間相對被忽視，但在二十世紀之交，賈斯汀·溫莎將之重新發掘並廣泛使用（正如科爾所希望的那樣），成為重建美國早期歷史的資源。[11]

　　當科爾忙著為國務院重繪其地圖副本的同時，他也為美國海岸測量局進行1856年和1857年的地圖相關研究。海岸測量局的任務是繪製國家的海岸線及水路交通，這代表1848年《瓜達盧佩－伊達爾戈條約》中所取得的西部土地大大擴展了其責任範圍；局長亞歷山大·巴奇在指派手下繪製國家的新太平洋海岸地圖時，他也委託科爾編纂其歷史。雖然當時聯邦機構將寶貴的資源用於繪

製過去的地圖是不尋常的，但巴奇對他的機構在歷史中所扮演的角色有著強烈的意識。海岸測量局已經開始建立自己的檔案，而科爾專注於太平洋海岸的「探索進展」，亦是一份重要的文獻來源。海岸測量局可能會更加專注於繪製當前的水路及海岸線，但同時也十分注意過去的地理知識累積。

　　巴奇對於科爾所完成的太平洋沿岸歷史探索感到很滿意，所以再次委託他為海灣及大西洋沿岸收集類似的敘事。科爾為每份報告繪製了一張獨特的探索地圖，用不同的顏色色帶交疊在一起，以顯示沿著特定海岸線連續航行的時間區段（圖8.4）。[12]這些創新的地圖以圖示方式強調每次所注意到的探險年代及範圍，創造出一種探索歐洲的視覺系譜。在內陸地區，科爾刪除了所有有關原住民生活的內容（有鑑於他在中西部上游地區對原住民部落的廣泛工作，這算是種頗有意思的忽略）；相反，每幅地圖中這些部分都特意畫上陸地探險史上的重點。因此，太平洋海岸地圖方面，則將法蘭西斯·德瑞克於1579年的海上航行與早期歐洲探險家在西部內陸的路線並列在一起。

　　綜上所說，科爾的畢生工作到了十九世紀，便成了在地圖學領域方面進行收集、歸檔及組織資訊的主要動力來源；他的檔案不

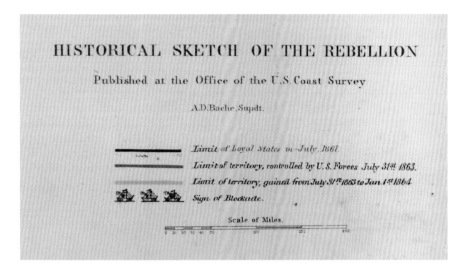

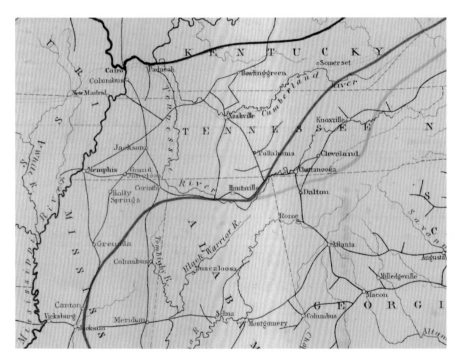

圖8.5a及圖8.5b　海岸測量局〈叛亂歷史速寫圖〉1864年版本中的細節，這一系列地圖的製作目的，在於宣傳對抗南方邦聯的戰爭中所取得的領土成果。亨利·林登科爾繪製。47 ×45公分。圖片來源：美國國會圖書館。

僅使後來的歷史學家能夠進行製圖研究，而且還影響了美國人看待舊地圖的方式。古福尼爾·K.·沃倫在其1858年所繪製、具有里程碑意義的跨密西西比西部地圖中，確立了科爾的模式；同樣，喬治·惠勒後來也在其1869年所開始的極具企圖心的西部調查中，證實了科爾的影響。受到科爾的啟發，惠勒在其出版的報告中複製了西部的歷史地圖，

將其與最新、最準確的地理資訊放在一起。

正如這些例子所證實，德國歷史學家約翰·科爾使得美國的檔案管理員、調查員及製圖師都接觸到了一種新的地圖調查方法。他不僅重視地圖的地理準確性，也重視地圖所要敘述有關過去地理知識進展（及限制）的故事，並將歐洲長期以來以製作地圖來敘述時間的方式帶進美國。[13]

海岸測量局的地圖與美國南北內戰

正如地圖歷史學家長期以來所知，美國南北內戰是刺激美國製圖創新的主要來源，像科爾這樣的移民人才，便扮演起主導的角色：從採用照相平版印刷術到主題地圖繪製的實驗，海岸測量局在1850年代受益於大量具專業技術的德國移民。1862年春天，局長巴奇病倒了；內戰期間由德國移民朱利葉斯·希爾加德負責監督該機構的工作。希爾加德在擔任代理局長後不久，就下令製作一張近期事件地圖，以提高北方聯邦對戰爭的支持。這幅〈叛亂歷史速寫圖〉是由另一位移民亨利·林登科爾所繪製，以強調北方聯邦的軍事進展，直到出現亨利堡和多納爾森堡的雙重勝利，以及對新奧爾良的佔領。就像科爾用彩色線條來標記連續的航行一樣，林登科爾也用類似的方式來表現北方聯邦的最新進展。

由於急於強調北方聯邦的成功，測量局定期修正並重新發布這幅地圖，以標記戰爭的進展。更新工作並未以固定的時間間隔進行，而是在取得重大進展後進行，例如，測量局在1863年7月分別出版了三個版本，以強調蓋茲堡及維克斯堡的勝利。[14]當時，紐約市的騷動者對於近期的徵兵制表示強烈的反對意見，並對林肯政府的戰爭行為感到失望，因此這些新聞地圖的迫切性就更大了；最理想的情況是，用地圖呈現北方聯邦的最新成就，以獲得大眾的支持。因此林登科爾的地圖，亦面臨著相當艱困的難題。

仔細研究林登科爾所繪製的「歷史速寫」地圖，就會發現其形式背後的邏輯。1862年4月的原型包括個別戰役及指揮官，而後來的版本則以更普遍的術語介紹北方聯邦的成功；換句話說，編輯群決定不繪製分散的勝利，而是推論（並以最大限度放大）這些勝利所帶來的領土擴張。每一次更新「歷史速寫」地圖都沒有把重點放在戰役上，而是描繪一幅有關北方聯邦更大、更整體、更積極的成就全景圖；每個版本都顯示了其對重新規劃戰役的成就。

起初，林登科爾只畫了兩條線（紅色和藍色），以對比北方聯邦在1861年7月戰爭開始時以及1862年春天時對領土的個別控制範圍。但在1864年初（圖8.5a和圖8.5b），他

增加了第三條黃線，以強調在蓋茲堡及維克斯堡所取得的重大勝利，以及最近在田納西州、紅河沿岸和德州沿岸的收穫。當今戰爭命運的變化促使林登科爾對過去的時間框架進行重組。

林登科爾的地圖肯定引起了大家的共鳴，因為類似的視覺效果也出現在其他當代的戰爭描述中。就在戰線後方出現嚴重危機時刻的1863年夏天——即一支反戰派威脅要透過與南方邦聯建立個別和平關係來破壞林肯政府——由聯邦主義者所組成的委員會則發表聲明，主張堅持到底。其附帶的地圖採用了林登科爾的技術，對1861年和1863年北方聯邦所控制的領土範圍進行了有利的對比：這幅標題為〈北方聯邦軍隊的進展〉的圖像巧妙地迴避了一些不易啟齒的事實，即大部分的北方聯邦人口仍然生活在聯邦防線以外的地區，而且所謂軍隊對領土的「控制」，也都還是一個充滿爭議的說法。

在1864年另一次戰役對抗中，也出現了同樣以大刀闊斧方式，繪製北方聯邦軍隊進展圖的情形。那年夏天及秋天，威廉·特庫姆塞·薛曼將軍穿越田納西州，然後向東南方進入喬治亞州，於9月1日占領了亞特蘭大；薛曼的勝利消息振奮了北方聯邦的精神及士氣，結束了對林肯重新當選的懷疑。這

時，陸軍工程兵部隊把重心轉向地圖，向參議院表達最近軍事勝利的意義；陸軍工程兵總工程師理查德·德拉菲爾德在兩幅相同的商業地圖上寫下註解，以描述1861年和1864年北方聯邦軍隊及反叛軍隊分別控制的地區情況。

在第一張地圖中，他將北方聯邦軍隊的初步影響範圍擴大，包括表面上忠誠的密蘇里州和肯塔基州，這就誇大了第二張地圖上所記錄的進展，而該地圖也收錄了薛曼在1864年的大有斬獲。雖然維吉尼亞州仍可能會反叛，但不可否認的是，軍隊已經取得了相關進展：海軍現在控制了南部海岸大部分地區，並且透過在密西西比河上的勝利，成功使南方邦聯出現分裂。事實上，北方聯邦軍隊在喬治亞州的進展比德拉菲爾德的地圖繪製還要早，就在他的地圖被送到參議院的幾天之後，薛曼將軍提醒林肯總統，薩凡納已經被攻下，軍隊準備向北前進，穿過卡羅萊納州。[15]

南北內戰在推動繪製歷史地圖方面，並非處於獨立的客觀環境中，但這確實產生其背景脈絡、觀眾，以及對於時間地圖進行試驗的實證經驗——就像政治獨立會激發出形成新共和國應具地理背景的早期佈局作業一樣。就如同該佈局一樣，戰爭所激起的創新

浪潮也會具有持久的影響，林登科爾在內戰中標記北方聯邦控制範圍的連續階段模型，仍然見於美國軍隊的官方軍事歷史，迄今也還是直觀描述美國內戰進展的常見方式。[16]正如我們所看到，這種方式也在1932年開創性的《美國歷史地理地圖集》中留下其印記。

人口普查辦公室繪製人口地圖

如果說在十八世紀末和十九世紀初，美國郵局和海岸測量局曾進行最具想法及創新性的時間測繪作業，那麼法蘭西斯・亞馬薩・沃克領導下的人口普查局，便成為下一個試驗中心。沃克是一位衝勁十足的內戰退伍軍人，他在監督1870年第九次人口普查的同時，還擔任了印第安事務局的局長（後來又擔任了麻省理工學院的院長）。[17]在具有的三種身分之中，他都堅信統計思維及地圖繪製對於有效行政管理來說相當重要。

沃克對統計地圖繪製的信念，於1872年編寫了史無前例的三大卷《第九次人口普查報告》（以下簡稱《人口普查報告》），這份報告運用從歐洲引進的新技術及美國大量移民人才資源，繪製了國家的景觀、氣候和人口。這本厚重但成功的地圖集促使他計劃再出版一本更具雄心壯志的國家統計地圖集，這也是世界上該種類別中第一本地圖

集——1874年的《美國統計地圖集報告》（以下簡稱《統計地圖集》）擴充了《人口普查報告》中的主題，也樹立了相關標準，並在國內外受到廣大效仿。雖然有很多討論這本地圖集的文章，但是大家反而較少注意繪製時間變化的地圖所要付出的創新心血[18]，以下有三個例子能說明此點。

第一個例子，便是沃克決定收錄一張國家領土擴張到太平洋的地圖。在1872年《人口普查報告》及1874年《統計地圖集》中，這幅地圖沿襲了維拉德及其他人自1848年以來繪製的地圖，以呈現整個大陸一系列的進展，但沃克的版本更加仔細，他對每塊領土的增加都有著詳細的註解。有位評論家十分樂見這幅地圖，認為它是每間美國學校教室牆上都應該懸掛的重要圖像，因為「沒有什麼能比它更清楚、更能代表美國的歷史了。」[19]

該地圖集的第二個時間面向更傾向原來的視覺化，與人口資料有關。在最初的《人口普查報告》中，沃克及其合作者嘗試以繪製分區密度（體積）地圖，來顯示「真實存在的」人口分布。在這些地圖中，一系列的陰影範圍密度代表著每平方英里不同的人口密度程度，其變化程度來自資料，而不是由行政邊界來預設。沃克透過《統計地圖集》不僅將這一項技術用於繪製1870年的回歸

圖，也用於繪製1790年以來所有十年一次的人口普查，然後再將所繪製的地圖安排成一個時間次序，以喚起定居點不斷擴大的視覺敘事。

　　仔細觀察這個系列，就會發現沃克及其同事們的歷史思維是很活躍的。在每張地圖中，人口密度的統計「中心」處都有一顆小星星，這個位置逐漸向西移動，穿過馬里蘭州，進入維吉尼亞州、西維吉尼亞州及南俄亥俄州。沃克非常熱衷於繪製移動地圖，他在地圖集的首篇便使用一個小型的遷移快照，以顯示未來的主題（圖8.6）。這幅地圖似乎是朱利葉斯‧希爾加德的心血結晶，他也是海岸測量局的主管，在內戰期間負責〈叛亂歷史速寫圖〉系列。

　　希爾加德在為《斯克里布納月刊》所撰寫的一篇文章中解釋道，正是美國歷史上獨特的地理環境，使得人口普查局能率先計算出人口中心的位置：歐洲長期以來一直處於定居狀態，而美國卻一再為移民開闢新的土地。這種情勢為觀察者創造了必要條件，他們可以運用過去的人口普查資料，以有意義、創新的方式來繪製及研究移民。希爾加德也寫道，這不是空穴來風，而是對於美國大眾生活進行更加深入調查的基礎。透過一個世紀的西進移民，每個定居者都在這片土地上留下了自己的印記，而人口普查使社會科學家能調查由無數個人的決定所產生的整體空間模式。[20]

　　從人口普查資料推論，朱利葉斯‧希爾加德和他的同事皆對每十年的人口地理中心進行大致上的估計；正如他所解釋道，西部「自由」土地的陸續開放，使定居者在決定定居何處時，得以進行其地形、氣候和周圍環境的選擇。希爾加德在移動自由方面的假設是過度誇大了——甚至是相當惱人——因為移民及非裔美國人的移動受到限制，更不用說被迫遷移的美國原住民；但他在研究移動相關的目標，卻是我們在此感興趣之處，因為這使得他的地圖具有動態性及空間性的面向：透過記錄國家重心的轉移，希爾加德地圖上所移動的星星，便近似於旅行者進入跨阿帕拉契亞西部的旅程；這也是藍金在本書中所提及以「小型組圖」風格繪製歷史地圖的一種早期慣例。希爾加德透過稱呼此項研究為人口「發展」的相關研究，也正好運用了這個詞所具有的兩種含義：繪製人口實際「成長」圖，以及物質及社會「進展」示意圖。

　　沃克《統計地圖集》的第三項歷史要素，可以說更具創新性：地圖加入了一項色彩特徵，以標示截至1870年每平方英里人口

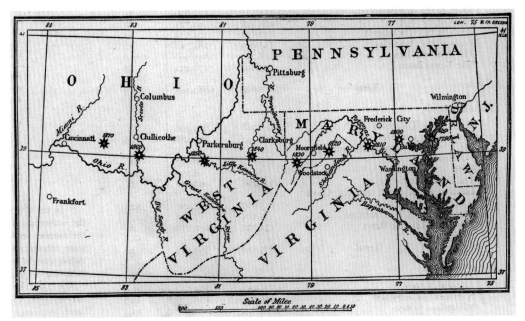

圖8.6 朱利葉斯·希爾加德於1872年所繪製的美國人口中心變遷圖，之後收錄於沃克1874年的《美國統計地圖集報告》，此後受到廣大效仿。地圖摘自該地圖集第6頁，尺寸為6 x 12公分。圖片來源：美國國會圖書館。

降至二人以下的邊界。沃克將這條「邊界線」（這是他所創造的字詞），畫成一條連續不斷的邊界線，並大致沿著97度經線；在圖8.7中，其顯示為地圖西部邊緣那條加粗、起伏上下的藍線。這條線最終成為沃克所有人口地圖的框架，無論其主題焦點（從移民群體的分布到識字率及死亡率）皆是如此，而正是這條一再重複出現於沃克《統計地圖集》中的線，使得弗雷特里克·傑克遜·特納提出他著名的《邊界論》，以作為美國生活的主要地理特徵。

從1880年代開始，特納便沉浸在地圖學的研究之中；他向學生們宣傳統計地圖，甚至利用它們來補強自己的研究。其中他特別偏好1883年（依據第十次人口普查所作成）的《統計地圖集》，該地圖集是以沃克1874年（依據第九次人口普查所作成）的創新地圖集為藍本。這些地圖集的影響在特納的歷史思維中清晰可見；人口學家的移動邊界線——呈現於沃克的地圖結構中——為歷史學家提供了一項強大的工具，使其能夠設想移民如何在美國生活中影響其他社會模式。簡言之，《邊界論》是一種空間概念，沒有地圖的話，就不能觀察，也無法解釋。因此，特納將他的開創性文章——〈美國歷史中的邊界意義〉——寄給了沃克，沃克對其十分讚賞，並認定其為地圖學的根源。

沃克所開創的歷史與地圖學的結合應用，其成效更遠遠超過特納只在特定方面的應用。沃克透過證明地圖得以作為分析及展示的工具，預見了現今運用地圖去探索時空模型的蓬勃發展。[21]他的地圖在當代相關研

究中受到廣大效仿，促使歷史學家開始去研究投票行為及土地使用方面等相關的空間模式。這些地圖更啟發了十九世紀末及二十世紀初的歷史學家，使其開始著手運用統計地圖學。

這種方法有個重要的範例人物，便是阿爾伯特・布什內爾・哈特。哈特的暢銷作品《美國歷史時代地圖圖解》強調了政治和領土成長的主題，並在1891年至1917年間出版了五個版本，以供學生使用。他的領土擴張地圖以沃克及維拉德的地圖版本作為藍本，變成了美國學校常用的教學工具。[22]在二十世紀初，該地圖甚至激發出一種「機械式」版本，使學生得以用齒輪來重現西進定居的階段：每拉一次齒輪，原住民部落的「自然」景觀及「空白」土地，就會被遷佔者社會向西移動的各個階段所取代。這些前後對比的圖像便強化了美國擴張的敘事，即一連串向空曠處移動的必然浪潮。[23]

同樣的技術也能用來敘述西進擴張的黑暗面。為了紀念1876年美國建國一百週年，歷史學家喬爾・阿薩夫・艾倫便以地圖學記錄了北美野牛幾乎被滅絕的情況。艾倫特定河流及地形的底圖上，加了移民與鐵路路線以及州邊界，接著他用顏色來顯示野牛範圍的消長以及因鐵路橫貫於大陸上而分割的範圍。艾倫的地圖有效強調了一個「世紀發展」所帶來的生態代價；十年後，威廉・鄧普勒・霍納迪更改編了艾倫的視覺用語，以強化該訊息（圖8.8）。

霍納迪用逐漸變小的圓圈來表現野牛棲地不斷縮小的範圍，以表達北美野牛數量一百年裡的增減；以紅色數字標示牠們在某區域最後一次出現的日期，更是能強烈表現出野牛數量與不久前相比少了多少。當時的野牛在整個大陸上可是隨處可見，從亞利加尼山脈東部向南到墨西哥，以及向北到加拿大都有牠們的痕跡。

霍納迪對環境災難的視覺化呈現，成為西奧多・羅斯福日後帶領環境保護運動的早期引線，同時也喚起了當時同步發生於美國原住民身上的類似暴力剝奪印象；在這些部落中，北方的蘇族受到野牛衰退的影響更是首當其衝。蘇族在十八世紀的領土從西邊洛基山脈開始，東至明尼蘇達州，北起普拉特河，南至黃石河，也算是曾一度統治過盛產野牛的區域。霍納迪的地圖顯示，到了1889年，北方的野牛數量已所剩無幾，當時牠們被限制在新命名的黃石國家公園等地，就跟西邊部落被迫遷往保留地的情況幾乎是同病相憐。當西進擴張的勝利地圖在美國文化中氾濫成災，霍納迪的地圖則在其負面處展示

Pl. XL

圖8.7　法蘭西斯・亞馬薩・沃克的「邊界線」是在1874年的《統計地圖集》中所提出。在這幅地圖上，
這條加粗的深藍色線條大致沿著97度經線而行，但也標示著緬因州東北部、紐約州中部及五大湖周圍的
內陸「邊界」。正如圖上的說明所言，這條線標示著「其最高限度為每平方英里二個及以上的人口」。
圖片來源：美國國會圖書館。

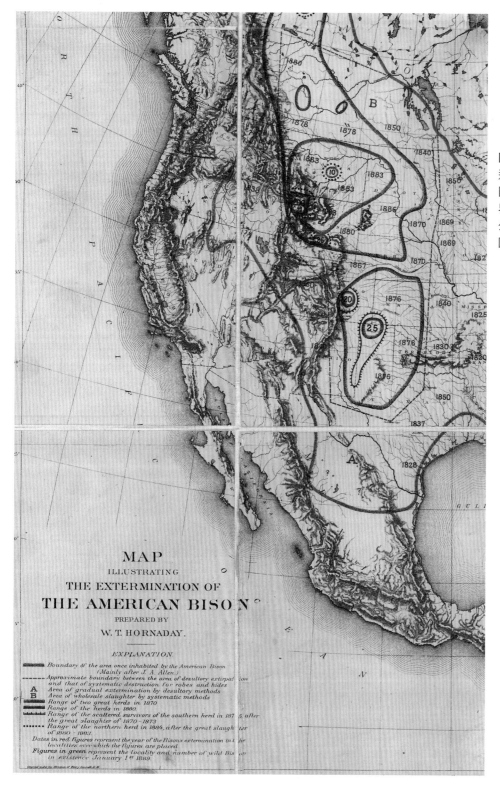

圖**8.8** 威廉・鄧普勒・霍納迪於1889年所繪製的野牛地圖（部分），這與透納對邊界的想法不謀而合。61 x 58公分。圖片來源：美國國會圖書館。

出類似的圖像。美國野牛的滅絕代表著特納論點的陰暗面——美國的邊境在本世紀末早已消失殆盡。

美國歷史地理地圖集

正是在這種脈絡之下，歷史學家約翰·富蘭克林·詹姆森預設了他的美國歷史地圖全集，也就是本文一開始時所簡要敘述的不朽之作。詹姆森是特納在約翰霍普金斯大學（美國最早的研究生培訓機構之一）的同學，他在那裡師從歷史學家赫伯特·巴克斯特·亞當斯以及地理學家丹尼爾·科特·吉爾曼。沈浸於歷史及地理的影響之中，使詹姆森產生對時間及空間相互關係的興趣，同時也使他認同古地圖身為歷史文件的價值。

在《美國敘事與批評史》中大力強調早期地圖的賈斯汀·溫莎，更是進一步引起詹姆森對地圖學史的注意力。最後，詹姆森更是深深受到人口普查局在1874年及1883年所製作之新型統計地圖集的吸引。如前所述，到了二十世紀初，對於歷史地圖的熱情——特別是以沃克的統計與分析為模式的歷史地圖——更是滲透到新興的大學學科中，這些所有影響結合在一起，即說服了約翰·富蘭克林·詹姆森，認為繪製美國過去的全方位地圖集的時機已經成熟了。

詹姆森開始向他的導師丹尼爾·吉爾曼提出了這項計畫時，是在吉爾曼於1902年任命為卡內基機構總裁不久後。他認為，這項工作應該以精選古地圖的副本作為開端：這些圖像描述了大發現之旅，同時闡明對地理環境的當時看法，並表現早期的土地使用。在查爾斯·保林的編輯指導下，詹姆森開拓性的《美國歷史地理地圖集》（以下簡稱《地圖集》）的這一部分最終收錄一百多幅地圖副本，這是迄今為止所出版最大的北美歷史地圖集。在策劃這一部分時，保林以約翰·科爾的模式作為指引，來選擇足以捕捉隨著時間推移所擴大的地理知識的地圖。值得注意的是，在科爾的時代，保林所收集的地圖副本不可能被收藏起來，因為許多他所參考的檔案也都是在幾十年前才出現。這種模式在全球範圍內重演，二十世紀的地圖繪製更是受到十九世紀地圖收集而推動。[25]

該地圖集的後半部分則更具有企圖心，為此還請來了另一位學者——地理學家約翰·柯特蘭·萊特——協助保林在大量原始地圖中記錄美國的政治、社會和領土發展。有些地圖展示了當時大家所熟悉的主題，如軍事衝突、新興部落、帝國競爭及探險家路線等地圖，其他地圖則描繪了一些不太常見的現象，像是土地轉讓、農業模式、政黨及

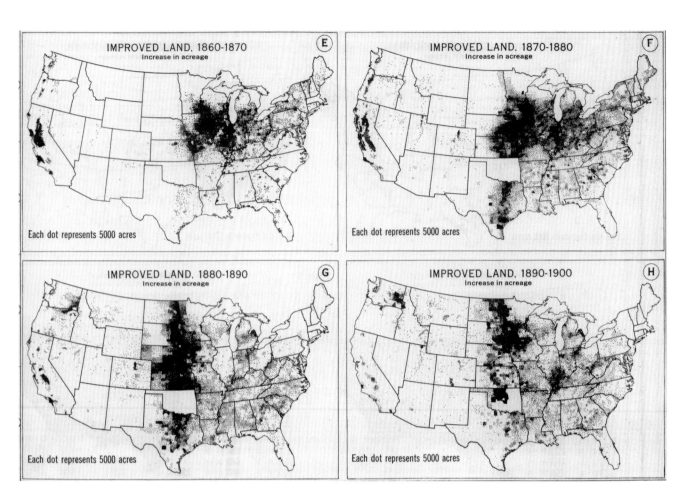

圖8.9 約翰‧柯特蘭‧萊特的點狀地圖，透過強調整個景像不同的「變化率」，預示著GIS系統。摘自保林及萊特，《美國歷史地理地圖集》，四張地圖，寬24公分。圖片來源：史丹佛大學圖書館，大衛拉姆希地圖中心；華盛頓卡內基/卡內基科學研究所版權所有。

交通網路。然而，即使使用於繪製這些發展的資料及工具還是相當的新，其背後動力也呼應了1870年代沃克在人口普查辦公室所推動的社會科學意識，但仍然有一個關鍵的區別：沃克在製作人口普查地圖時，不見得是為了讓歷史學家對於邊界進行不同的思考，而詹姆森及其合作者則明確將他們的計畫視為是一種啟發歷史及地理新問題的方式。正

如數位人文學者現在將地圖設計成歷史分析的工具一樣，詹姆森也希望能在上世紀初透過時間地圖來推動歷史的學術研究。

1932年的《地圖集》是十九世紀的時間地圖實驗的一個樣本盒，而本書中也已經介紹過這些實驗：為了記錄法國在內陸地區的探索以及美國在遙遠西部的探險（圖版39），保林及萊特效仿約翰‧科爾使用彩色線條；為了表現

內戰期間北方聯邦的進展（圖版163d），他們改編了亨利·林登科爾的〈叛亂歷史速寫圖〉；原住民遷徙地圖（圖版33）是以艾伯特·加勒廷及約翰·韋斯利·鮑威爾的同一地圖作為藍本，而後者亦透露出艾瑪·維拉德的「原住民流浪」的影響；使用系列地圖來記錄人口密度、移民、城市化、經濟、選舉、政治改革的歷史，源自沃克1874年進行的試驗。就《地圖集》作為一項學術事業而言，其既受益於近年的地圖學創新技術，也受益於近年的檔案收集，這在幾十年前是不可能被構思或實現；《地圖集》從各方面來看，本身就是歷史的產物。

然而，即使他們的地圖明顯依賴於新組織的歷史檔案及新出現的學科知識，詹姆森、保林及萊特也有新的突破。例如，他們透過繪製選舉成功的地圖，試圖提出並回答新問題，即不斷擴大的民主制度中，政治權力的地理分布；透過顯示改革措施在一段時間內的區域分布差異，他們為特納的派別主義概念提供了新論點。同樣具有啟示意義的是，他們努力繪製土地定居及耕種的歷史（圖版145-46）。如上所述，萊特努力克服在人口普查資料中，如何運用圖像表示那些隨時間變化的挑戰，而他認為實際上理想的地圖應該是動態圖像。

他在沒有動畫技術可用的情況下，透過繪製一系列地圖來描述耕地的歷史，以達到同樣的效果（圖8.9）。值得注意的是，這一系列每張地圖與其顯示某特定時段內的所有耕地，上面只顯示了最新增加的土地，這是為了把大家的注意力，引向在美國歷史特定十年間，曾集中進行土地改良的地區。在沒有數位工具的協助下，萊特設計了一個資訊展示系統，使地圖具有一定程度的分析能力。透過地圖繪製的語言，在視覺上直接區分變化較快及較慢的地區，萊特也預見了GIS系統的發展，而該系統在繪製地圖「變化率」的精細技術方面都已相當常見。

總而言之，對於時間地圖的需求，其相關歷史是其來有自。在十九世紀整個發展過程中，有遠見的地圖繪製者直接使用圖像及地圖繪製工具，根據不斷變化的現在來理解美國的過去。對於艾瑪·維拉德及約翰·科爾來說，過去已界定為形成整個大陸的編年史，然而他們都沒有用地圖來處理最主要的因果關係；相反，他們早期繪製過去地圖的嘗試，主要都還是為了說明一個已知的過去、標示出變化，而不是探究其空間和地理環境。在這方面，科爾的探索地圖就跟維拉德的領土擴張地圖一樣，都是接近於時間軸的樣貌；同樣，海岸測量局的〈叛亂歷史速寫圖〉便是為了標示出北方聯

邦軍隊的進展，而非以持續的方式探索戰爭的地理面向。

到了十九世紀末，學術學科和聯邦機構的正式化，加速了歷史地圖繪製更為全面及系統化的參與程度：朱利葉斯‧希爾加德在有關人口中心遷徙的地圖方面，將大量的人口普查資料濃縮成一條單一、象徵性的西進弧線；法蘭西斯‧沃克所繪製的特定人口特徵分布圖——從疾病到財富、種族及民族——吸引了弗雷特里克‧傑克遜‧特納去探究空間原因和空間效應。特納的《邊界論》反過來又啟發了查爾斯‧保林及約翰‧柯特蘭‧萊特去設計地圖，從不同縣的共和黨選舉實力到大平原上的小麥種植情況，以探索更多的時間－空間關聯。地圖既是新歷史思維的原因，也是其結果。

因此，里奇蒙大學的數位學術實驗室（Digital Scholarship Lab，簡稱DSL）最近試圖將《美國歷史地理地圖集》帶入數位領域，也是非常理所當然的。DSL的「美國全景」計畫第一步，便是將1932年的地圖集數位化，這代表確立詹姆森、保林及萊特的計畫是現代歷史空間分析的一種基礎。DSL現在正進一步推動，用新的資料集及新的數位工具，重新審視具有里程碑意義的地圖集主題，以揭開歷史學家仍然不清楚的空間模式：有個計畫旨在透過研究居民流離失所的模式，來闡明城市重建的意外結果；另一個計畫則透過測量運河繁榮時期的商品分布，以調查工業化的經濟影響。

雖然該計畫作業的數位工具，比萊特所想像的任何東西都要強大，但捕捉時間次序及事件脈絡變化的主導動力仍是非常相似。因為，正如大家所見，萊特對於繪製地圖動態圖片的想像力，只是一個預言性的時刻，而這份努力已經持續了幾個世紀，使得地圖不僅能測量空間，還可以測量時間。

註釋：

1. Charles O. Paullin and John K. Wright, *Atlas of the Historical Geography of the United States* (Baltimore: A. Hoen & Co., 1932), xiv.

2. Richard R. John, *Spreading the News: The American Postal System from Franklin to Morse* (Cambridge, MA: Harvard University Press, 1995), 70, 101.

3. Martin Bruckner, *The Geographic Revolution in Early America: Maps, Literacy, and National Identity* (Chapel Hill: University of North Carolina Press, 2006); 以及 Susan Schulten, "Emma Willard and the Graphic Foundations of American History," *Journal of Historical Geography* 33, no. 3 (July 2007): 542–64.

4. 關於艾瑪‧維拉德的歷史河流，請見 *A System of Universal Geography* (Hartford, CT: Oliver D. Cooke & Sons, 1824). Thomas Clarkson's map of abolition (ca. 1808) 請見：https://brbl-dl.library.yale.edu/vufind/Record/3439900.

5. Emma Willard, *History of the United States, or Republic of America* (New York: White, Gallaher & White, 1828). 有關國家認同、領土主權、歷史敘事及地圖繪製之間的關係，請見 Susan Schulten, *Mapping the Nation: History and Cartography in Nineteenth-Century America* (Chicago:

University of Chicago Press, 2012).

6. 大約十年後，美國前財政部長艾伯特・加勒廷繪製了一張與維拉德地圖相似的印第安人語言地圖。加勒廷的地圖更塑造了霍雷肖・海爾的印第安民族地圖，以及約翰・韋斯利・鮑威爾後來的印第安語言及定居地圖。Albert Gallatin, "Map of the Indian Tribes of North America about 1600 A.D."

7. Emma Willard to William Coggswell, Jan. 10, 1842, box 2a, folder 7 of the Education Collection, Sophia Smith Collection and Smith College Archives, Northampton, MA.

8. Willard, "Picture of Nations" (Hartford, CT: F. J. Hun- tington, 1836), https://www.davidrumsey.com/luna/servlet/s/ h4ob7z. 維拉德的透視草圖相似於弗里德里希・斯特拉斯的《時間之流》，以及史蒂芬與丹尼爾・多德繪於 1807 年的歷史圖表。Daniel Rosenberg and Anthony Grafton, *Cartographies of Time: A History of the Timeline* (Princeton, NJ: Princeton Architectural Press, 2010), 143–45; 以 及 Schulten, "Emma Willard and the Graphic Foundations of American History," 558.

9. Emma Willard, *Guide to the Temple of Time* (New York: A. S. Barnes & Company, 1850), 21–22; 以及 Willard to Miss Foster, Nov. 5, 1858, reprinted in J. Lord, *The Life of Emma Willard* (New York: D. Appleton and Company 1873), 228.

10. Willard to Jane Hart, March 10, 1848, in *The Papers of Emma Hart Willard, 1787–1870*, Research Collections in Women's Studies, Bethesda, MD, available from the UPA Collection from LexisNexis, 2004, reel 3, frame 280 (hereafter *Willard Papers*); Willard, *Guide*, 4; 以及 Willard to Austin W. Holden, Sept. 5, 1846, *Willard Papers*, reel 3, frame 117.

11. 科爾注意到仿真地圖及其在一般文化的發展。隨著平版印刷術的出現，促進了美國早期仿真地圖的發展，這些地圖越來越成為了解過去的常用工具。請見 J. G. Kohl, "Substance of a Lecture Delivered at the Smithsonian Institution on a Collection of the Charts and Maps of America," *Annual Report of the Board of Regents of the Smithsonian Institution* (lecture delivered Dec. 1856) (Washington, DC: Cornelius Wendell, 1857); Justin Winsor, *The Kohl Collection of Maps Relating to America* (Washington, DC: GPO, 1904); 以 及 Justin Winsor, *Narrative and Critical History of America*, 8 vols. (Boston: Houghton, Mifflin, and Co., 1884–1889).

12. 就跟科爾的仿真地圖大發現一樣，這些沿海勘探報現在也收藏在美國國會圖書館。.

13. Gouverneur K. Warren, "Memoir to accompany the map of the territory of the United States from the Mississippi River to the Pacific Ocean, giving a brief account of each of the exploring expeditions since A.D. 1800" [1859], 16. *Report upon United States Geographical surveys west of the one hundredth meridian, in charge of First Lieut. Geo. M. Wheeler . . .* (Washington, DC: Government Printing Office, 1875–1889), v. 1, "Geographi- cal Report," pp. 481–end. 正如本書收錄凱倫・維根的文章（第二章）所指出，歐洲人早在十六世紀末奧特利烏斯的〈邊飾〉中，就已經將古地圖的副本納入其中。

14. 〈歷史速寫〉地圖是德國人查爾斯・G・克雷布斯所刻。美國國會圖書館共收藏了六幅。

15. "Limit of Territory Controlled by U.S. Forces, January 1861 and Novr. 1864," maps 38(8) and (9), in Record Group 46: Records of the US Senate, National Archives Identifier 305453.

16. Maurice Matloff, *American Military History* (Wash- ington, DC: Office of the Chief of Military History, US Army, GPO, 1969), map 34.

17. 在人口普查成為一個聯邦行政單位之前，仍受國會命令每十年對其任務進行相關更新。

18. *Report of the Ninth Census* (vols. 1 and 2) (Washington, DC: Government Printing Office, 1872); 以及 *Statistical Atlas of the United States Based on the Results of the Ninth Census* ([New York]: Julius Bien, Lith., 1874).

19. "Francis A. Walker's Statistical Atlas of the United States," *North American Review* 121, no. 249 (Oct. 1875): 441.

20. "The Advance of Population in the United States," *Scribner's Monthly* 4 (1872): 214–18.

21. 相關例子請見史丹佛大學的空間歷史計畫，之前在維吉尼亞大學、現在在里奇蒙大學的 DSL，以及緬因大學的安妮・諾爾斯的研究工作。

22. 哈特的影響確立了世紀之交的大多數歷史繪圖，都反映了沃克的統計模型。例如，迪克森・瑞安・福克斯繪製了關鍵選舉、國會投票和人口變遷的歷史。(New York and London: Harper & Brothers, 1920). 這本本地圖集之製作是摘自哈特的「美國國家」系列地圖。

23. Albert Bushnell Hart, *Epoch Maps Illustrating American History* (New York: Longmans, Green, & Co., 1891). "The Ives Historical Map: A Mechanical Contrivance for Illustrating the Growth of the United States of America," reviewed in *The History Teacher's Magazine* 2, no. 8 (April 1911): 186. 到了世紀之交，這本雜誌在其教材概要中收錄了整個「地圖」部分，反映了歷史地圖集、地圖、圖表和其他工具的大幅發展。

24. J. A. Allen, *The American Bisons, Living and Extinct* (Cambridge: Cambridge University Press, 1876); 以及 William T. Hornaday, "The Extermination of the American Bison," in *Annual Report of the Board of Regents of the Smithsonian Institution* (Washington, DC: Smithsonian Institution, 1889), map facing p. 548.

25. 詹姆森的提案可見於 Ruth Anna Fisher and William Lloyd Fox, eds., J. *Franklin Jameson: A Tribute* (Washington, DC: Catholic University of America Press, 1965), 77–79. 同 時 請 見 Jameson to Gilman, Feb. 14, 1902, in *An Historian's World: Selections from the Correspondence of John Franklin Jameson*, ed. Elizabeth Donnan and Leo F. Stock (Philadelphia: American Philosophical Society, 1956).

9

詹姆斯・阿克曼
James R. Akerman

戰爭的時間、路線及景觀地圖

旅遊地圖中的時間和空間

　　若說所有的地圖都在訴說著時間，那麼為歷史遊客所繪製的地圖，必須同時以多種方式有效地敘述時間。一方面，他們的設計者要負責說明一連串複雜的事件是如何在空間中展開（通常是與許多行動者在特定景象中移動有關）；另一方面，若是地圖為了假設性遊客之便而製作，同時負責引導旅行者進入並通過景觀環境，仔細考量其移動的節奏及步伐——無論是步行或騎馬，乘坐火車或汽車。從抽象的角度來看，這種地圖的挑戰在於如何公平處理過去的事件時間，以及現在的身體移動時間。由於交通技術（旅行者實際到達及遊覽景點的方式）深刻影響著後者，所以在過去的二百多年間，重大的技術變革已經從根本上改變了為遊客繪製歷史景點地圖的方式。

　　旨在紀念1804年至1806年路易斯及克拉克遠征的旅遊指南手冊，就是個有用的例子。1900年，在遠征百年前夕，北太平洋鐵路公司為其主要路線上（從明尼蘇達州的聖保羅到太平洋西北部）的旅行者編寫年度插圖指南，並以一篇標題為〈路易斯及克拉克的足跡〉的文章作為首篇。該文章對這次偉大探險的詳細描述中，穿插了一些地圖，在現代定居點、地名及鐵路路線的背景下劃出了探險家的路線。沿著鐵路一直走到太平洋的遊客將有幸看到與路易斯及克拉克曾到過的相同地點；在某種程度上，他們將重新體驗那段開拓性的旅程。[1]

　　在漫長的火車旅途中，閱讀這篇文章就會是一項很好的消遣，但地圖顯示，雖然目的地和一般路線都是一樣的，只不過鐵軌很少「真的沿著小路走」（圖9.1）。乘客們沒有機會近距離接觸和探索。新技術促成了從現在到過去的提升，只有在主要道路的固定路線允許的情況下，才能將事件發生地點帶入視野。

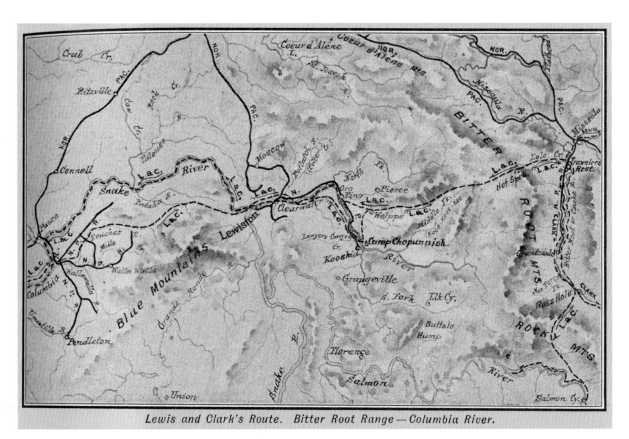

Lewis and Clark's Route.   Bitter Root Range—Columbia River.

圖**9.1** 「路易斯及克拉克的探險路線：比特魯特山脈－哥倫比亞河」，摘自奧林·鄧巴·惠勒的〈路易斯及克拉克的足跡〉，《仙境1900》（聖保羅，明尼蘇達：北太平洋鐵路，1900年）。圖片來源：紐伯里圖書館。
探險隊伍發現比特魯特山脈是最難跨越的通道之一。然而，正如這張地圖所示，儘管惠勒聲稱該鐵路是緊跟著路易斯及克拉克的探險路線，但北太平洋鐵路的主線，實際上是在北部很遠的地方穿越了該山脈。

　　一個世紀後，在探險兩百週年之際，大量的旅遊指南使駕車者能在閒暇時，更仔細去重新遊歷路易斯及克拉克的足跡，其中較為暢銷的一本書是《與路易斯及克拉克同行》，該書由芭芭拉·菲佛及薇琪·索德伯格撰寫，約瑟夫·穆蘇爾曼繪製出色的地圖。這本215頁的平裝指南書，先跟隨主人公從密西西比河以東，到哥倫比亞河口再返回，而穆蘇爾曼的地圖學協助現代司機找到沿途的路。他將路易斯、克拉克和探險隊伍其他成員日記所摘錄的日期納入其中，用箭頭標示出發表評論的地點或其所指的地點。第17A地圖（圖9.2）側重於「洛磯山脈挑戰」，即探險隊從現今蒙大拿－愛達荷州邊界的大陸分界線山頂，向西尋找一條合適的道路。[2]正如對圖9.1和圖9.2的比較所示，汽

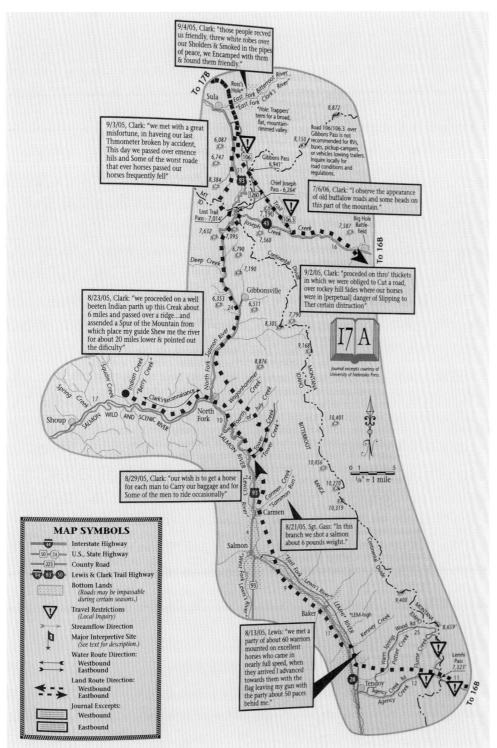

9/4/05, Clark: "those people recved us friendly, threw white robes over our Sholders & Smoked in the pipes of peace, we Encamped with them & found them friendly."

9/3/05, Clark: "we met with a great misfortune, in haveing our last Thmometer broken by accident, This day we passed over emence hills and Some of the worst roade that ever horses passed our horses frequently fell"

Hole: Trappers' term for a broad, flat, mountain-rimmed valley.

Road 106/106.3 over Gibbons Pass is not recommended for RVs, buses, pickup-campers, or vehicles towing trailers. Inquire locally for road conditions and regulations.

7/6/06, Clark: "I observe the appearance of old buffalow roads and some heads on this part of the mountain."

8/23/05, Clark: "we proceeded on a well beeten Indian parth up this Creak about 6 miles and passed over a ridge...and assended a Spur of the Mountain from which place my guide Shew me the river for about 20 miles lower & pointed out the dificulty"

9/2/05, Clark: "proceded on thro' thickets in which we were obliged to Cut a road, over rocky hill Sides where our horses were in [perpetual] danger of Slipping to Ther certain distruction"

I 7 A

Journal excerpts courtesy of University of Nebraska Press.

8/29/05, Clark: "our wish is to get a horse for each man to Carry our baggage and for Some of the men to ride occasionaly"

8/21/05, Sgt. Gass: "In this branch we shot a salmon about 6 pounds weight."

8/13/05, Lewis: "we met a party of about 60 warriors mounted on excellent horses who came in nearly full speed, when they arrived I advanced towards them with the flag leaving my gun with the party about 50 paces behind me."

MAP SYMBOLS

	Interstate Highway
50 24	U.S., State Highway
223	County Road
94 83 50	Lewis & Clark Trail Highway
	Bottom Lands *(Roads may be impassable during certain seasons.)*
	Travel Restrictions *(Local Inquiry)*
	Streamflow Direction
	Major Interpretive Site *(See text for description.)*
	Water Route Direction: Westbound / Eastbound
	Land Route Direction: Westbound / Eastbound
	Journal Excerpts: Westbound / Eastbound

圖9.2 〈洛磯山脈挑戰〉，摘自芭芭拉·菲佛及薇琪·索德伯格的《與路易斯及克拉克同行》（海倫娜：蒙大拿雜誌及遠鄉出版社，2001年），頁127。摘自《與路易斯及克拉克同行》，由蒙大拿州海倫娜市遠鄉出版社提供。圖片來源：紐伯里圖書館。

車及高速公路使二十世紀末具有歷史思維的旅行者有可能比一個世紀前更徹底地、更明確地想像過去。

歷史旅遊者對過去的想像，也因為把地方、國家，甚至跨國地方及事件的集體想像力重疊起來而變得複雜。對美國人來說，路易斯及克拉克遠征是一個深深烙印在跨大陸擴張與征服的集體國家記憶中的事件，由幾世代的學校歷史課及環境的流行文化來維持。

當然，這也是為什麼路易斯及克拉克的百年及兩百週年紀念日，會是地圖及旅遊指南出版的時機，以及為什麼具有歷史意識的美國遊客，可能更傾向於花時間閱讀並遵循這些指南。藉此，他們在某種意義上重申了自己的成員身份——用班尼迪克・安德森的話來說，就是想像中的美國族群[3]；而十九世紀和二十世紀中許多歷史旅遊也是如此。透過研究歐洲文化及歷史，以加強泛歐洲身份認同的歐洲壯遊並未、而且無論如何也不會消失，但是在十九世紀及二十世紀初期間，「歐洲壯遊」也開始受到競爭，並逐漸屈服於參觀造訪之後事件發生的遺址及景觀。

這在美國尤其是如此，畢竟美國急於形成獨特的民族身份，恰好與其長期迷戀祖先的歐洲文化及歷史有所衝突。因此，美國民族主義式的旅遊，往往集中在那些看似獨特的美國景觀、尼加拉瓜瀑布、哈德遜河及密西西比河，以及變成國家公園的主要部分，特別是在西部。但到了二十世紀初，歷史遺跡及基礎事件也補充美國國家旅遊的內容，其中最重要的便是戰地。[4]

正如在整個現代歷史中，戰爭的進行需要製作大量的地圖檔案一樣，戰地及戰役的地理複雜性也使戰地遊客無法理解，而需要製作專門的地圖；不過，為軍事旅遊者製作地圖的歷史並不順利，這要看是否有好的資源，特別是技術的影響。戰地旅遊一直給製圖師帶來特別的挑戰，因為除了要表現地形等標準特色之外，還有著表現該行動的難題（通常包括在特定地形上一連串複雜的前進及撤退行動）。成功的地圖必須盡可能把遊客的想像力引領至戰役行動，同時解決兩個問題：行動已經成為過去——並不存在於現在——以及那些大家或許會想起、早就隨著時間過去而改變的景觀。正如我們將看到的，戰地製圖師以各種創新的方式應對這些挑戰，將文字內容及圖像納入越來越複雜的多媒體組合中。

本篇文章初步調查了在過去的兩個世紀裡，導遊手冊作者及地圖製作者為了戰地旅遊所制定的代表性策略[5]，這是一種特別有力的方式，我們或許能稱之為「時間旅行」：

透過造訪過去事件發生的地點，來展開觀察該事件的旅遊。雖然這裡的重點是北美戰場及美洲地圖，但仍不可避免與歐洲的類似發展進行比較。事實上，這個故事從1815年滑鐵盧戰役之後開始，即現代戰地旅遊及遊客地圖顯露頭角之際。

此後，本文重點討論了旅遊地圖如何應對三場衝突：1812年戰爭、美國內戰及第一次世界大戰，這三場戰爭都是歷史旅遊發展的重要轉折點。美國旅遊出版業的興起，大致與1812年戰爭的結束相吻合，可以說是由戰爭的結果所促成的；工業戰爭的大量傷亡及鐵路的同時興建，都使得南北內戰成為戰地旅遊作為一種全球現象（而不僅僅是在美國）興起的分水嶺；而恰逢汽車業黎明的世界大戰，則再次改變了與戰爭有關的旅遊，使其同時成為一種大眾活動及一種基本的私人活動。地圖繪製文獻亦反映著這些變化中的每一項。

歐洲的起源：滑鐵盧

在戰地及紀念館進行大眾旅遊，或許是一種現代現象，但是到具有軍事意義的地點朝聖，是一種根深於歐洲文化中的作法。十七及十八世紀的歐洲壯遊，目的在於讓英國貴族熟悉歐洲大陸文化的基礎，該行程包括大量造訪戰爭相關景觀，無論是中世紀的城堡、古代戰役的遺址，還是獻給羅馬征服者的光榮紀念碑。[7]然而，有越來越多國家人口在拿破崙戰爭期間加入戰爭，以一種戰爭將被誰及如何被記憶的方式標記著轉折點，尤其是1815年的滑鐵盧戰役將戰地旅遊從遙遠的過去轉往近期當下，同時將更多的旅行者帶到現場。

1815年6月，在現今為比利時的滑鐵盧戰役中，關於拿破崙遭遇災難性失敗的地點，引起英國民眾相當大興趣，該戰地幾乎是立即吸引著遊客。在戰役結束後的幾週內，當地便已經出現了一種專為其服務的當地事業，詹姆斯·辛普森在1815年7月31日前往戰場時寫道，他的隊伍經過了新的和「不完美」的墳墓：「刺刀刀鞘經常伸出來；還有帽子、鞋子和碎布，昏暗下幾乎無法從其所在泥土中分辨出來。」很快，它們「就被人群包圍，爭相出售戰地上的遺物；特別是作為法國士兵配戴於帽牌上的老鷹圖樣。」[7]一年後，塞斯·威廉·史蒂文森的報告提及，戰地沿路、周圍的墳墓以及當地人對戰役的記憶仍然如新，為遊客服務的家庭產業也在蓬勃發展。他在某家旅店吃早餐並與旅店老闆聊天時發現：

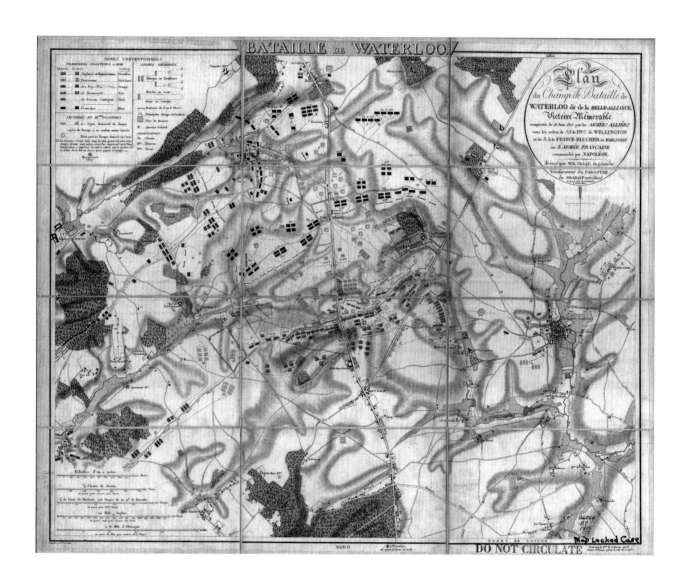

這些人承認滑鐵盧戰役對他們「頗有助益」……（而且）我們不需要鬼魂來告訴我們他們做得有多好，因為門口有超過半打的馬車，而且不斷有客人到來，他們吃完點心後繼續前進。[8]

然而，辛普森周圍的實質環境，卻讓人對過去及現在之間的對比，感到有些不舒服。

我們的腦海中出現了一種特殊而強烈的印象，來自於連結至恐怖時刻的相關事實所引發的單純反思；我們當時居住在死亡區域內，處於毀滅的邊緣，跟我們現在所處的寧靜、安全環境形成對比，我們在整潔客廳裡一邊吃著烤火

腿，一邊用令人愉快、健康的魯汶黑啤酒沖淡它……

　　帶著一個非常年輕，但……相當具有學識的導遊，以及一張出色的地圖，我們開始了在戰地上的遠征。[9]

　　我們不知道他們手裡拿的是什麼地圖，也許是為奧蘭治親王威廉三世效命的工程師威廉‧班傑明‧克拉恩，他在1816年於布魯塞爾出版的地圖副本。克拉恩根據自己對戰地的調查，以及對戰役人員的採訪所繪製的大型附註地圖，幾十年來也廣為大眾所複製（圖9.3）。[10]辛普森及史蒂文森的報告並未有地圖收錄在內，而是依靠文字來描述戰地的地形，以及其對過去籠罩戰地的事件及人物的想像。直到1840年代，旅遊指南出版商愛德華‧莫瑞才將敘述戰役文字，加上相關戰地的小型木刻版畫地圖。

繪製第二次美國革命地圖

　　1812年戰爭後的幾十年內，歐洲及美國開始出現現代休閒旅遊[11]，旅遊的工業化透過蒸汽船及火車催生出專門為旅行者所提供的商業導覽行業。第一套現代旅遊指南系列出現在1830年代，由英國的愛德華莫瑞公司及德國的卡爾貝德克爾公司出版。據說，湯姆‧庫克在1841年創立了現代商業團體旅遊[12]，這些發展恰好碰上了旅遊可靠性及速度的迅速提升，而這些都要歸功於客運鐵路及運河船舶。

　　在美國，商業地圖及旅遊指南不僅迎合了遊客，也迎合了移民。儘管在軍事方面不具關鍵性，但1812年戰爭確實解決了一項問題：英國人及其本土盟友並無法減緩或扭轉美國人到跨阿帕拉契西部定居。[13]隨著北部邊界的有效界定，自由的美國白人現在能在俄亥俄河及五大湖之間移動，除了他們本身的意願及資源外，幾乎沒有其他限制。第一批全國性的旅行指南及地圖在戰爭結束後立即出版；到1820年代末，已經有多家出版商進入市場。[14]

　　旅遊指南作者強調了歷史的重要性，甚至在談到移民時也是如此。例如，札多‧克拉莫在1821年出版的著名《俄亥俄河及密西西比河指南》中，將讀者的目光帶向了匹茲堡以北的阿勒格尼河，在那裡，英國將軍「布雷多克的軍隊在短時間內被砍殺得潰不成軍，因為印地安人及法國人以樹林、草地等完美偽裝他們的游擊行動。」克拉莫報告道，該地的現代所有者「時常挖出死於這場可怕大屠殺中的死者骨骸。」[15]

　　專營遊客出版物則更加強調歷史主題。

在早期，美國旅遊文學的重點是新英格蘭、紐約及（多虧與英國和平共處的）聖勞倫斯河谷的景觀；宣傳這種「北方之旅」指南的對象——傾向於來訪的歐洲人、富有的東方人及南方的園藝貴族——並特別強調哈德遜河、薩拉托加周圍的溫泉、尚普蘭湖、白山山脈、魁北克及蒙特婁，以及特別是尼加拉瓜大瀑布的風景奇觀。[16]正是在這些指南中，我們看到戰爭景觀首次出現一致的相關參考內容，沿著伊利湖、安大略湖和聖勞倫斯河上游的戰役路線尤其吸引人，其中最受人矚目的便是尼加拉瓜。三場主要戰役——昆士頓崗戰役（1812年10月13日）、奇帕瓦戰役（1814年7月5日）和倫迪巷戰役（1814年7月25日）——都是在距離瀑布幾英里內的加拿大境內所進行，並且是容易到達的旅遊路線；不幸戰死於昆士頓崗戰役的英國少將艾薩克·布洛克爵士，其紀念碑亦在1824年建造，並成為許多旅遊指南中一項標準。[17]

在威廉·達比1819年的《從紐約市到底特律的旅行》中，他在衝突仍持續發生的地點加上大量的標記，也思考了其旅途中令人痛心的失望之處。「……旅客所造訪之處，都未有任何場景能像戰場那樣滿足其期望……除了自然界的平凡景物之外，還真看不到有任何能襯托出偉大戰役現場的事物。

」[18]達比的詳細地圖《尼加拉瓜海峽》清楚標示著皇后鎮、奇帕瓦及倫迪巷等戰役位置和日期，以及位於尼加拉瓜河兩端的喬治堡及伊利堡的位置。第二張地圖是《底特律周圍地理》，雖沒有標出該地區的陸上戰役位置（這些戰役大多是美國為勝利一方），但又確實標示著1813年9月10日海軍艦長馬修·培里帶領海軍在伊利湖打了勝仗的位置。達比表示，由於西風強勁，他只能從遠處瞥見後者位置，這讓他感到很遺憾。[19]

對於這時期的美國旅遊指南出版商來說——至少是那些收錄有尼加拉瓜地區的出版商來說——戰役景點只不過是個（事實上）能順路看看的地方，就算對於那些歷史迷來說值得一遊，但依然不會是主要參觀景點。1830年代，收錄在尼加拉瓜指南旅遊中的大多數地圖，只會標示出戰役地點；相較之下，在1840年代及1850年代，因為平版印刷術的發展和木版印刷術的進步，使得出版商有增加更為詳細圖像的可能。[20]

在美國及歐洲，讀者就能立即透過收錄實地繪製戰役景像及地圖的插圖雜誌，以前所未有的速度接觸到戰役。[21]如果說《倫敦新聞畫報》和法國的《畫報》能幫讀者想像久遠過去的帝國征服，或重溫克里米亞戰爭（1853-1856年）的殘酷特色，那麼莫瑞系列

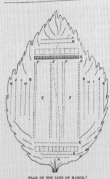

圖**9.4** 班森・羅辛對伐木之戰的速寫及描述，摘自班森・羅辛的《1812年戰爭繪畫實地紀錄》（紐約：哈潑兄弟，1868年），頁54-55。圖片來源：紐伯里圖書館。

指南、貝德克爾系列指南及法國的《約安指南》等旅遊指南系列，也同樣擴大了其觀點及地圖範圍。[22]

在美國，歷史學家班森・羅辛接受了廣泛使用地形圖的作法，以幫助讀者從眼前的景觀進階到歷史行動。羅辛的職業生涯始於紐約的文學出版商，作為一名出色的素描藝術家，他自學了木刻藝術，這是十九世紀中期所流行的一種技術，用於製作廉價圖像，以便與印刷文本相結合。在他將近五十年的

職業生涯中，羅辛出版了四十多本書，包括幾本有收錄插圖的傳記及歷史書籍；儘管他並未受過正式訓練，只靠著勤奮研究及大量個人採訪，這些著作還是都相當出名。

在羅辛最偉大的成就中，有兩部規模龐大、圖文並茂的研究報告，即1851年至1852年的《革命繪畫實地紀錄》和1868年的《1812年戰爭繪畫實地紀錄》[23]；這兩部作品的風格幾乎相同，並因標題中的「實地紀錄」一詞，而與他其他歷史作品有所區別。這兩部作品當然是插圖式的歷史書籍，但羅辛強調，大部分觀點和地圖，以及大部分敘述都是他個人觀察的結果，包括與戰爭相關人員及目擊者的訪談。「作者在這個國家和加拿大旅行了一萬多英里，手裡拿著記事本和鉛筆，造訪了與1812年戰爭有關並具有歷史意義的地方，從五大湖區到墨西哥灣，收集、記錄及描繪書本上所沒有、有關該主題且具有特殊價值的東西，同時他也更加了解那場戰爭的地形及事件。」[24]

「實地紀錄」一詞在傳統上是指土地測量員，其在工作中標記並保存所測量、敘述及素描的筆記；到十九世紀中葉，其定義已經擴大到藝術家及自然學家（特別是植物學家和動物學家）所記錄戶外觀察的素描筆記。因此，儘管並非獨一無二，羅辛在此所提及的戰場筆記及素描，還是一種新說法[25]

；他有意將自己視為一名旅客及觀察者，用其本身的旅行經驗及採訪的簡短敘述來打斷歷史上的敘事。這是他在《1812年戰爭繪畫實地紀錄》中，描述其造訪伐木之戰（1794年）遺址的經驗，這是在西北地區革命後第一次印地安戰爭的高潮之戰：

在這場戰鬥中，最後一個在韋恩軍團之前逃走的勇士是梅薩薩，即火雞腳，是一位渥太華酋長，住在奧格萊茲河的布蘭查德岔道上。他深受其人民的愛戴，他的勇氣有目共睹。當他發現一排昏沉的人們在普雷斯克山腳下無力前行時，他跳到一塊岩石上，透過聲音及手勢努力使其站穩腳步。他幾乎是立刻倒下，被一顆火槍子彈射穿，就這樣死在該岩石旁邊。多年以後，任何一個與他相關的部落經過莫米小道之際，都會在那塊岩石前停下來，並在那裡停留一段時間，以表達哀悼之情。當地區域居民彼得·納瓦爾，同時也是哈里遜將軍在1812年戰爭期間最信任的偵察員之一，他在1860年秋天陪我到過那個地方，並告訴我，他曾看到男人、女人和孩子聚集在那塊岩石附近，把一些乾牛肉、豌豆及玉米，有時還有些廉價小飾

品放在上面，並經常呼喚敬愛的梅薩薩之名，哀痛地哭泣著；他們在石頭上刻了許多粗糙的火雞腳圖像，以作為對不幸的梅薩薩英文名字的紀念。這塊石頭現在還在那裡，就在普雷斯克山腳下的公路旁，距離湍急的莫米河只有幾步之遙。[27]

在這段敘述中，還附有一張交戰地圖，以及有關梅薩薩石頭的版畫（圖9.4）。在羅辛的敘述中，我們還能聽到美洲原住民面對具紀念性景觀的傳統，其微弱的跨文化迴響，羅辛主張「在多年之後」才回到該地進行紀念儀式。[28]

羅辛的實地紀錄展示著精心安排的文本、圖像及地圖，以支援遊客穿越時空重遊戰地的可能性。不過，這些指南並不是導覽手冊，沒有提供實用的路線或住宿建議；該指南是一種想像力方面的邀約，目的在於協助輪椅上的旅行者想像並重現戰爭的場景。在出版商開始製作專門用於指示旅行者前往並經過戰地的指南之前，尚需要另一場叛亂之戰。

繪製並行經南北內戰景觀的地圖

美國南北內戰及其後續影響，為戰地旅遊的出現提供了理想的環境，並成為一種大眾現象；自拿破崙戰爭以來，隨著國家軍隊大規模徵兵的死亡人數（以及隨後的受害家庭）也急劇增加。若是說歐洲國家在世紀中葉已經開始組織運輸，並將戰爭死者埋葬在特定地點，而在希洛、菲德列克斯堡、安提頓及蓋茨堡的死亡人數眾多，在當時也立即產生迅速建立公墓區域之需求；林肯總統正是為這樣一座士兵公墓，發表了著名的《蓋茨堡演說》。這座官方正式墓地的存在，恰好激起了戰地的吸引力，使其成為朝聖地，正如滑鐵盧戰役一樣，甚至在戰爭結束之前，當地居民就已經開始充當起臨時的旅館老闆及非正式導遊。

美國內戰的程度遠遠超過以往任何北美衝突，美國大部分人口都直接或間接地參與其中，估計總共有260多萬人加入了聯邦軍隊，約有100萬人在聯邦軍隊服役；兩支軍隊的傷亡人數超過110萬，其中有20多萬人在戰爭中死亡。衝突在陸地及水上皆有，該場戰爭更刺激了自動武器、精準度及爆炸力不斷升級的大砲、潛艇，以及裝甲戰艦及砲艇的發展；這也許是第一次大規模的全球戰爭，在這場戰爭中，鐵路也廣泛用於向前線運送部隊。戰後，這些鐵路也使大量的戰爭相關人員重遊戰地，退役軍人、他們的家人、哀

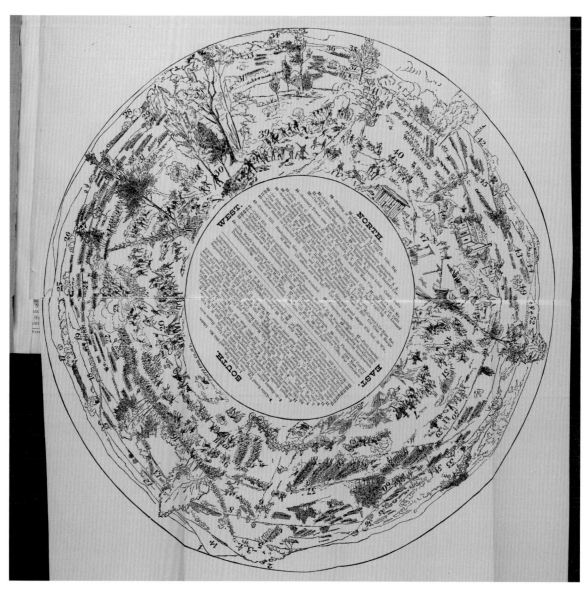

圖9.5 保羅‧菲利普多，《皮克特衝鋒的環狀指引地圖》，蓋茨堡（無出版地：聯合廣場全景圖公司，1886？年。）
圖片來源：紐伯里圖書館。

悼者及好奇遊客也以前所未有的數量遊歷戰地，為專業導遊創造了市場，並促成第一本專門為戰地遊客設計的旅遊指南及地圖，以同樣前所未有的規模誕生。[30]

以往的戰爭都未能有如此大量的視覺化記錄，包括新的攝影媒介。來自前線的照片及戰地素描（包括班森‧羅辛的照片）定期在插圖期刊上發表，《萊斯利雜誌》和《哈

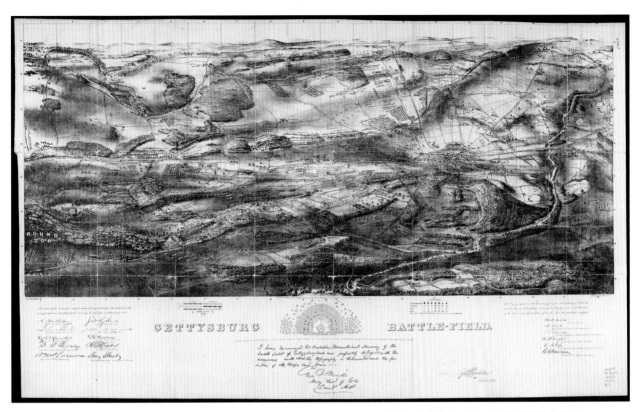

圖9.6 約翰・巴契德，〈蓋茨堡戰場。1863年7月1日、2日和3日，聯邦和邦聯軍隊在賓夕法尼亞州蓋茨堡進行的戰鬥〉，摘自巴契德的《蓋茨堡：所見所聞》（波士頓：巴契德出版，1873年）。圖片來源：紐伯里圖書館。

潑雜誌》都迅速出版重新包裝這些圖片的插圖目錄。[31]對圖像的需求則延伸到地圖上，出現在北方主要城市的日報中，大多數地圖都是戰地記者從軍用地圖和草稿中收集而來，要不是記者自己寫的，就是由平民目擊者在現場拍攝的。[32]而記錄著戰爭進展的單張地圖，也正忙著趕製印刷。

衝突結束後，戰爭的視覺化報導也以更新強度持續進行著。參戰軍隊的規模之大，讓那些試圖捕捉戰地行動的人，必須以全景的方式參與；自十八世紀末以來，在歐洲和美國公開展示具有歷史意義的大型畫作，一直是一種流行的娛樂形式，其中包括傳統的全景圖（通常是單點透視）以及環狀圖（以環狀形式呈現多個消失點）。[33]關於後者，在十九世紀最著名的例子，或許就是法國藝術家保羅・菲利普多的環狀圖，其直徑將近三百英尺，描繪了「皮克特衝鋒」，即蓋茨堡戰役第三天的關鍵時刻（圖9.5）。原作於1883年在芝加哥首次展出，十年後在芝加哥世界哥倫布博覽會上展出，並在1903年的聖路易斯世界博覽會上再次展出。其複製品從

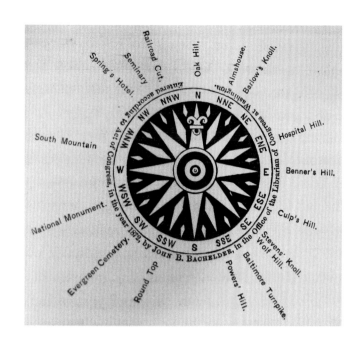

圖9.7 約翰‧巴契德為蓋茨堡神學院設計的「羅盤面指南」，摘自《蓋茨堡：所見所聞》（波士頓：巴契德出版，1873年）。圖片來源：紐伯里圖書館。

地指南，即約翰‧B.‧巴契德1873年的《蓋茨堡：所見所聞》中，是相當有用的工具。[35]巴契德是一位具有軍事背景的藝術家，他在1862年加入了波多馬克聯邦軍隊，希望能用文字和圖像記錄下這場戰爭的關鍵性戰役。[36]當蓋茨堡之戰很顯然會成為關鍵性戰役時，他用三個月的時間勘察該戰地，畫出並記錄觀察結果，以便製作一張「同距地圖」，將三天的戰役事件折疊成一張圖像。

之後在1863年，他更出版了全景圖，並附上了喬治‧米德將軍和其他聯邦指揮官的簽名。[37]就跟羅辛的實地紀錄一樣，巴契德的全景圖在很大程度上都是仰賴於目擊者的證詞，所以他也持續收集這些證詞。1864年，他出版了《巴契德所著蓋茨堡戰場同距地圖的關鍵及戰役簡述》；在十年內，該書已擴充成一本完整的指南書籍。[38]

巴契德的指南，以「同距地圖」的單色版本為特色，上面覆蓋一張網格，以字母數字式索引作為參照，協助讀者找到文本內容中所描述的地方及行動。他建議讀者從參觀以神學院嶺為命名的神學院，作為他們戰地之旅的起點（全景地圖上D-12；圖9.6）。正如在全書中所表示，巴契德詳細描述了從地勢最高點（神學院的圓頂）所可能看到，戰爭前夕的軍隊部署情況。為了使遊客能進一

波士頓流轉到其他幾個城市，然後永久收藏在蓋茨堡遊客中心。環狀圖的高明之處，在於將觀者本身置於戰地行動的中心，這種方式就如同3D電影及虛擬實境一般。《芝加哥論壇報》寫道：

　　戰場上的傷亡士兵、硝煙瀰漫、砲聲隆隆、四處血跡斑斑的情景，都被畫得栩栩如生，使人不忍卒睹。觀者幾乎能想像，其聽到火槍的聲響，勇敢的軍隊正衝鋒陷陣，在硝煙及屠殺中紛紛殞落……觀者必須在虛實之間自行判斷，何處為真實場景的終點及描繪畫筆的起點。[34]

　　這幅全景式模擬圖在早期最受歡迎的戰

步想像在他們腳下所發生的事件，巴契德在此處及隨後的觀看地點插入了一幅羅盤圖（圖9.7），以提供觀眾文本中所提及重要景觀特徵的方位。

透過仔細查閱，只要讀者能偶爾發現其存在，他就不枉自己所追求的研究。例如，若是站在東公墓山上，將羅盤面指南中標有神學院的那一點轉向該物體，那麼國家紀念碑、庫爾普山，以及地圖所標示其他所有地方都會直接指向現實景物；若是將任何一個已知地點名稱轉向該景物本身，那麼在任何地方呈現的結果都是一樣的。[39]

巴契德的地圖及旅遊指南是今後幾十年間，許多專門介紹蓋茨堡書籍中的首選。巴契德主張參觀戰場的最佳方式是騎馬，因為他和軍事指揮官在1863年都曾勘察過戰場，他認為這對一些旅行者來說是不切實際的，因此在旅遊指南的最後，他提出了乘坐馬車的「駕車旅遊」。蓋茨堡位於一個十字路口上──亦是其軍事意義的根本──代表很容易就能透過這些交通工具抵達，鐵路遊客只能從戰前所建的一條鐵路支線到達，該支線從漢諾威交匯點出發，距離東部三十英里。然而，1884年一條從蓋茨堡到哈里斯堡的新鐵路開通，並有一條支線通往圓頂公園，該鐵路營運的一個景點及旅遊據點[40]；1886年，通往蓋茨堡的路線被合併成西馬里蘭鐵路的一部分，其在1890年出版了一本關於該鎮及戰場的插圖指南。[41]這個受歡迎的景點營運了二十五年，直到保存維護問題及來自汽車的競爭而最終走向關閉。[42]

鐵路和汽車是偉大的推動者，但戰場的受歡迎程度──以及其作為旅遊景點的發展──最初還是歸諸對退役軍人及其家人的情感吸引力。在此地，就像在南北內戰其他地方一樣，戰爭的倖存者在接下來的半個世紀裡，以非正式方式或以其軍事單位、紀念協會和退役軍人組織（如共和國大軍）等組織團聚中作為棲身之處。這些團聚及紀念碑捐贈活動，則是推動地圖及旅遊指南出版的主要動力來源。

1883年，來自麻省第38梯志願軍的少校威廉‧惠特尼出版了《仙能渡河谷下游的聯邦及邦聯軍隊陣營圖解》；二十年後。這本由三十三幅地圖組成的精美手繪地圖集，則是為了「在山谷田野及營地的雪爾頓退役軍人第一次聚會」所重製的藍本。[43]

該地圖集是根據以往出版的歷史、政府資料，以及作者自行偵察所繪製的地圖所

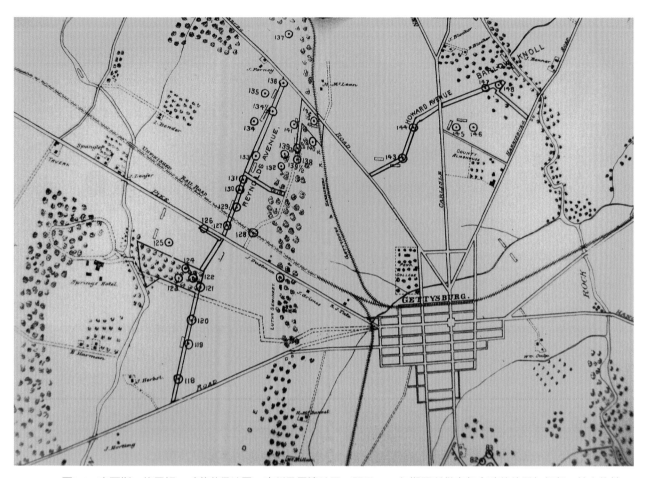

圖9.8　查爾斯・格雷姆，〈蓋茨堡地圖：賓州及周邊地區，顯示1888年期間所供奉紀念碑的位置〉細部，摘自約翰・特雷加斯基斯的《蓋茨堡戰場：曾奮戰於此之人及其相關紀念碑》（紐約：特雷加斯基斯公司，1888年）。圖片來源：紐伯里圖書館。

編纂，其動機目的是「保留該地區四年來特別難以記憶的各種戰役事件」。多數地圖都採用大比例尺，特別注意地形細節及部隊行動，並且多數地圖都收錄有對行動的簡短敘述；雖然沒有直接的遊客指示，但惠特尼在每張地圖的頂部皆附上空白框處，讓讀者能自行添加其參與戰事的「私人記錄」。還有幾張地圖標示了可能影響交戰記憶的地形變化，例如地圖三十三，即「維吉尼亞州溫徹斯特戰場」（1864年9月19日），惠特尼註記道，「沿著這條峽谷的古道（已經）被開過路」，「新柵欄（出現在）維吉尼亞州鐵路圍欄處」及「新鐵絲網圍欄處」。[44]

戰事結束後，個別部隊單位及指揮官的紀念碑開始出現，並在1880年代及1890年代加速大量湧現。起初，這些都是自下而上的

努力，許多都是由個別軍隊著手進行，隨著時間過去，各州委員會也進入相關組織並資助這些紀念處所，同時與當地戰地委員會共事並管理該紀念處所。在大多數情況下，紀念碑會豎立在部隊交戰的關鍵地點，其中最大的交戰地點，例如蓋茨堡、安提頓及契卡毛加等地，這些紀念碑排成了「大道」，成為相當適合遊客重遊戰爭歷程的道路。戰地委員會也會管理紀念碑所處位置，以確保歷史的準確性。[45]

這個現象，從查爾斯·格雷姆為紐約州蓋茨堡紀念碑委員會事先繪製的地圖便能看到，該地圖「顯示了各州在1888年戰役二十五週年之際所捐贈的紀念碑位置」（圖9.8）。沿著主要戰役衝突點，呈直線排列的紀念碑聚落也標記成希克萊斯、雷諾茲或漢考克大道，這是以指揮這些戰線的聯邦軍隊將軍所命名（這些名字也保留在穿越戰地的現代公路路名中）。對於退役軍人及其他遊客來說，將紀念碑合併成一條條大道，亦有助於引導人們的行動及視線。

1890年代，國家在保存戰地遺跡的方面興趣大增，曾持續積極收購戰地遺址，以便控制其保存管理作業的戰場委員會，現在亦將這些土地移交給聯邦政府以建立國家軍事公園。1890年，查塔努加戰役和契卡毛加戰役的合併地點，便形成了第一個軍事公園，軍事公園委員會繪製了新的地圖來引導進一步的發展，但這些都是只供內部使用的詳細文件。

相較之下，鐵路公司在出版新戰爭主題公園地圖及指導手冊方面，則有經濟方面的興趣。切薩皮克與俄亥俄鐵路公司在運送遊客到大西洋中部地區的戰地方面特別佔有優勢，該公司在1891年曾出版一份維吉尼亞戰地位置的地圖，其顯示位置是根據官方記錄及地圖編制，並標記了一百多個交戰地點（圖9.9）；每張地圖上都有一個編號，並在背面標明了戰役名稱及日期。該地圖證實鐵路本身在戰爭後勤中所發揮的作用，仔細區分了戰爭期間的鐵路路線及戰後所修建的鐵路路線，對於鐵路本身所受到的攻擊也有相關標示，如「對丹維爾鐵路線的襲擊」「對南邊鐵路線的襲擊」等。聯邦退役軍人的主要組織「共和國大軍」，在1906年發行了該地圖版本之一，以作為其在辛辛那提的年度營會宣傳品，隨附的評論文章，則以火車旅行的速度巧妙地展開了1865年的事件範圍：

　　對於前往其夥伴所處大型營地（的退役軍人）而言，或者是對於那些想造訪美國戰爭相關紀念地區的人來說，搭

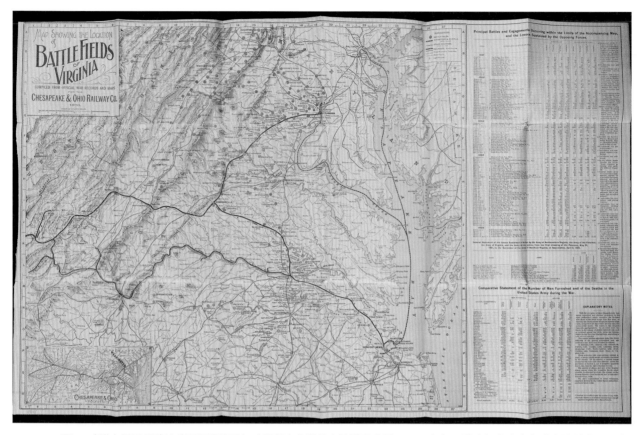

圖9.9〈維吉尼亞州戰地位置示意地圖〉（切薩皮克與俄亥俄鐵路公司，1891年），摘自切薩皮克與俄亥俄鐵路公司客運部門發行的年度營會手冊。（芝加哥?，1906年）。圖片來源：紐伯里圖書館。

乘切薩皮克和俄亥俄州的火車，進行一段從華盛頓到辛辛那提的旅行，會是最有意義的選擇……

　　這條路以長橋以及視線範圍所及的水渠橋橫跨了波多馬克，這兩條路線上的人流隨著聯邦軍隊的前進而不斷流淌……在到達維吉尼亞州岸邊之際，橋的盡頭及附近山上到處可見龐大的人造建物廢墟。退役軍人的視線會迅速捕捉護欄及圍牆在天空中的輪廓。到了亞歷山卓，艾爾士華被殺的馬歇爾府邸就在軌道附近，費爾法克斯神學院的塔樓就在眼前，那是牛奔河戰役第一次進軍時，發生小規模衝突的地方。半個小時後，火車就繞過了那條河的河岸。又過了一會兒，左邊就有一座沉重的邦聯工程建物；火車經過不久，就在馬納薩斯停了下來，退役軍人又再次來到聯邦戰爭開始的地方。[46]

這段話是為在世倖存者所寫的最後一段話之一；隨著退役軍人的離世，為那些對於戰爭具有個人記憶者所設計的旅遊指南也隨之消失。雖然後來幾個世代會發現自己與1865年的事件有了更大的時空距離，但汽車也為探索戰爭的地形提供全新的機會。

汽車時代的世界大戰及戰地旅遊

以汽車為主的戰地旅遊，是在第一次世界大戰後才開始發展。法國輪胎製造商米其林公司，在大約戰前十年間持續出版旅遊地圖及旅遊指南，因此很快就開始為戰爭結束後的協約國讀者，出版適合汽車出遊的旅遊指南。[47]就跟美國內戰一樣，戰後的戰地旅遊部分回應了那些大量湧入的悲痛家庭及戰友，他們聚集在西方戰線上尋找親人的墳墓，或者只是為了到曾經參戰及充滿死亡的地方走走。

米其林的創新汽車旅遊大綱，主要是為那些擁有汽車、有能力租用汽車，或是能負擔汽車旅遊的旅行者所設計。有位歷史學家認為，比起一般士兵及其家屬，這些指南更適合退休軍官（或非戰鬥人員），因為前者對戰役的主要看法是來自於戰壕；但到了1922年，這些指南的銷售量已超過一百四十萬冊，這表示情況並非如此。[48]儘管如此，這些指南也是第一次展示如何將汽車旅行、地圖、攝影及敘事有效地結合起來，使整個戰場上的戰爭場景視覺化。

在1919年英文版的《（1914年）第一次馬恩戰役之米其林指南》亦描述了戰地之旅，精確的駕駛說明（「在山坡下向右轉進入艾特皮利，離開村莊後進入左邊的道路」）隨著該地區的詳細地圖，上面佈滿與戰爭有關的文字及圖標。[49]在另一個例子中，則顯示沿著（比利時）伊珀爾突出部的部分西方戰線上，特定路線的部分小型單色地圖，收錄在導航、敘事及描述性文字中，同時還有照片及全景圖，目的都在協助讀者從多個角度及觀點來考察戰場。

米其林公司在戰後十年內為西方戰線出版了二十九本獨立的書，其中有些是英譯本，目的在於吸引歐洲及英聯邦國家的旅行者；美國出版的旅遊指南，則透過重點介紹美國在西方戰線服役的地區為相關補充。哈利・赫蘭及詹姆斯・摩斯1927年所著的《戰爭中的美國》描述了在西方戰線的美國戰區中八條詳細路線，其中所附的五張地圖完全以歷史性特色見長。作者沒有在地圖中加入導航輔助工具，而是建議遊客事先研讀，並發揮自己的想像力：「只要腦袋和想像力能與戰爭的戲劇性互相配合，你就可以想像出

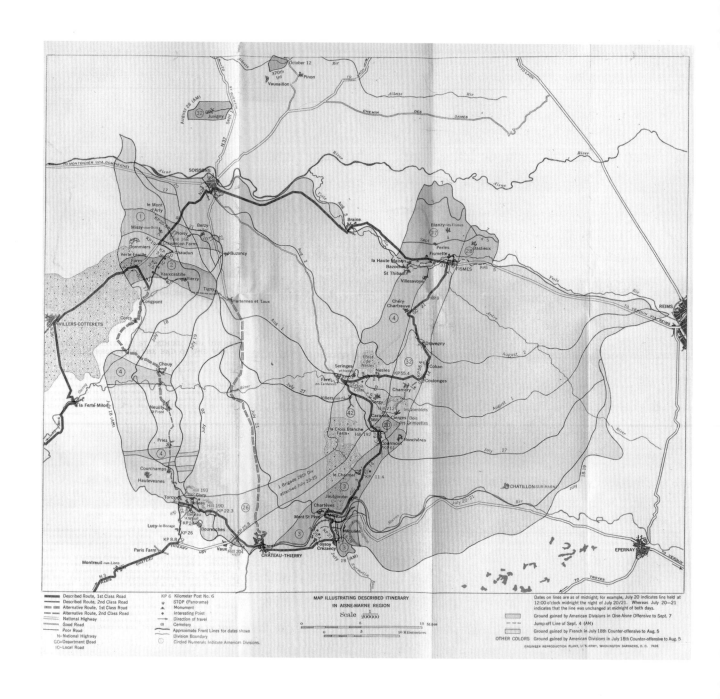

圖9.10 〈在埃納馬恩地區戰事行動的旅遊地圖〉，摘自《在歐洲的美國戰地指南》（華盛頓特區：美國戰役紀念碑委員會政府印刷局出版，1927年。）圖片來源：紐伯里圖書館。

衝突所具有的所有動態因素。」[50]

相較之下，1927年的《在歐洲的美國戰地指南》——由美國戰地紀念碑委員會出版——則設法將戰區地圖與導覽地圖重疊。在標題為「在埃納馬恩地區戰事行動的旅遊地圖」的章節中，便以長達十一頁的篇幅敘述美國在該地區的行動歷史，並附上大量的照片及兩張地圖；接下來的遊覽路線則佔了三十三頁，其中有豐富的照片，以及遊客可以見到的前線全景圖，詳細行程包括準確說明要在哪裡轉彎、在哪裡停留，以及在哪裡看景觀。[51]在這一章的結尾則有陸軍工兵繪製的折疊式四色地圖，以提供整個行程的大致概況以及一些替代路線，並在上面標記美軍各師的位置（圖9.10）。序言中提到，這本經過精心研究和製作的書，「亦加快了出版進度，以便在1927年秋天，即美國參戰十週年之際，為打算前往歐洲的大量退役軍人所出版」。

1920年代恰逢美國家用汽車比例的飛快成長，隨之而來的便是汽車旅遊，逐漸擴大其在中產階級及藍領階級中的社會風氣。到了二十世紀中葉，美國龐大的高速公路基礎設施及相關服務行業，也為全國各地廣大的美國人，提供了依照個人節奏及個人化設計路線的長途旅行方式。

通用的美國公路地圖，使這種自助旅遊成為可能，而旅遊收入的地方和區域性競爭，也鼓勵大家製作更多的專業地圖，以具體方式指引駕駛人。這些出版物有很多都會使用愛國主義的修辭，將汽車旅行作為一種能使美國人與其廣大國家及歷史相連結的活動。世界大戰的經歷促使美國遊客往國內看，「先看美國」的潮流其中大部分是重新燃起大家對於美國革命及內戰等衝突相關地點的興趣，這些地點則非常符合自由及榮耀的典型國家崛起敘事。[52]

大多數與戰事相關的汽車旅遊地圖，不過是呼籲大家多留意戰地，顯示其所在位置，並提供前往戰地的路線。但是，西方戰線景觀相關的旅遊地圖顯示，汽車使得遊客能密切觀察過去事件於現在的發展過程，在一般士兵所走過的地方及為其指揮官所提供的全景景觀之間交替進行。所謂的新事物，便是汽車的速度，以及汽車所經過、越來越多的建築景觀，這種景觀也正逐漸受到汽車文化的改變。巴契德的馬不被需要了，但要付出某種代價；在羅辛和巴契德很可能感到羨慕的程度上，旅遊指南的作者及地圖製作者所面對的是，幾乎毫無障礙、真的能到處遊覽的戰地遊客——事實上，公路就是為他們所鋪設的。

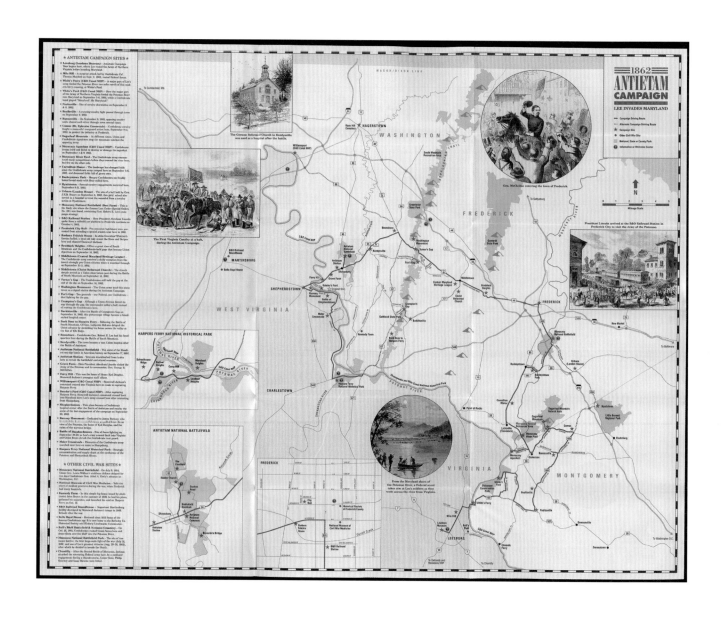

圖**9.11**〈1862年安提頓戰役：李入侵馬里蘭州〉（安納波利斯？：馬里蘭內戰小徑計畫，2015年。）維吉尼亞州，威廉斯堡。圖片來源：紐伯里圖書館。

布爾的《蓋茨堡戰地旅遊地圖及指南》勾勒出一條部分按照時間順序排列的自助公路旅遊路線，從蓋茨堡沿錢伯斯堡向西走，前往第一次小規模衝突的地點。從該處開始，其推薦的路線沿著該鎮以西及以北的戰線前進，南方軍隊在那裡發動進攻，迫使聯邦軍隊（和抵達的後援部隊）守著在南面的高地。接著，該路線攀上這些高地，從庫爾普山到公墓嶺，再到小圓頂以追蹤整條聯邦軍隊戰線，然後往下到麥田鎮及桃園鎮——戰役第二天的激烈戰況地點——並經過皮克特衝鋒的地點。其他的蓋茨堡地圖及旅遊指南，包括國家公園管理局所出版的地圖與指南，都提倡類似的戰地路線之旅，這種策略也能有效地應用於整個戰區的地圖繪製及導覽。

早期汽車時代的地圖學相關創新，仍與我們同在。就在幾年前，在2015年的南北內戰五十週年紀念活動，以及隨後不久的1812年戰爭二百週年紀念活動，也是製作了類似的地圖，只是更為精巧細緻。例如，馬里蘭州與聯邦公路管理局合作出版了一系列五本彩色摺頁小冊子，專門介紹南北內戰期間的大西洋戰役[53]，其中標題為《1862年安提頓戰役：李入侵馬里蘭》的小冊子中，便收錄了一張又大又清晰的地圖，並標示著隨著戰役進程的推薦行程（圖9.11）。

根據小冊子設計者的說法，「這本指南描繪了一條長達九十英里、有關歷史及景觀的汽車之旅，沿著羅伯特‧E.‧李在1862年9月發起馬里蘭戰役期間的路線。這條旅遊路線揭開了一百四十多年來隱藏在景觀之中的故事。」地圖上有條藍線追溯了戰役的進程，按時間順序連接了標示著紅星的地點；然而，這個運作良好、戰事相關的時間旅行慣例，採用的是二十一世紀的創新方法。欲了解更多資訊的讀者，請見南北內戰足跡官方網站（www.civilwartrails.org），在那裡能下載免費的「馬里蘭內戰足跡的行動應用程序，以供導航該路線時配合本指南使用。」旅客能因此「跟隨號角開拓者的標誌到路邊，上面解釋了士兵及平民的日常生活，當時成千上萬的男人及男孩，正在往他們無法抵抗的命運前進。」

加拿大及美國的1812年戰爭二百週年紀念活動，也同樣產生了一波歷史、指南及地圖的風潮，特別是在加拿大，其《1812年：戰爭及其傳奇的旅遊指南》便透過新技術的運用——航空及衛星圖像——敘述了在戰爭景觀進行時光之旅的潛力。[54] 該書七個章節中，每一章都有多張衛星圖像或空拍照片，並附有註釋，以便旅客在參考現今地標的同時，得以追蹤過去軍隊的行動；該敘事也提

供了關鍵地點的街道地址，以便駕駛遊客能順利在GPS上找到這些地方。而參觀倫迪巷戰役（位於加拿大尼加拉瓜瀑布之外）的典型頁面，也將尼加拉瓜附近的附加衛星地圖與具體地點放大圖相結合，每個地點都用字母與相關文字段落及GPS位置作上標記。例如，「地點D」的敘事說明，指引遊客從倫迪巷開始

> 途經尼加拉瓜公園路，往伊利堡的方向前進。途中，你或許會想在奇帕瓦村的奇帕瓦戰場公園，以及國家歷史遺址停留片刻。（GPS—8709尼加拉瓜公園路，尼加拉瓜大瀑布，安大略省）。當你過橋時，請看看這條河流，它是1813年美國攻進喬治堡時，重要的天然屏障。菲尼亞斯・瑞爾少將會決定放棄這個陣地，跨越河流，在一片開闊土地上與美國軍隊對峙，實在有違常理。[55]

或許有人想問，紙本地圖及導覽手冊是否會在未來用於繪製歷史上的時間旅行？我對此抱持懷疑態度，儘管羅辛及巴契德所設定的，有關想像中地點及時間的體驗會因此發生變化。畢竟，時間旅行是否會因為在地方的虛擬體驗中失去某些事物，也是很難說得準的事。

結語

在本次簡短考察以戰爭景觀所設計的「時間旅行」主題地圖中，我們就像遊客一樣，訴諸於閱讀文本內容，使旅遊指南及地圖製作者在期望旅客接近及穿越戰地時，所看到、體驗到的事物能更加清晰。作者主要會在該地圖附近或之中附上說明，並在此明確表達其期望，即遊客在理解所見事物時所必須了解的內容。這裡所提地圖，很需要文字來激發遊客在時間旅行方面的想像力；對於歷史學家來說，這些文字本身就很有價值，使這些地圖的現代讀者能了解該作者及其當時所假設讀者的觀點。

我們也同時看到，文字、照片及素描是如何被運用，以證明作者——即使不是事件的目擊者——也能不遺餘力地用第一手證詞來支持其觀察及描述，這些證詞不是透過採訪目擊者而取得，就是仔細引用他們的書面陳述。目擊者同時也證明了導覽敘述的真實性，並且大大提升讀者在時間方面的想像力。換句話說，戰場地圖只是因應戰地遊客需求的多媒體工具之一；地圖學是關鍵要素，但從來就不該單獨運作。

在十九世紀及二十世紀中，就支持戰地遊客於過去時間及地點的想像方面，地圖的重要性越來越大。隨著客運列車、汽車及旅遊的需求成長，地圖的製作成本也越來越低；地圖不再只是敘事活動的輔助工具，而是引領遊客視野的關鍵工具。隨著汽車時代的到來，地圖又多了一項作用，那就是帶領遊客在戰地上來去自如，以重現軍事單位的演習調動，並使其觀點之間能快速轉換。隨著遊客流動性的增加，地圖製作者也能計劃導覽行程，以更全面、明確的方式，來還原當時軍隊的行動。由於這些變化，戰地時間旅行——曾經是少數人（及高知識水平者）的休閒活動——也已經成為一種大眾現象，其利用最新的行動及圖像製作技術來加強遊客的想像力，使他們能真正身歷其境。

不過，正如本文所顯示，「身歷其境」在戰地旅遊中是很複雜的，這種歷史地圖學的形式，在其時間性方面是非常的、十分的講究。前往前戰區的遊客會及時觸碰到某一個特定時刻，而同時忽略、甚至厭惡在戰事發生之際與遊客所處當下之間，所有可能已經發生並改變該景觀的生活。戰地旅遊也使紀念生活中的死亡，其所具有的緊張關係變得更加鮮明；現代大眾旅遊的通俗性，甚至是有些不敬的現實——人群、噪音、包裝和商業主義——都可能與遊客希望在曾有過浴血奮戰的土地上進行肅穆莊重的朝聖行為有所衝突。最後，有關過去與現在相對主張上的衝突，也會使國家戰場委員會——在傾向紀念過去的版本——與符合現在當地居民的需求服務上產生衝突。從這些所有方面看來，過去的戰爭仍持續迴響至現今，而新的士兵被召集起來，在國家的記憶戰場上開戰。

註釋：

1. Olin Dunbar Wheeler, "On the Trail of Lewis and Clark," in *Wonderland 1900* (St. Paul, MN: Northern Pacific Railway, 1900), 1–76.

2. Barbara Fifer and Vicky Soderberg, *Along the Trail with Lewis and Clark* (Helena: Montana Magazine and Farcountry Press, 2001), 125–26. 一本類似的指南，其目的是鼓勵大家在小徑路線周圍進行一般的旅遊，請見 Kira Gale, *Lewis and Clark Road Trips: Exploring the Trail across America* (Omaha, NE: River Junction Press, 2006).

3. Benedict Anderson, *Imagined Communities: Reflections on the Origin and Spread of Nationalism*, rev. ed. (London and New York: Verso, 1991).

4. 關於民族主義和旅遊之間的關係，特別是美國，請見 J. Valerie Fifer, *American Progress: The Growth of Transport, Tourist, and Information Industries in the Nineteenth-Century West Seen through the Life and Times of George A. Crofutt, Pioneer Publicist of the Transcontinental Age* (Chester, CT: Globe Pequot, 1988); John F. Sears, *Sacred Places: American Tourist Attractions in the Nineteenth Century* (New York: Oxford University Press, 1989); Michael Kammen, *Mystic Chords of Memory* (New York: Alfred Knopf, 1991); Marguerite S. Shaffer, 請見 *American First: Tourism and National Identity, 1880–1940* (Washington, DC: Smithsonian Institution Press, 2001) 以 及 James R. Akerman,"Twentieth-Century American Road Maps and the Making of a National Motorized Space," in

Akerman, ed., *Cartographies of Travel and Navigation* (Chicago: University of Chicago Press, 2006), 151–206.

5. 我對這個詞的理解及使用，深受到以下因素的影響，請見 David Wharton Lloyd, *Battlefield Tourism: Pilgrimage and the Commemoration of the Great War in Britain, Australia, and Canada* (Oxford: Berg, 1998).

6. 關於歐洲壯遊及其相關眾多作品中，諸如以下：Jeremy Black, *The British and the Grand Tour* (London: Croom Helm, 1985); Lynne Withey, *Grand Tours and Cook's Tours: A History of Leisure Travel, 1750–1915* (New York: W. Morrow, 1997) 以及 James Buzard, "The Grand Tour and after (1660–1840)," in Peter Hulme and Tim Youngs, eds., *The Cambridge Companion to Travel Writing* (Cambridge: Cambridge University Press, 2002), 37–52.

7. James Simpson, *A Visit to Flanders, July, 1815* (Edinburgh: W. Blackwood, 1816), 54–56.

8. Seth William Stevenson, *Journal of a Tour through Part of France, Flanders, and Holland* (Norwich: Stevenson, Matchett, and Stevenson, 1817), 273–74.

9. Stevenson, *Journal*, 274–75.

10. 約翰·布斯在 1815 年和 1816 年分別出版了兩張戰地地圖，附在一本通俗歷史書中，但顯然也是個別販售。*A Sketch of the Battle of Waterloo Fought Sunday June 18th, 1815* (London: Sold by J. Booth). 我所參考的版本為 John Booth, *The Battle of Waterloo*, 4th ed. (London: J. Booth and T. Egerton, 1815).

11. 請見 Daniel Boorstin, *The Image: A Guide to Pseudo-Events in America* (New York: Harper, 1961), 86–125; Withey, *Grand Tours and Cook's Tours,* especially vii–xii; Daniel Boorstin, Shelley Baranowski, and Ellen Furlough, eds., *Being Elsewhere: Tourism, Consumer Culture, and Identity in Modern Europe and North America* (Ann Arbor: University of Michigan Press, 2001) 以及 Dean McCannell, *The Tourist: A New Theory of the Leisure Class* (New York: Schocken Books, 1976).

12. 請見 Brendon Piers, *Thomas Cook: 150 Years of Popular Tourism* (London: Secker & Warburg, 1991); Rudy Koshar, ed., *Histories of Leisure* (Oxford and New York: Berg, 2002); Nicholas T. Parsons, *Worth the Detour: A History of the Guidebook* (Stroud, Gloucester, UK: Sutton, 2007); Jonathan Keates, *The Portable Paradise: Baedeker, Murray, and the Victorian Guidebook* (London: Notting Hill Editions, 2011) 以及 Innes M. Keithren, Charles W. J. Withers, and Bill Bell, *Travels into Print: Exploration, Writing, and Publishing with John Murray, 1773–1859* (Chicago: University of Chicago Press, 2015).

13. 關於這場戰爭最新的學術研究包括：Alan Taylor, *The Civil War of 1812: American Citizens, British Subjects, Irish Rebels, & Indian Allies* (New York: Alfred A. Knopf, 2010); Troy Bickham, *The Weight of Vengeance: The United States, the British Empire, and the War of 1812* (New York: Oxford University Press, 2012) 以及 J. C. A. Stagg, *The War of 1812: Conflict for a Continent* (Cambridge and New York: Cambridge University Press, 2012).

14. Martin Brückner, *The Social Life of Maps in America, 1750–1860* (Chapel Hill: University of North Carolina Press and the Omohundro Institute of Early American History and Culture, 2017) 以及 Walter Ristow, *American Maps and Mapmakers: Commercial Cartography in the Nineteenth Century* (Detroit: Wayne State University Press, 1985).

15. Zadok Cramer, *The Navigator* (Pittsburgh: Cramer & Spear, 1821), 38–39.

16. 例如（引用第一版、原標題及出版商）：Gideon M. Davison, *The Fashionable Tour* (Saratoga Springs, NY: G. M. Davison, 1822); Theodore Dwight, *The Northern Traveller* (New York: Wilder & Campbell, 1825); Horatio A. Parsons, *A Guide to Travelers Visiting the Niagara Falls* (Buffalo, NY: Oliver G. Steele, 1834); John Disturnell, *The Northern Traveller* (New York: John Disturnell, 1844); John Disturnell, *The Western Traveller* (New York: John Disturnell, 1844) 以及 Orville Luther Holley, *Picturesque Tourist: Being a Guide through the Northern and Eastern States and Canada* (New York: John Disturnell, 1844).

17. 它在 1840 年被摧毀，估計是被反英活動份子摧毀，並在 1853 年重建。

18. William Darby, *Tour from the City of New-York, to Detroit, in the Michigan Territory* (New York: Published for the Author by Kirk & Mercein, 1819), 169–70.

19. Darby, *Tour*, 185.

20. 請見 Michael Twyman, "The Illustration Revolution," in D. McKitterick, ed., *The Cambridge History of the Book in Britain* (Cambridge: Cambridge University Press, 2009), 117–43. 關於其對於旅遊指南出版的重要性，請見 Keithren, Withers, and Bell, *Travels into Print*, 133–74.

21. 相關例子請見，*The Illustrated London News* (founded 1842), *L'Illustration* (1844), *Illustrierte-zeitung* (1843), *Harper's* (1850)

以及 *Leslie's Illustrated Newspaper* (1855).

22. 卡爾‧貝德克爾的《萊茵河指南》第一版（1832 年）只包括一張地圖。到了第九版（1856 年），該地圖已經擴展到九張區域地圖和十張城市規劃圖。

23. Benson J. Lossing, *The Pictorial Field-Book of the Revolution*, 2 vols. (New York: Harper & Bros., 1851–1852) 以及 Lossing, *The Pictorial Field-Book of the War of 1812* (New York: Harper & Bros., 1868).

24. Lossing, *War of 1812*, 無頁碼的序言.

25. *Oxford English Dictionary* (online), www.oed.com, s.v."field book."

26. 相關例子，請見 Lossing, *War of 1812*, 827–28.

27. Lossing, *War of 1812*, 54–55.

28. 關於美國本土文化中的景觀、時間和記憶，請見 David Hurst Thomas, *Skull Wars: Kennewick Man, Archaeology, and the Battle for Native American Identity* (New York: Basic Books, 2000); Peter Nabokov, *A Forest of Time: American Indian Ways of History* (Cambridge: Cambridge University Press, 2002)；以及 Adrienne Mayor, *Fossil Legends of the First Americans* (Princeton, NJ: Princeton University Press, 2005).

29. Megan A. Conrad,"From Tragedy to Tourism: The Battle of Gettysburg and Consumerism," MA thesis, Pennsylvania State University at Harrisburg (Dec. 2015), 請見網路：https://scholarsphere.psu.edu/downloads/5qf85n935d.

30. Lloyd, *Battlefield Tourism*, 19–23.

31. William F. Thompson, *The Pictorial Reporting of the American Civil War* (1959; repr., Baton Rouge: Louisiana State University Press, 1994); Ephraim George Squier, *Frank Leslie's Pictorial History of the American Civil War* (New York: F. Leslie, 1862) 以及 Alfred H. Guernsey, *Harper's Pictorial History of the Great Rebellion*, 2 vols. (Chicago: McDonnell Bros., 1866–1868).

32. David C. Bosse, *Civil War Newspaper Maps: A Historical Atlas* (Baltimore: Johns Hopkins University Press, 1993).

33. Harold Holzer and Mark E. Neely Jr., *Mine Eyes Have Seen the Glory: The Civil War in Art* (New York: Orion, 1993), 171–204.

34. 引用於 *Panorama of the Battle of Gettysburg Permanently Located at Cor. Wabash Avenue and Hubbard Court* (Chicago, 1883?).

35. Boston: John B. Bachelder, 1873，以及其他出版日期。

36. Richard Sauers,"Introduction," in *The Bachelder Papers: Gettysburg in Their Own Words*, ed. David L. Ladd and Audrey L. Ladd, 3 vols. (Dayton, OH: Morningside House for the New Hampshire Historical Society, 1994–1995), vol. 1, 9–14.

37. *Gettysburg Battlefield. Battle Fought at Gettysburg, Pa., July 1st, 2d & 3d, 1863 by the Federal and Confederate Armies*. 引用於 Sauers,"Introduction," 10.

38. 同時，他擴大了採訪範圍，包括戰後邦聯軍隊的指揮官們。藉此，他便能勾畫出三天戰役中的高潮時刻，即邦聯軍隊集中於強行上山、拼死的肉搏迎擊，為喬治‧皮克特少將著名的公墓嶺失敗之役。1870 年，他委託詹姆斯‧沃克創作了一幅大型全景畫，同時這幅畫亦在全國巡迴展出。

39. Bachelder,"Introduction," 14–15.

40. 鐵路公園在 1896 年關閉，並由蓋茨堡紀念協會收購該土地。

41. Thomas E. Jenkins, *Gettysburg in War and Peace* (Baltimore: Press of J. Cox's Sons for Western Maryland Railroad Company, 1890).

42. Conrad,"From Tragedy to Tourism," 24–29.

43. William H. Whitney, *Union and Confederate Campaigns in the lower Shenandoah Valley Illustrated: Twenty years after* (Boston: W. H. Whitney, 1883).

44. Whitney,"Battlefield of Winchester, Va.," in *Union and Confederate Campaigns in the Lower Shenandoah Valley Illustrated*, map 33.

45. John Tregaskis, *The Battlefield of Gettysburg: The Men Who Fought Here and the Monuments Dedicated* (New York: Tregaskis & Co., 1888).

46. Grand Army of the Republic, *Manual for Annual Encampments Issued by the Passenger Department, Chesapeake & Ohio Ry.* (Chicago?, 1906).

47. 其中有些指導手冊實際上是在戰爭期間出版，主要目的是宣傳，請見 Stephen Harp, *Marketing Michelin: Advertising and Cultural Identity in Twentieth-Century France* (Baltimore: John Hopkins University Press, 2001), 89–125. 關於這些指南中地圖及插圖使用的較長論述，請見 James R. Akerman,"Mapping, Battlefield Guidebooks, and Remembering the Great War," in Elri Liebenberg, Imre Josef Demhardt, and Soetkin Vervust, *History of Military Cartography: 5th International Symposium of the ICA Commission on the History of Cartography* (Berlin: Springer Verlag, 2016), 159–77.

48. Lloyd, *Battlefield Tourism*, 100–103.

49. *Michelin guide to the battlefields of the World War, vol. 1, the first battle of the Marne, including the operations on the Ourcq,*

in the marshes of St. Gond and in the Revigny Pass, 1914 (Milltown, NJ: Michelin, 1919), 120–21. 我在〈地圖繪製、戰場指南及紀念偉大戰爭〉一文中,更加詳細討論了此次遠行。

50. Harry S. Howland and James A. Moss, *America in Battle* (Paris: Herbert Clarke, 1927), 492–93.

51. *A Guide to the American Battle Fields in Europe* (Washington, DC: Government Printing Office for the American Battle Monuments Commission, 1927).

52. Shaffer, *See America First*; Susan Sessions Rugh, *Are We There Yet? The Golden Age of American Family Vacations* (Lawrence: University of Kansas Press, 2008); 以 及 Akerman,"Twentieth-Century American Road Maps and the Making of a National Motorized Space."

53. 田納西州、北卡羅萊納州、西維吉尼亞州以及維吉尼亞州也都出版了自己的系列。

54. Terry Copp [et al.], *1812: A Guide to the War and Its Legacy* (Waterloo, Ont.: LMSDS Press of Wilfrid Laurier University, 2013).

55. Copp et al., *1812*, 210.

作者群

詹姆斯‧阿克曼 James R. Akerman

芝加哥紐伯利圖書館的史密斯地圖繪製史中心主任兼地圖館長。

他的研究及出版物主要涉及交通與旅遊地圖、流行地圖學、地圖集之歷史，以及教學用歷史性地圖。他曾是五本書的編輯或共同編輯：《地圖學與治國之道》（1999年）、《旅行與航海地圖學》（2006年）、與Robert W. Karrow合著《地圖：尋找我們在世界的位置》（2007年）、《皇輿圖》（2009年）以及《去殖民化地圖》（2017年）。

維若妮卡‧德拉‧朵拉 Veronica Della Dora

倫敦大學皇家哈洛威學院的人文地理學教授。

她的研究興趣及出版物橫跨了歷史文化地理學、地圖史和拜占庭研究，並專攻景觀、神聖空間和地理想像力主題。她著有三本著作：《想像阿索斯山：從荷馬史詩到第二次世界大戰的聖地願景》（2011年）、《拜占庭的景觀、自然與神聖》（2016年）以及《山：自然與文化》（2016年）。

芭芭拉‧蒙蒂 Barbara Mundy

福坦莫大學藝術史教授。

她研究西班牙殖民地的藝術與視覺文化，特別強調原住民地圖學，她的學術研究涵蓋數位及傳統形式。她著有兩本書：《新西班牙製圖：原住民地圖學與地理關係地圖》（1996年）以及《阿茲特克－特諾奇蒂特蘭之死，墨西哥城的生活》（2015年）。她與Dana Leibsohn合著電子書《展望：1520年至1820年拉丁美洲的視覺文化》。

理查‧佩格 Richard A. Pegg

伊利諾州麥克林收藏館的亞洲藝術總監兼策展人。

著有《走過歲月：珊卓‧蘭地‧格羅斯收藏中國古物精選》（2004年）、《為形狂熱：麥克林收藏東南亞藝術精選》（2007年）、《麥克林收藏：中國祭祀青銅器》（2010年）以及《東亞地圖繪製傳統》（*Cartographic Traditions in East Asian Maps*）（2014年）。

威廉‧藍金 William Rankin
耶魯大學科學史副教授。

他是《地圖之後：二十世紀地圖學、航海及領土變遷》（2016年）的作者。他也是一位製圖師，曾在美國及歐洲出版並展出其地圖。他目前正在撰寫新書《激進派地圖學：資料時代的視覺論證》。

丹尼爾‧羅森堡 Daniel Rosenberg
奧勒岡大學歷史學教授。

他是一位思想與文化史學家，特別對資訊圖表史感興趣。他曾出版兩本書：與Susan Harding共同編輯《未來的歷史》（2005年）、與Anthony Grafton共同撰寫《時光的製圖學：由時間軸拉開的人類文明（2010年）。羅森伯格也是《Cabinet》藝術雜誌的特約編輯，並經常為該刊撰稿。他目前主要研究資料史。

蘇珊‧舒特 Susan Schulten
丹佛大學歷史教授。

她的專業領域是十九及二十世紀的美國歷史與地圖史。她有四本著作：《1880年至1950年美國的地理想像》（2001年）、《國家地圖繪製：十九世紀美國歷史與地圖學》（2012年）、《一百張地圖認識北美歷史》（2018年）以及與Elliott Gorn、Randy Roberts合著《建構美國的過往：民族歷史全集》（2018年）。

艾比・史密斯・拉姆希 Abby Smith Rumsey

思想史學家，專攻資訊技術如何塑造過去及個人與文化身份的認知。她從哈佛大學取得博士學位後，曾在哈佛大學與約翰霍普金斯大學任教。她還曾管理過維吉尼亞大學的學術傳播研究所，主持過圖書館與資訊資源委員會的計畫，曾在國會圖書館擔任過多種職務，並主導美國國家科學基金會裡藍帶委員會關於《永續數位保存與存取》的報告。

著有《當我們再也不：數位記憶如何塑造我們的未來》（2016年），針對數位保存、線上學術、證據本質、圖書館與文獻館的角色變化、數位時代的智慧財產權，以及新資訊技術對歷史及時間觀念的影響等各方面進行演講。

凱倫・維根 Kären Wigen

史丹佛大學歷史教授。

她的專業領域是日本近現代史和地圖學史。她曾出版四本著作：《1750年至1920年日本周邊區域的形成》（1995年）、與Martin Lewis合著《大陸神話：對形上地理學的批判》（1997年）、《可塑性地圖：1600年至1912年日本中部的地理重建》（2010年）、與杉本史子及Cary Karakas合著《日本地圖繪製：地圖的歷史》（2016年）。她目前正在與Martin Lewis共同撰寫一本關於誤導性主權地圖學的書。

卡洛琳・維特爾 Caroline Winterer

史丹福大學歷史與美國研究教授，古典學客座教授。

她有四本著作：《古典主義文化：1780年至1910年美國知識分子生活中的古希臘及古羅馬》（2002年）、《古代明鏡：1750年至1900年美國女性與古典傳統（2007年）、《美國啟蒙運動：史丹佛大學圖書館珍藏》（2011年）以及《美國啟蒙運動：追求理性時代中的幸福》（2016年）。她目前正在撰寫一本關於深度時間的歷史的書。

從地圖 上的時間
看歷史

從地理大發現到數位時代
500年的百幅地圖
如何改變我們對世界的看法

編者凱倫·維根 Kären Wigen、卡洛琳·維特爾 Caroline Winterer
譯者鼎玉鉉
主編&責任編輯趙思語
封面設計羅婕云
內頁美術設計李英娟

發行人何飛鵬
PCH集團生活旅遊事業總經理暨社長李淑霞
總編輯汪雨菁
主編丁奕岑
行銷企畫經理呂妙君
行銷企劃專員許立心

出版公司
墨刻出版股份有限公司
地址：台北市104民生東路二段141號9樓
電話：886-2-2500-7008／傳真：886-2-2500-7796
E-mail：mook_service@hmg.com.tw
發行公司
英屬蓋曼群島商家庭傳媒股份有限公司城邦分公司
城邦讀書花園：www.cite.com.tw
劃撥：19863813／戶名：書虫股份有限公司
香港發行城邦（香港）出版集團有限公司
地址：香港灣仔駱克道193號東超商業中心1樓
電話：852-2508-6231／傳真：852-2578-9337
製版·印刷藝樺彩色印刷製版股份有限公司·漾格科技股份有限公司
ISBN978-986-289-592-4·978-986-289-596-2（EPUB）
城邦書號KJ2024 **初版**2021年07月
定價799元
MOOK官網www.mook.com.tw
Facebook粉絲團
MOOK墨刻出版 www.facebook.com/travelmook
版權所有·翻印必究

國家圖書館出版品預行編目資料
從地圖上的時間看歷史：從地理大發現到數位時代500年的百幅地圖，如何改
變我們對世界的看法/凱倫,維根，卡洛琳,維特爾作；鼎玉鉉譯. -- 初版. -- 臺
北市：墨刻出版股份有限公司出版：英屬蓋曼群島商家庭傳媒股份有限公司
城邦分公司發行, 2021.07
240面；21×25公分. -- (SASUGAS；24)
譯自：Time in maps : from the age of discovery to our digital era.
ISBN 978-986-289-592-4(平裝)
1.地圖學 2.地圖繪製 3.歷史
609.2   110010280